社団法人 日本パッケージデザイン協会 会員作品集

d

n

e s i g

PACKAGE DESIGN
JPDA MEMBER'S WORK TODAY 2008

P c

k

a

a e

g

HUMBER LIBRARIES LAKESHORE CAMPUS
3199 Lakeshore Blvd West
TORONTO, ON.   M8V 1K8

RIKUYOSHA

目次
Contents

3

5

はじめに

フミ・ササダ
社団法人 日本パッケージデザイン協会
理事長

『年鑑日本のパッケージデザイン』と交互に隔年で発刊される本書は、私が理事長に就任してはじめての『MEMBER'S WORK TODAY』です。掲載を希望する協会員による、自らが選定した作品によって構成する「パッケージデザインの集大成」として、ページを繰れば、会員それぞれが開発したパッケージデザインが一目でわかるようになっています。法人会員、個人会員、担当デザインジャンルなどの違いはありますが、どの会員にとっても新しい発見があり、学ぶものがあるのではないかと期待しております。

パッケージデザイナーは、デザインにあたって、平面的なグラフィックデザインと立体的な形状デザインの両方からの取り組みとなるので、常に幅広いクリエイティビティが要求される仕事です。さらには、印刷技術やパッケージに使用する各種素材に関しての知識も要求されます。私が何よりも重要だと考えていることは「パッケージデザインがマーケティング活動の一部となり、デザインした商品が消費者に受け入れられること」。すなわち、商品が売れることです。クライアント企業もこの点を要求します。パッケージデザイナーはこの要求に確実に応えていかなくてはなりません。パッケージデザインは、ものを通じて消費者が抱くクライアント企業のイメージ形成という意味からも重要な役割を担うようになってきた昨今、ブランディング戦略には欠かせないものとなっています。パッケージデザイナーの戦いの日々の記録がこの中には詰まっています。本書が幅広くご活用いただけますよう、願っております。

Preface

Fumi Sasada
President, Japan Package Design Association

This 14th edition of "Member's Work Today," a biennial book that is published alternately with the Package Design in Japan is the first edition to be published after I was appointed President of the Japan Package Design Association. This book contains the packages selected by members desiring to publish their works. As members, we may discover something new about other members.

Package designers should be versatile as packages involve both 2-dimensional and 3-dimensional designs. Further, knowledge about printing techniques and packaging materials is also necessary. A more important thing I consider is that package designs are a part of the marketing strategies of the clients and the products for which we have design packages will sell well. Sales promotion is the demand from our clients, to which we must respond. As consumers develop their corporate images through packages, package designs play an essential role in corporate branding strategies.

This book is packed with the daily efforts of package designers. I wish that this book would be widely used by readers.

作品
Works

WORKS

本書はパッケージデザイナーの作品集です。
クレジットの記載は、パッケージデザイナーを
中心にした表記といたしました。

凡例
Introductory Remarks

pl.	Planner
cd.	Creative Director
ad.	Art Director
d.	Designer
bd.	Bottle Designer
gd.	Graphic Designer
pd.	Product Designer
const.	Construction Designer
lo.	Logotype Designer
ld.	Label Designer
ca.	Calligrapher
il.	Illustrator
p.	Photographer
a.	Art
copy.	Copywriter
n.	Naming
pr.	Producer
st.	Styling
mo.	Model
ag.	Agent
cl.	Client

Ai Kobo
e-mail : info@ai-kobo.co.jp

アイ工房

〒550-0025 大阪府大阪市西区九条南1-7-5
Build・S-41 2F
Tel.06-6581-6192 Fax.06-6581-6193

アイ工房

池田 毅　Ikeda Takeshi

1944年6月6日生まれ。日本パッケージデザイン協会
展・特賞・協会賞・会員賞、日本パッケージデザイン大
賞奨励賞・特別賞、ジャパンパッケージングコンペテ
ィション・印刷工業会長賞4回他、多数受賞。

釣谷 隆　Tsuriya Takashi

1966年5月10日生まれ。日本パッケージデザイン大賞
D部門奨励賞、東急ハンズテクニック賞、日本パッケ
ージデザイン大賞入選。

1

2

栗本雅弘　Kurimoto Masahiro

1968年1月21日生まれ。97年日本タイポグラフィ年鑑入選。97年、01年、03年日本パッケージデザイン大賞入選。

高木理恵　Takagi Rie

1973年12月19日生まれ。2001年、03年、07年日本パッケージデザイン大賞入選。

1— GLADYS、AVENA／Chocolate
　　cd.ゴンチャロフ製菓企画部
　　ad.池田 毅
　　d.高木理恵
　　cl.ゴンチャロフ製菓／Goncharoff Confectionery
2— ステーショナリー／Stationery
　　ad.池田 毅
　　d.釣谷 隆
　　cl.アワガミ ファクトリー／Awagami Factory
3— 桃一、林檎一／Candy
　　cd.ノーベル製菓企画部
　　d.栗本雅弘
　　cl.ノーベル製菓／Nobel Confectionery
4— 凍結酒、凍結梅酒／Sake
　　cd.福寿酒造
　　d.高木理恵
　　cl.神戸酒心館／Kobe Shu-Shin-Kan Breweries

3

4

IDA
http://www.ida-web.com

アイディーエイ

〒700-0973 岡山県岡山市下中野510-6
Tel.086-244-1661 Fax.086-244-1955
e-mail:head@ida-web.com

東京オフィス
〒104-0032 東京都中央区八丁堀3-4-10
京橋北見ビル東館6F
Tel.03-3552-0194 Fax.03-3552-1935

大阪オフィス
〒541-0054 大阪府大阪市中央区南本町3-4-15
南本町武田ビル6F
Tel.06-6251-2727 Fax.06-6251-2737

井上 勲　Inoue Isao

1948年2月3日生まれ。

西岡礼子　Nishioka Reiko

1956年6月21日生まれ。

2

3

4

Ajinomoto Advertising
http://www.ajinomoto.co.jp

味の素 広告部

〒104-0031 東京都中央区京橋1-15-1
Tel.03-5250-8232 Fax.03-5250-8337

"つくる、伝える、よろこばれる"をグループのミッションとし、パッケージ、広告制作を通じてコーポレート、プロダクトの各ブランドの付加価値創造を行なっています。パッケージは生活者のコンタクトポイント視点で最も重要なコミュニケーション・ツールですが、生活者に潤いをもたらすライフ・ツールでもあります。コストとスケジュールとの課題に揉まれながらも、皆で生活に新たな"感動"を提供するパッケージ創りを目指しています。

1— Cook Do® ／Seasoning
　　d. マックスラジアン
2— やさしお® ／Seasoning
　　d. 鹿目デザイン事務所
3— ピュアセレクト® コクうま／Mayonnaise
　　d. ミックブレインセンター
4— クノール® 1日分の緑黄色野菜スープ／Soup
　　d. 凸版印刷
5— クノール® カップスープ／Soup
　　d. マックスラジアン
6— VONO® ／Soup
　　d. ザ・デザイン アソシエイツ、マックスラジアン
7— つやや／Supplement for Beauty
　　d. あんてなスタジオ

8— パルスイート® カロリーゼロ／Sweetener
　　d. マックスラジアン
9— AJINOMOTO GIFT／Gift
　　d. ミックデザインワークス、ブラビス
10— Aji-ngon® ／Seasoning
　　d. マックスラジアン
11— SAMSMAK／Noodle
　　d. マックスラジアン
12— カプシエイトナチュラ、発酵ブルーベリー／Supplement
　　d. ランドー、マックスラジアン
13— Jino® ／Skin Care Products
　　d. ハンド ファスト

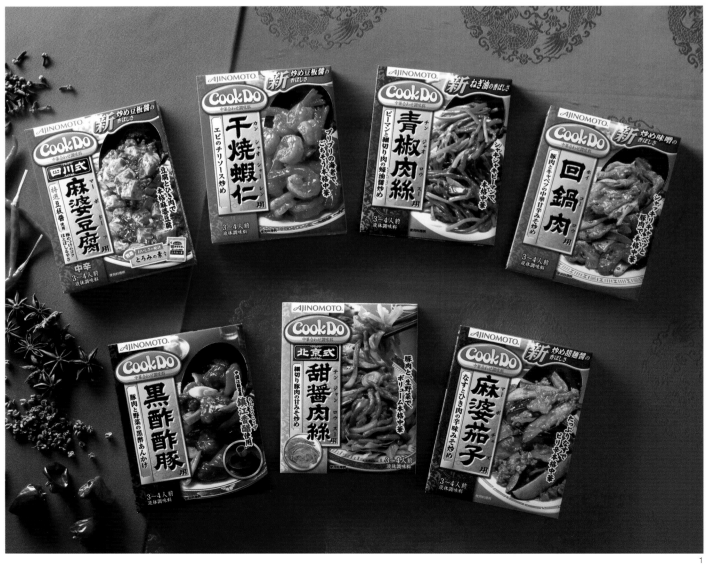

1

2

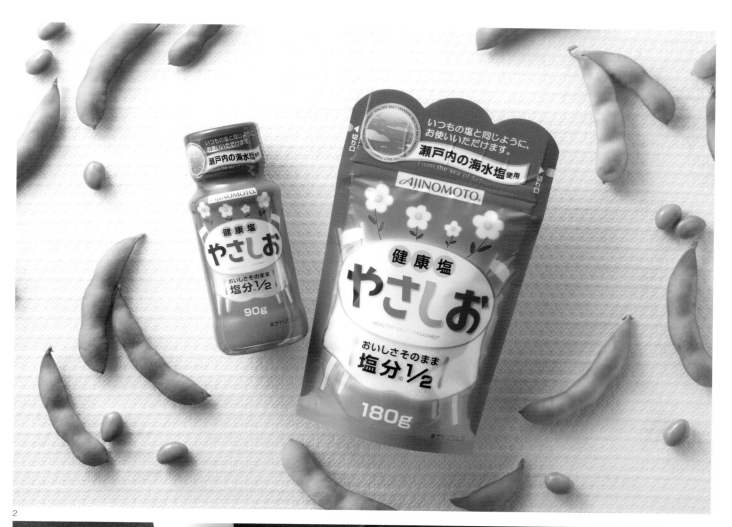

3

4

5

6

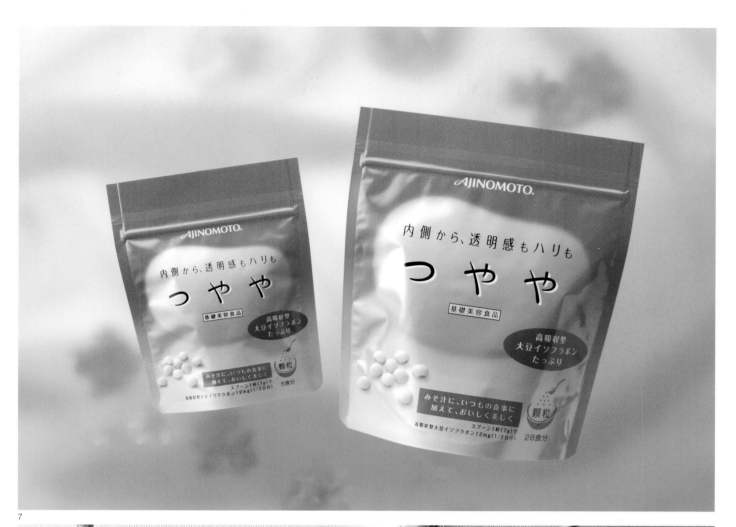

9

10

11

12

13

AD・Creator
e-mail:wada@adcreator.co.jp

アド・クリエーター

〒150-0001 東京都渋谷区神宮前6-33-18 ハイツ原宿102
Tel.03-3400-7366 Fax.03-3400-7027

パッケージデザインによる「消費者への語りかけ」「消費者との対話」は、広告とは異なる販売戦略の大きな要素です。パッケージは店頭で消費者に語りかけるメディアです。このことから「パッケージデザインはマーケティングである」として、商品の本質と魅力を探ることから、包装材の開発、改良までを含めての《マーケティング・パッケージ・デザイニング》を実践。生活者の立場からより良い生活を提案するパッケージデザインを心がけています。その商品を理解するためにも商品企画から参加し、さらに魅力ある商品の実現にメーカーと一体となって努力しています。

和田 亨 Wada Toru

1935年9月20日生まれ。1955年都立工芸高等学校印刷科卒業後、61年東京芸術大学美術学部図案計画科卒業。カルピス食品工業広告部勤務、65年アド・クリエーター設立、現在に至る。

細井 努 Hosoi Tsutomu

1965年6月16日生まれ。1988年青山製図学校グラフィックデザイン科卒業。88年アド・クリエーター入社。

1―Dororich! ドロリッチ!／Dessert
　　cd.和田 亨
　　d.細井 努、宍戸孝一
　　p.久保孝司
　　cl.グリコ乳業／Glico Dairy Products
2―Prime Café プライムカフェ／Coffee
　　cd.和田 亨
　　d.大城久幸、武舎奈穂
　　il.林 幸蔵
　　cl.グリコ乳業／Glico Dairy Products
3―朝ラテコーヒー、朝Latteいちご、
　　りんご果汁とりんご酢ミックス100／Soft Drink
　　cd.和田 亨
　　d.大城久幸
　　il.林 幸蔵、宮澤智津子、米澤よう子
　　cl.グリコ乳業／Glico Dairy Products
4―なつかしコーヒー／Coffee
　　cd.和田 亨
　　d.& il.細井 努
　　cl.グリコ乳業／Glico Dairy Products
5―Lemogre／Soft Drink
　　cd.和田 亨
　　ad.大城久幸
　　d.& il.長谷川哲也
　　cl.グリコ乳業／Glico Dairy Products
6―ひんやりグレープフルーツwithレモン／Soft Drink
　　cd.和田 亨
　　d.細井 努
　　il.林 幸蔵
　　cl.グリコ乳業／Glico Dairy Products
7―ハネピス／Soft Drink
　　cd.和田 亨
　　d.細井 努
　　p.久保孝司
　　il.林 幸蔵
　　cl.グリコ乳業／Glico Dairy Products
8―マンゴサワー／Soft Drink
　　cd.和田 亨
　　ad.細井 努
　　d.武舎奈穂、佐藤文香
　　cl.グリコ乳業／Glico Dairy Products

大城久幸 Oshiro Hisayuki

1964年12月20日生まれ。1986年東京デザイナー学院
卒業。86〜98年ウエノ企画在職、98年アド・クリエー
ター入社。

2

4

5

Adbrain
http://www.adbrain.co.jp

アドブレーン

〒105-0004 東京都港区新橋1-9-6 COI新橋ビル
Tel.03-5568-5772 Fax.03-5568-5781
e-mail:eto@adbrain.co.jp

江藤正典　Eto Masanori

1962年6月29日生まれ。商品のもつ、対外コミュニケーションの核としてのパッケージデザイン開発に取組んでいます。企業と消費者の架け橋をつくること…使う人の心のどこかで何かが輝くような共鳴のストーリー作りから始まる〈共鳴のためのブランディング〉を軸に新しいデザイン表現とコミュニケーションの新たな可能性を探っています。パッケージとパッケージ以外の様々な媒体との間の壁は必要のないものと考え、総合的な取組みを目標としています。

1―森永コラーゲンスキム／Skimmed Milk
　　ad.江藤正典
　　d. 松村健太、大熊友梨
　　cl.森永乳業／Morinaga Milk Industry
2―Q10美人、らくらくサポート／Nutritive Drink
　　ad.江藤正典　　d.大熊友梨
　　cl.森永乳業／Morinaga Milk Industry
3―マルちゃんHot Noodle／Instant Noodles
　　cd.& ad.江藤正典
　　d.松村健太
　　<lo.佐藤 卓>
　　cl.東洋水産／Toyo Suisan Kaisha
4―昔ながらのソース焼そば／Instant Noodles
　　cd.& ad.江藤正典
　　d.松村健太
　　cl.東洋水産／Toyo Suisan Kaisha
5―屋台で食べたあの焼そば／Instant Noodles
　　cd.& ad.江藤正典
　　d.松村健太　　il.望月理絵
　　cl.東洋水産／Toyo Suisan Kaisha
6―森永Piknik／Soft Drink
　　cd.& ad.江藤正典
　　森永乳業／Morinaga Milk Industry

4

5

6

カフェ・オ・レ
コーヒー入り清涼飲料

ヨーグルトテイスト

ストロベリー
果汁2%

Arai Konomi
e-mail : araico@mac.com

新井 好

桃衣堂／toi-do
〒600-8481 京都府京都市下京区四条堀川町264-5
ハイネス堀川701
Tel.075-352-9142 Fax.075-352-9143

1967年7月25日生まれ。2003年桃衣堂設立。

1— ロゼリティホワイトローズ／Body Care Products
　ad.& d.新井 好
　cl.バイソン／Bison
2— リアルラスティングアイライナー24h／
　Make-up Products
　ad.加藤玲子（スパー・エフエム・ジャパン）
　d.新井 好
　cl.クオレ／Cuore
3— TNRメイクアップ／Make-up Products
　ad.& d.新井 好
　cl.ティエヌアール／TNR

1

2

3

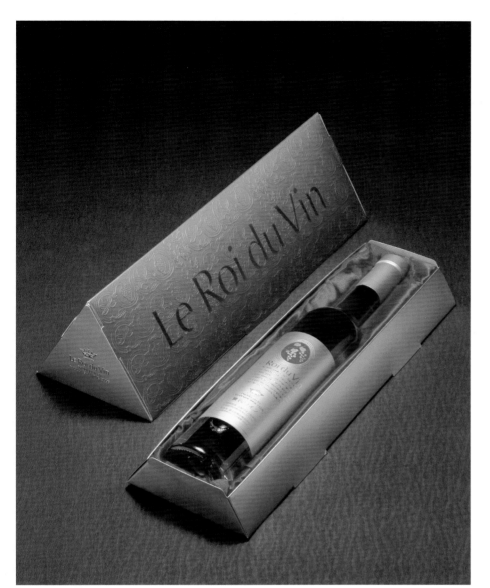

Arai Takeshi Design Office
e-mail：araidesign@grape.plala.or.jp

新井猛デザイン事務所

〒377-0008 群馬県渋川市渋川1771-8
Tel.0279-23-4208　Fax.0279-23-4265

新井 猛　Arai Takeshi

1948年8月25日生まれ。

1—Le Roi du Vin／Wine
　　cd.志村賢良
　　ad.& d.新井 猛
　　cl.山梨ワイン倶楽部／Yamanashi Wine Club
2—オーナーズワイン銀ラベル／Wine
　　cd.志村賢良
　　ad.,de.& il.新井 猛
　　cl.山梨ワイン倶楽部／Yamanashi Wine Club
3—手提袋／Paper Bag
　　ad.& d.新井 猛
　　cl.山梨ワイン倶楽部／Yamanashi Wine Club

1

2

3

Shigeno Araki Design & Co.
http://www.d-shigeno.com

荒木志華乃デザイン室

〒550-0014 大阪府大阪市西区北堀江1-5-14 5F
Tel.06-6535-8663　Fax.06-6535-8676

荒木志華乃　　Araki Shigeno

12月10日生まれ。大阪芸術大学デザイン学科卒業。
1993年荒木志華乃デザインオフィス開設。2005年
荒木志華乃デザイン室設立。デザインワーク他、企業
デザインコンサルティング業。日本パッケージデザイ
ン大賞銀賞、特別賞受賞、LIAA、Reddot Award、
NY.ADC入賞。展覧会多数。日本グラフィックデザイ
ナー協会会員。日本パッケージデザイン協会会員、理
事。総合デザイナー協会会員、理事。大阪芸術大学デ
ザイン学科准教授。

1─QUOLOFUNE　NOVO RASQ／Sweets
　　cd.& ad.荒木志華乃
　　d.辻中カツヨシ、織田芳孝
　　cl.黒船／Quolofune
2─冬の贈り物2005／Stationary, Japanese Sweets
　　cd.,ad.,ca.& il.荒木志華乃
　　d.多田瑞穂
　　cl.長﨑堂／Nagasakido
3─冬の贈り物2006／Dishes,Tea, Japanese Sweets
　　cd.,ad.& d.荒木志華乃
　　cl.長﨑堂／Nagasakido
4─皿 2006／Dishes
　　d.& il.荒木志華乃
　　cl.黒船／Quolofune

3

4

Arisawa Shintaro
e-mail: arisawa@helvetica.co.jp

有澤眞太郎

ヘルベチカ／Helvetica
〒107-0062 東京都港区南青山5-15-9 フラット青山301
Tel.03-5778-4804 Fax.03-5778-4808

1955年12月9日生まれ。1999年ヘルベチカ設立。パッケージにかぎらず、グラフィック、ロゴマーク、エディトリアル、広告など総合的に活動。

1— Spalab／Skin Care & Bath Products
　　ad.有澤眞太郎
　　d.鈴木美保
　　il.イナキヨシコ
　　cl.カネボウホームプロダクツ販売／
　　Kanebo Home Product Sales
2— Anniversaire Feeling／Beauty Products
　　ad.有澤眞太郎
　　d.大口祐紀恵
　　cl.アニヴェルセル表参道／
　　Anniversaire Omotesando
3— HEFTI JEUNESSE（MACARON）／Confectionery
　　d.有澤眞太郎
　　ad.大口祐紀恵
　　d.篠塚久美
　　cl.ベーグジャパン／Böögg Japan
4— HEFTI JEUNESSE（Truffle Ice）／Ice Cream
　　ad.有澤眞太郎
　　d.大口祐紀恵
　　cl.ベーグジャパン／Böögg Japan
5— Pasticcino dolce／Confectionery
　　ad.有澤眞太郎
　　d.大口祐紀恵
　　p.志立 育
　　cl.ホテル日航東京／Hotel Nikko Tokyo

1

2

3

4

5

Albion
http://www.albion.co.jp

アルビオン

〒104-0061 東京都中央区銀座1-16-7
Tel.03-5159-1610 Fax.03-5159-1615

野田徳雄　Noda Norio

小泉陽一　Koizumi Yoichi

1

1－アルビオン エクシアAL ベース＆ポイントメイク／Cosmetics
　　ad.錦織章三
　　d.中野 恵、林 要年
　　cl.アルビオン／Albion

中野 恵　Nakano Megumi

篠崎雅子　Shinozaki Masako

小黒 元　Oguro Hajime

2

2─イグニス／Skin Care Products
　ad.錦織章三、小黒 元
　d.根上真理子、横山温子
　cl.アルビオン／Albion

 根上真理子　Negami Mariko

 吉岡美帆　Yoshioka Miho

 村田英子　Murata Eiko

3

3―エレガンス ホワイト スキンケア／Skin Care Products
　　　ad.錦織章三
　　　ad.& d.篠崎雅子
　　　d.山本祐介
　　　cl.アルビオン／Albion

4―アルビオン オードパルファム／Perfume
　　　ad.錦織章三、小泉陽一
　　　d.村田英子
　　　cl.アルビオン／Albion

5―ポール＆ジョー メイクアップ雑貨／Make-up Products
　　　cd.ソフィー・アルプ
　　　ad.錦織章三、小泉陽一
　　　d.村田英子、奥 真澄
　　　cl.アルビオン／Albion

4

5

林 要年　Hayashi Kanatoshi

6

6―アルビオン スーパーUVカットシリーズ／Cosmetics
　　ad.錦織章三、小黒 元
　　d.横山温子
　　cl.アルビオン／Albion
7―ソニアリキエル ベースメイク／Base-makeup Products
　　cd.ソニア・リキエル
　　ad.錦織章三、小黒 元
　　d.横山温子
　　cl.アルビオン／Albion
8―ソニアリキエル メイクアップシリーズ／
　　Make-up Products
　　cd.ソニア・リキエル
　　ad.錦織章三
　　ad.& d.小黒 元
　　d.横山温子、ルクールデザイン
　　cl.アルビオン／Albion

7

8

9

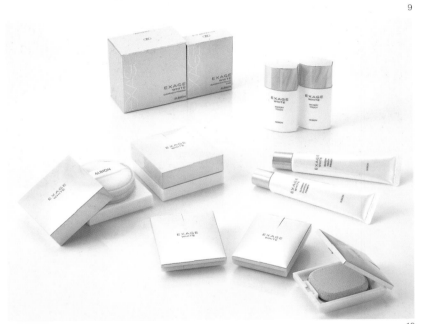

10

9ーアルビオン エクシアAL ホワイト スキンケア／
Skin Care Products
　　ad.錦織章三
　　d.中野 恵、小黒 元
　　cl.アルビオン／Albion
10ーアルビオン エクサージュ ホワイト ベースメイク／
Base-makeup Products
　　ad.錦織章三、小泉陽一
　　d.中野 恵、根上真理子
　　cl.アルビオン／Albion
11ーアルビオン エクサージュ シフォン限定コンパクト／Compact
　　ad.錦織章三
　　d.中野 恵、根上真理子
　　cl.アルビオン／Albion

11

12

13

14

15

Antenna Studio
http://www.antenna-studio.com

あんてなスタジオ

〒107-0062 東京都港区南青山4-15-4
パークヒルズ南青山101
Tel.03-5772-2342 Fax.03-5772-2343
e-mail: antenna@antenna-studio.com

シバサキエミコ Shibasaki Emiko

11月26日生まれ。化粧品から食品までいろいろな分
野のパッケージを作ってきましたが、新たに猫の世界
が加わりました。気難しい猫たちとのおつきあいはな
かなか奥が深いものがあります。

1—金缶／Cat Food
　cd.長岡真木子
　ad.& d.シバサキエミコ
　cl.アイシア／Aixia
2—Miaw Miaw／Cat Food
　cd.長岡真木子
　ad.シバサキエミコ
　d.今野里美
　cl.アイシア／Aixia

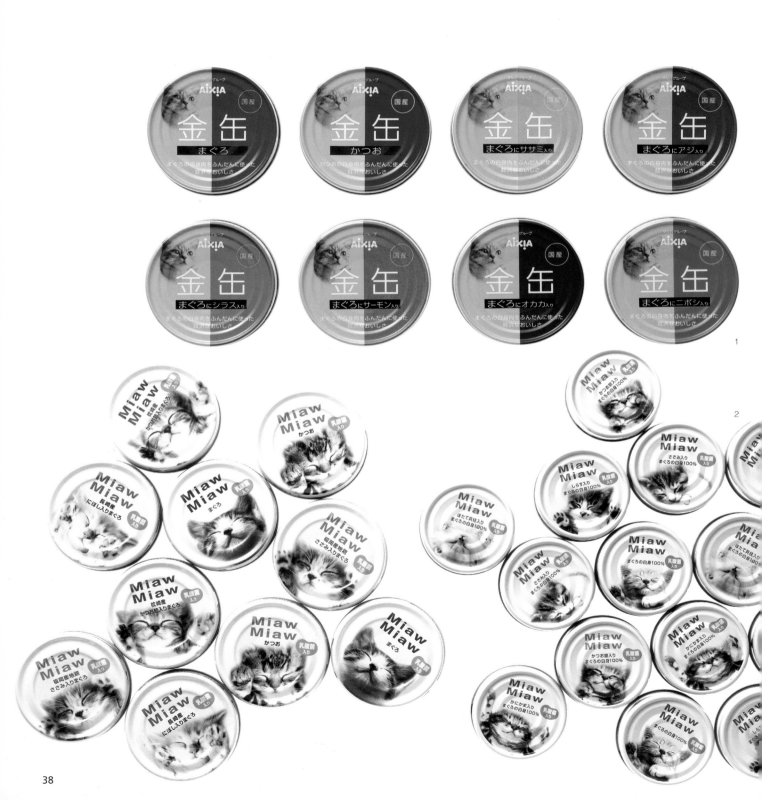

安富律之　Yasutomi Noriyuki

1973年1月3日生まれ。

荒井 聡　Arai Satoshi

1975年6月16日生まれ。

3

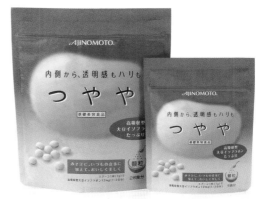

4

5

6—カシス ポリサッカライド CAPS／Drink
　　ad.メルシャン
　　d.シバサキエミコ
　　cl.メルシャン／Mercian
7—甘熟ぶどうのおいしいワイン／Wine
　　ad.杉浦優子
　　d.シバサキエミコ
　　cl.メルシャン／Mercian
8—キュヴェセレクト／Wine
　　ad.杉浦優子
　　d.シバサキエミコ
　　cl.メルシャン／Mercian
9—佐原ばやし／Confectionery
　　ad.& d.シバサキエミコ
　　d.今野里美
　　cl.ほていや／Hoteiya

6

7

8

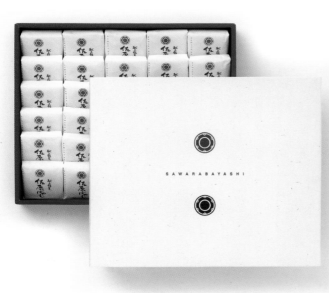

9

10

11

12

13

14

15

Igo Design Office
e-mail:t-igo.design@road.ocn.ne.jp

伊郷デザイン事務所

〒572-0841 大阪府寝屋川市太秦東が丘9-15
Tel.& Fax.072-823-5271

伊郷武治　Igo Takeharu

1943年8月24日生まれ。カネボウ、関係会社ジャパン
デザインサービス、フロムコミュニケーションズ勤
務。2004年伊郷デザイン事務所を設立し現在に至る。

1ー灘五郷 元気になれ／Sake
　　ad.& d.伊郷武治
　　cl.寶酒造／Takara Shuzo
2ービフォア・アフター／Supplement
　　cd.& d.伊郷武治
　　cl.テレマート／Telemart

1

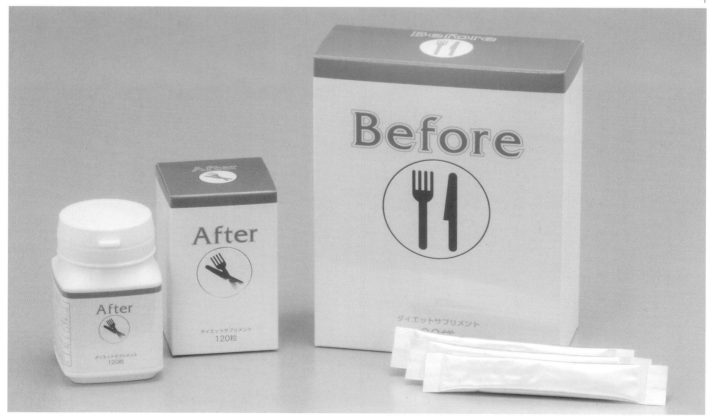

2

1

Ishikawa Kazuo
e-mail:kazu1185@cf6.so-net.ne.jp

石川千雄
デザインワークスサウザンド／Design Warks Thousand
〒458-0845 愛知県名古屋市緑区鳴海町字赤塚157-1
Tel.052-892-3999　Fax.052-892-1385

1952年11月27日生まれ。紙器及びPOPの構造設計のみ制作。

1ー ロボット（2.5m）／Robot
　　ad.& const.石川千雄
2ー ロボット（2.5m）カラーバージョン／Robot
　　ad & const.石川千雄
3ー エコ展用ロボット（5m）／Robot
　　ad.& const.石川千雄
　　cl.ケーディーオー／KDO

2

3

Minato Ishikawa Associates
http://www.minatoishikawa.com

石川源事務所

〒153-0061 東京都目黒区中目黒4-12-7-503

Tel.03-3760-7591　Fax.03-3760-7588

e-mail:minato@minatoishikawa.com

私たちの事務所は石川を中心に集まった仲間たちのアトリエです。石川は外資系広告代理店のアートディレクターを経てここを開きました。ビジュアルコミュニケーションを総合的に、戦略的に考えることから始めます。でもそれから先が本領なんです。消費者のアンテナに感じさせ、受信機の針を振らせることのできるデザインを目指しているんです。言い換えれば、美しい、おもしろい、かっこいい、楽しい…とにかくポジティブに「気になる」ものを作りたいと思っているんです。何を隠そう、実はそれが（私たち自身）楽しいし、がんばれるし、何よりプロジェクトに対して、私たちのできうる最大の貢献だと、信じているからです。

石川 源　Ishikawa Minato

1948年7月24日東京生まれ。1971年多摩美術大学グラフィックデザイン科卒業。広告代理店・電通ヤング・アンド・ルビカムに12年間勤務。83年石川源事務所を設立。86年、妻博子と生活雑貨の店「ファーマーズテーブル」を始める。87年から88年にかけてニューヨークでも仕事をする。

秋山香代子　Akiyama Kayoko

1963年10月17日静岡生まれ。1984年桑沢デザイン研究所卒業。89年石川源事務所入社。

1― キリンまろやか酵母／Beer
　　cd.石川 源
　　ad.秋山香代子
　　cl.キリンビール Kirin Brewery
2― カゴメ カラダが求める30品目／Vegetable Juice
　　cd.& ad.石川 源
　　p.村松輝三
　　cl.カゴメ／Kagome

1

2

3

3—ハーバルメッド／Bath Oil
　　cd.,ad.& il. 石川 源
　　d.石松未央
　　cl.ハウス オブ ローゼ／House of Rose
4—UVC'S white plus／Skin Care Products
　　cd.石川 源
　　ad.& il.秋山香代子
　　cl.ハウス オブ ローゼ／House of Rose
5—La Rose／Body Care Products
　　cd.& il.石川 源
　　ad.秋山香代子
　　cl.ハウス オブ ローゼ／House of Rose

4

5

6

7

8

9

10

Ito Toru
http://www.toruitodesign.com

伊藤 透
Toru Ito Design
〒160-0012 東京都新宿区南元町4
ブリリア外苑出羽坂403
Tel.03-3350-9779　Fax.03-3350-9795
e-mail:email@toruitodesign.com

1958年6月20日東京生まれ。千葉大学工学部工業意匠学科卒業。資生堂宣伝制作部勤務の後、渡仏。カレ・ノアール社アートディレクターを経て独立。2002年東京事務所開設、06年完全帰国。受賞歴として、日本パッケージデザイン大賞特賞、特別賞など。

1ー メタボライザー／Skin Care Products
　　cd.池田修一
　　d.伊藤 透
　　lo.ヘルムート・シュミット
　　cl.イプサ／Ipsa
2ー KISHU／Wine
　　d.伊藤 透
　　cl.アズマコーポレーション／Azuma Corporation
3ー オンザピーク／Skin Care Products
　　cd.池田修一
　　d.伊藤 透
　　lo.工藤青石
　　cl.イプサ／Ipsa
4ー 20th アニヴァーサリースイーツコレクション／
　　Make-up Products
　　cd.池田修一
　　ad.& d.伊藤 透
　　d.小森谷澄香
　　cl.イプサ／Ipsa

1

2

3

4

Inuzuka Tatsumi
e-mail:inuzuka@box.email.ne.jp

犬塚達美

犬塚デザイン事務所／Inuzuka Design Office
〒113-0034 東京都文京区湯島3-3-4 高柳ビル4F
Tel.03-3839-1386 Fax.03-3839-1387

1950年5月14日生まれ。1990年犬塚デザイン事務所設立、現在に至る。

1—百年茶／Tea
　　cd.加藤芳夫　ad.水口洋二　d.桐元晶子
　　il.犬塚達美　cl.サントリー／Suntory
2—大三島水素水／Water
　　ad.& d.犬塚達美
　　cl.瀬戸の水姫／Seto no Mizuhime
3—イリヤマサ 本枯節／Dried Bonito
　　ad.& d.犬塚達美　cl.佐々野商店／Sasano Syoten
4—MILK SOAP／Soap
　　ad.& d.犬塚達美
　　cl.犬塚デザイン事務所、松山油脂／
　　Inuzuka Design Office, Matsuyama Oil & Fats
5—壱乃國／Shochu
　　cd.加藤芳夫　ad.大住裕一　d.& il.犬塚達美
　　cl.サントリー／Suntory
6—リオッサ ミスティモイスト／Body Care Products
　　ad.& d.犬塚達美
　　cl.デアコスメティックス／Dea Cosmetics

1

2

3

4

5

6

51

Iff Company
http://www.iff-com.co.jp

イフカンパニー

〒107-0062 東京都港区南青山6-8-11
Tel.03-3406-0731 Fax.03-3406-0738
e-mail:info@iff-com.co.jp

1─DVD-R 写真画質／Digital Versatil Disc
　　cd.TDKデザイン
　　ad.高橋 敏
　　d.杉山 礼、熊崎純一
　　cl.TDKマーケティング／TDK Marketing
2─DVD-R データ用／Digital Versatil Disc
　　cd.TDKデザイン
　　ad.高橋 敏
　　d.杉山 礼
　　cl.TDKマーケティング／TDK Marketing

高橋 敏 Takahashi Ving

1948年2月18日生まれ。1984年イフカンパニー設立。主な作品として、日本たばこ産業「ミスティ/セレクト」、TDK「オーディオテープ/ビデオテープ全般」、ハウス食品「ククレカレー」、サントリー「マグナムドライ」、日本コカ・コーラ「GEORGIAシリーズ/スプライト」など。96年ロンドン国際広告賞、97年日本パッケージデザイン大賞銀賞、00年日本パッケージデザイン大賞特別賞、01年日本パッケージデザイン大賞銀賞受賞、03年日本パッケージデザイン大賞銀賞受賞、07経済産業大臣賞受賞。桑沢デザイン研究所講師。

武田優子 Takeda Yuko

1971年1月9日生まれ。1990年専門学校アーバンデザインカレッジ・グラフィック科卒業、イフカンパニー入社。95年、97年、2004年ロンドン国際広告賞入選。現在に至る。

杉山 礼　Sugiyama Rei

1976年3月9日生まれ。桑沢デザイン研究所卒業。

熊崎純一　Kumazaki Junichi

1978年5月5日生まれ。2000年日本工学院八王子専門学校環境デザイン科卒業、イフカンパニー入社。07経済産業省商務情報政策局長賞受賞。現在に至る。

高田春樹　Takada Haruki

桑沢デザイン研究所卒業、イフカンパニー入社。07経済産業大臣賞受賞。現在に至る。

3―オーネ 炒めたまねぎ、炒め香味野菜／Seasoning
　　cd.安間かおり
　　ad.高橋 敏
　　d.武田優子
　　cl.マスコット／Mascot
4―GABAN POTATO CHIPS／Potato Chips
　　cd.山下秀俊
　　ad.高橋 敏、高田裕二
　　d.高田春樹、脇田俊治
　　cl.ハウス食品／House Foods

3

4

5―アルソア化粧品／Skin Care Products
　　cd.アルソア
　　ad.高橋 敏
　　d.武田優子、元明加織
　　cl.アルソア本社／Arsoa Honsha
6―アルソア健康食品ジオリナ／Supplements
　　cd.アルソア
　　ad.高橋 敏
　　d.武田優子、元明加織
　　cl.アルソア本社／Arsoa Honsha

7—GEORGIAシリーズ／Coffee
cd.日本コカ・コーラ
ad.高橋 敏、長澤 学
d.高田裕二、武田優子、
杉山 礼、熊崎純一
cl.日本コカ・コーラ／
Coca-Cola（Japan）

7

8

7

8—AQUARIUSシリーズ／Soft Drink
cd.日本コカ・コーラ
ad.高橋 敏、長澤 学
d.高田春樹
cl.日本コカ・コーラ／
Coca-Cola（Japan）

6

Iwamoto Sadao
http://www.bea.hi-ho.ne.jp/rump

岩本禎雄

デザインオフィス アイボックス／Design Office I-BOX
〒452-0803 愛知県名古屋市西区大野木4-94
Tel.052-502-3023　Fax.052-502-3040
e-mail:i-box03@dol.hi-ho.ne.jp

1969年生まれ。兵庫県出身。名古屋芸術大学美術学部デザイン学科卒業後、大和グラビヤを経て、2001年デザインオフィスアイボックスを設立。

1— Soft Cookies／Cookie
　　ad.,d.& p.岩本禎雄　cl.クリート／Creet
2— 漢方製剤／Medicine
　　ad.& d.岩本禎雄
　　cl.山本漢方製薬／Yamamoto Kanpo Seiyaku
3— ハイカカオ／Chocolate
　　ad.,d.& il.岩本禎雄　cl.クリート／Creet
4— かりんとうドーナツ／Doughnuts
　　ad.& d.岩本禎雄　cl.ベルソフト／Bellsoft
5— Potato Chips／Snack
　　ad.,d.& p.岩本禎雄　cl.クリート／Creet
6— あじわい鍋、あじわい釜／Noodles
　　cd.水谷 豊　ad.& d.岩本禎雄
　　cl.なごやきしめん亭／Nagoya Kishimentei
7— 伊勢うどん・きしめん／Noodles
　　cd.水谷 豊　ad.& d.岩本禎雄
　　cl.なごやきしめん亭／Nagoya Kishimentei
8— 活命茶／Tea
　　ad.& d.岩本禎雄　cl.中北薬品／Nakakita Yakuhin
9— 緑茶／Tea
　　ad.,d.& p.岩本禎雄
　　cl.柳屋茶楽／Yanagiya Charaku
10— 抹茶青汁／Drink Powder
　　ad.& d.岩本禎雄
　　cl.山本漢方製薬／Yamamoto Kanpo Seiyaku

1

2

3

4

5

6

7

8

9

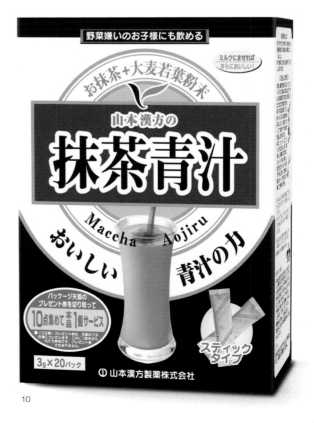

10

ing associates
http://www.ing-associates.co.jp/

イングアソシエイツ

〒564-0053 大阪府吹田市江の木町27-3
Tel.06-6385-0955 Fax.06-6384-1757
e-mail:mail@ing-associates.co.jp

1—ブレオ／Candy
　　cd.中島亜佐子（江崎グリコ）
　　ad.& d.大力千津子
　　cl.江崎グリコ／Ezaki Glico
2—ブレオ 口中ケアドロップ／Candy
　　cd.中島亜佐子（江崎グリコ）
　　ad.井上邦子
　　d.井上貴恵
　　cl.江崎グリコ／Ezaki Glico
3—PREMIAGE／Ice Cleam
　　cd.鈴木輝生（江崎グリコ）
　　ad.& d.井上邦子
　　d.井上貴恵
　　cl.江崎グリコ／Ezaki Glico
4—MOM MILK／Skin Care Products
　　ad.& d.大力千津子
　　cl.美央製薬／
　　Miohu Medicine Manufacture
5—PRIVACY BRIGHT UP COLOR／
　　Make-up Products
　　ad.井上邦子
　　d.井上貴恵
　　cl.黒龍堂／Kokuryudo
6—Raptina／Underwear
　　ad.凸版印刷
　　d.大力千津子
　　cl.ワコールホールディングス／
　　Wacoal Holdings
7—Instant Plumper／Make-up Products
　　ad.& d.大力千津子
　　il.斉藤幸延（Snowin）
　　cl.美央製薬／
　　Miohu Medicine Manufacture

井上邦子　Inoue Kuniko

5月13日生まれ。1970年入社、現在に至る。

大力千津子　Dairiki Chizuko

1月12日生まれ。1987年入社、現在に至る。

1

2

3

三河内英樹　Mikouchi Hideki

1973年4月24日生まれ。1997年入社、現在に至る。

4

5

6

7

8

9

Imakita Design Research
e-mail:imakita@d7.dion.ne.jp

今北デザイン研究所
〒520-0826 滋賀県大津市鶴の里23-25
Tel.077-525-4116 Fax.077-525-4117

今北紘一　Imakita Koichi

1941年3月1日生まれ。1964年京都教育大学特修美術構成科卒業。カネボウを経て90年研究所設立。78年NAAC展特選、79年アランゴ・インターナショナル・デザインコンペ（USA）入賞、81年パッケージング展食品部門賞、82年クリオアウォーズファイナリスト賞、88年国際識字年シンボルグランプリ（UNESCO）、91年奈良県案内標識最優秀賞、96年デザインコンペ大阪95グランプリなど受賞多数。いつもデザインを企業の経営戦略の重要なファクターとして位置づけている。

1―木樽、昔づくり天然醤油（京都）／
Traditional Soy Sauce in Kyoto
cd.,ad.,d.& copy.今北紘一
cl.松野醤油／Matsuno Soy Sauce

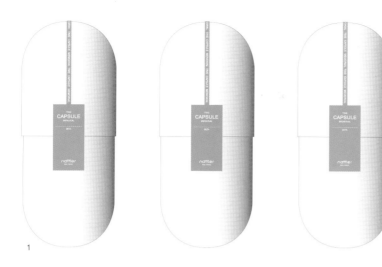

1

2

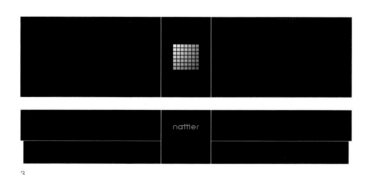

3

4

Uzuka Satoshi

宇塚 智

ビステージ／Bistage
〒321-0942 栃木県宇都宮市峰3-28-19
Tel.& Fax.028-635-0304

1963年6月1日生まれ。武蔵野美術大学造形学部基礎デザイン学科卒業。シーボン化粧品、ペンタックスヴィジョンを経て現在に至る。WPO世界包装機構会員。受賞歴としてニューヨークフェスティバルインターナショナルアウォードゴールドメダル、WPO世界包装機構ワールドスター賞、APFアジア包装連盟アジアスター賞、日本パッケージングコンテストグッドパッケージング賞・化粧品部門賞、ジャパンパッケージングコンペティション奨励賞・部門賞。

1ーナティエ カプセルケーキ／Cake
　　ad.& d.宇塚 智
　　cl.ナティエ／Nattier
2ーブラジルコーヒー ブレンド、アイス／Coffee
　　ad.& d.宇塚 智
　　cl.ブラジルコーヒー／Brazil Coffee
3ーナティエ チョコセット／Chocolate
　　ad.& d.宇塚 智
　　cl.ナティエ／Nattier
4ー セレンシー フィギュールシリーズ／Bag
　　ad.& d.宇塚 智
　　cl.セレンシー／Selencee

Umekawa Shuji
http://www.p-b-s.jp/

梅川修司

PBSアソシエーション／PBS Association
〒532-0002 大阪府大阪市淀川区東三国3-9-11-301
Tel.06-6392-5684　Fax.06-6392-5685
e-mail:umekawa@p-b-s.jp

1951年4月20日生まれ。

1―熊本城／Papercraft
　　d.,il.& Const.梅川修司
　　cl.キヤノン／Canon
2―トルコ スルタンアフメット・ジャミィ（ブルーモスク）／
　　Papercraft
　　d.,il.& Const.梅川修司
　　cl.キヤノン／Canon

Turkey Sultan Ahmet Camii

64

Umebara Design Office
e-mail : umegumi@bronze.ocn.ne.jp

梅原デザイン事務所

〒782-0051 高知県香美郡土佐山田町楠目53-1
Tel.0887-52-2223　Fax.0887-57-0317

梅原 真　Umebara Makoto

1950年1月16日生まれ。日本の風景が崩れてしまった
のは、一次産業が崩れてしまったから。一次産業×デ
ザインで「新しい価値」を作りたい。その「新しい価値」
は、日本の豊かな風景を再生するかもしれない。「風
景をとりもどすデザイン」が私のテーマ。

1― 秩父の柿酢／Vinegar
　　ad.,d.,ca.& il.梅原 真
　　cl.皆野町商工会／
　　Minano-machi Commerce and Industry Association
2― 純米山廃桶仕込・白金／Sake
　　ad.セーラ・マリ・カミングス
　　d.& st.梅原 真
　　cl.桝一市村酒造場／
　　Masuichi-ichimura Sake Brewery

1

2

EIGHT
http://www.8design.jp

エイト

〒104-0042 東京都中央区入船3-9-5 第2松本ビル3F

Tel.03-6906-6333 Fax.03-6906-6334

e-mail:info@8design.jp

西澤明洋　Nishizawa Akihiro

1976年滋賀県生まれ。東芝デザインセンターを経て
2006年にエイト設立。「デザインによるブランディン
グ」という視点のもと、企業の商品開発、店舗開発を
手掛ける。グラフィック、プロダクト、インテリアな
ど幅広いジャンルでのデザイン活動を行っている。グ
ッドデザイン賞、PENTAWARDS銀賞、ジャパンパッ
ケージングコンペティション日本パッケージデザイ
ン協会賞など受賞多数。

1—プレミアム ビーンズ セレクション、
　　プレミアム モカ イルガチェフェ／Coffee
　　　cd.北川 稔（ドトールコーヒー）
　　　ad.西澤明洋（エイト）
　　　d.エイト
　　　cl.ドトールコーヒー／Doutor Coffee
2—コエド プレミアムビール
　　白、瑠璃、伽羅、紅赤、漆黒／Beer
　　　cd.朝霧重治（コエドブルワリー）
　　　cd.& ad.西澤明洋（エイト）
　　　d.エイト
　　　cl.コエドブルワリー／Coedo Brewery

1

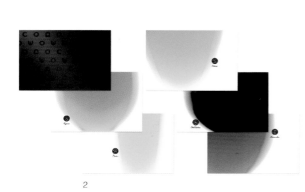

2

S&B Foods
http://www.sbfoods.co.jp

エスビー食品

〒174-8651 東京都板橋区宮本町38-8
Tel.03-3558-5141 Fax.03-5392-2034
e-mail:kenji_okazaki@sbfoods.co.jp

岡崎賢爾　Okazaki Kenji

アンディ・ウォーホールの代表作に「キャンベルスープの缶詰」がありますね。才能はどうやら「バスキア」の方が上だったとか言われますが、この作品にこそ、パッケージデザインの魅力が結集されている気がします。「大量生産・大量消費」品の持つ力強い魅力をアートとして表現しています。ここに感じる「魅力（観念的善し悪しは別として）」を常に意識してプロデュースしています。

1— 地中海トマトのハヤシライスソース、
　　地中海ワインのハッシュドビーフ／Sauce
　　cd.& ad.岡崎賢爾　cl.エスビー食品／S&B Foods
2— ゴールデンカレー／Curry
　　cd.& ad.岡崎賢爾　cl.エスビー食品／S&B Foods
3— 軽井沢隠れ家レストランの贅沢なシチュー
　　クリーム、きのこクリーム、ビーフ、／Solid Roux
　　cd.& ad.岡崎賢爾　cl.エスビー食品／S&B Foods
4— FAUCHON デミグラスソース、ホワイトソース、
　　トマトソース／Sauce
　　cd.& ad.岡崎賢爾　cl.エスビー食品／S&B Foods

1

2

3

4

M-ZO
e-mail: m-zo7@mx2.canvas.ne.jp

エムゾー

〒531-0072 大阪府大阪市北区豊崎3-8-5
朝日プラザ梅田㈱708
Tel.06-6377-1800　Fax.06-6377-1817

溝渕浩治　Mizobuchi Koji

1962年5月12日生まれ。1994年M-ZO設立。

1ー ピザ／Pizza
　　ad.& d.溝渕浩治
　　il.坂毛雅子
　　cl.トロナジャパン／Tolona Japan
2ー ジャグ／Stainless Steel Vacuum Bottle
　　cd.月田基義、吉田直子
　　ad.& d.溝渕浩治
　　cl.象印マホービン／Zojirushi
3ー ステンレスボトル／Stainless Steel Vacuum Bottle
　　cd.月田基義
　　ad.& d.溝渕浩治
　　cl.象印マホービン／Zojirushi

1

2

3

4

Emoto Yoshio
http://www.designofficeem.com

江本吉雄

デザインオフィス・エム／Design Office EM
〒530-0043 大阪府大阪市北区天満4-5-9 オクノビル3F
Tel.06-6354-2160　Fax.06-6354-2646
e-mail:designem@d1.dion.ne.jp

1987年デザインオフィス・エム設立。現在に至る。

1─クッキー／Cookie
　　ad.& d.江本吉雄
　　d.江本准也
　　cl.神栄／Shinyei
2─歯ブラシ／Tooth Brush
　　ad.& d.江本吉雄
　　cl.STBヒグチ／Stb Higuchi
3─綿実油／Cottonseed Salad Oil
　　ad.& d.江本吉雄
　　d.江本准也
　　cl.岡村製油／Okamura Oil Mill
4─高耐久ラッカースプレー／Lacquer Spray
　　ad.& d.江本吉雄
　　cl.アサヒペン／Asahipen

L&C design
http://www.lc-design.co.jp

エルアンドシーデザイン

〒107-0061 東京都港区南青山2-6-8 南青山桝田ビル

Tel.03-5474-7474 Fax.03-5410-5915

1―ミニッツ メイド 朝の健康果実／Juice
　　cd.岡部雅行　ad.五十嵐 均　d.小島敏樹、岡田郁子
　　cl.日本コカ・コーラ株式会社／Coca-Cola（Japan）

2―ナンデスカ？／Snack
　　cd.小池麻子　ad.北林和香　d.鈴木美香
　　cl.東ハト／Tohato

3―メイベリン エンジェルフィットシリーズ／Cosmetics
　　cd.岡部雅行　ad.小池麻子　d.Rin Su Ton
　　cl.日本ロレアル／Nihon L'oréal

4―リーチ／Oral Care Products
　　cd.岡部雅行　ad.五十嵐 均　d.小島敏樹
　　cl.ジョンソン・エンド・ジョンソン／
　　Johnson & Johnson

1

2

3

4

1

2

3

T.Okubo Design Office
http://www.tcn.zaq.ne.jp/todo/

大久保隆デザイン事務所
〒569-0071 大阪府高槻市城北町2-7-16 モジュール405
Tel.072-662-7011　Fax.072-662-7012
e-mail:todo@art.zaq.jp

大久保 隆　Okubo Takashi

1955年2月19日大阪生まれ。83年アイ工房入社。90
年大久保隆デザイン事務所設立。化粧品から洋菓子
まで幅広くデザイン。寡黙にして雄弁なパッケージ
デザインを心がけている。受賞歴として、ジャパン
パッケージングコンペティション日本パッケージン
グ展衣料品部門賞、同一般飲料品部門賞。日本グッ
ドデザイン賞化粧品部門賞。日本パッケージデザイ
ン大賞銀賞など。

1— Xiang Do Assortment／Incense
　　ad.,d.& Const.**大久保 隆**
　　cl.**香老舗 松榮堂**／Shoyeido Incense
2— cacao70%**チョコレート**／Chocolate
　　ad.& d.**大久保 隆**
　　cl.**ゴンチャロフ製菓 企画部**／
　　Goncharoff Confectionery
3— **ゴンチャロフの生チョコレート**／Chocolate
　　ad.& d.**大久保 隆**
　　cl.**ゴンチャロフ製菓 企画部**／
　　Goncharoff Confectionery

Ogawa Hiroko Design
e-mail：hiro@ogawa-design.com

小川裕子デザイン

〒107-0062 東京都港区南青山3-4-8
トレディカーサ南青山208
Tel.03-5474-4171 Fax.03-5474-4442
Mobile.090-8585-6058

小川裕子　　Ogawa Hiroko

1966年1月7日生まれ。独立してから、いつのまにか16年。駆け足で今日までできましたが、今あらためて感じるのは、気持ちの良いデザインをしていきたい、と言う事です。時代の変化にともない、人々の心も変化していくものです。その時、その人々の心が幸せに感じる様な気持ちの良いデザインが正しいパッケージのありかただと思います。

1—しょうゆ／Soy Sauce
　　ad.& d.小川裕子
　　d.川崎亜矢子
2—Cho-pan／Chocolate
　　ad.& d.小川裕子
　　cl.明治製菓／Meiji Seika Kaisha
3—Assortiment du chocolat／Chocolate
　　ad.& d.小川裕子
　　cl.ヨックモック／Yoku Moku
4—Oeuf's／Skin Care Products
　　ad.& d.小川裕子
　　cl.ホメオスタイル／Homeostyle
5—紅茶花伝／Tea
　　ad.& d.小川裕子
　　d.瀧川良子
　　cl.日本コカ・コーラ／Coca-Cola（Japan）

1

2

3

4

5

Okazawa Gen
e-mail：go-okazawa@co.email.ne.jp

岡澤 元

豪デザイン／Go Design
〒182-0024 東京都調布市布田3-1-7 池田ビル205
Tel.042-439-6826　Fax.042-481-9658

1967年1月20日生まれ。

1— Knorr カップスープ／Soup
　　cd.味の素広告部
　　ad.& d.岡澤 元
　　cl.味の素／Ajinomoto
2— Knorr コンソメ／Consomme
　　cd.味の素広告部
　　ad.& d.岡澤 元
　　cl.味の素／Ajinomoto
3— カルピスギフトセット／Gift Set
　　cd.カルピス広告部
　　ad.& d.岡澤 元
　　cl.カルピス／Calpis

1

2

3

1

2

Okuda Kazuaki
e-mail:k.note-okuda@titan.ocn.ne.jp

奥田一明
ケイ・ノート／K note
〒550-0012 大阪府大阪市西区立売堀1-9-4-502
ニューアスターハウス守先502
Tel.06-6543-7600 Fax.06-6543-7601

1958年6月12日兵庫県生まれ。イラストレーションを生かしたパッケージデザインが特長。89年日本パッケージデザイン協会展C部門奨励、95年ジャパンパッケージングコンペティション日本印刷産業連合会長賞、91年日本パッケージデザイン大賞大賞及び特賞、受賞。2001山口きらら博マスコットキャラクター採用、グッドデザイン賞受賞。01年山口県ふるさと切手（山口きらら博）の制作。03年Knote設立。

1─プレーンチョコレート／Chocolate
　　cd.ビアンクール企画課
　　ad.,d.& il.奥田一明
　　cl.ビアンクール／Billancourt
2─ブーケド ショコラ／Chocolate
　　cd.ゴンチャロフ製菓企画部
　　ad.,d.& il.奥田一明
　　cl.ゴンチャロフ製菓／Goncharoff Confectionery
3─月の桂／Chocolate
　　cd.ゴンチャロフ製菓企画部
　　ad.,d.& il.奥田一明
　　cl.ゴンチャロフ製菓／Goncharoff Confectionery
4─プロモーション用印刷見本／
　　Print Sample for Promotion
　　cd.中村尚史
　　ad.,d.& il.奥田一明
　　cl.大商硝子／Daisho Glass

3

4

Ogo Motosaburo
e-mail：info@node-corp.com

小江基三郎

ノード・コーポレーション／Node corporation
〒530-0041 大阪府大阪市北区天神橋1-12-15
ノースタワービル602
Tel.06-6356-2880　Fax.06-6356-2881

1967年1月29日生まれ。2003年ノード・コーポレーション設立。

1―スーパーカップ 1.5倍／Instant Noodles
　　cd.和田知也
　　ad.凸版印刷
　　d.小江基三郎
　　cl.エースコック／Acecook

1

1

Ochiai Kayo
e-mail: kayo1101ochiai.dsg@tea.ocn.ne.jp

落合佳代

〒215-0034 神奈川県川崎市麻生区南黒川10-10-704
Tel.& Fax.044-986-5785

1971年10月26日生まれ。商品コンセプトが素直に伝わり使いやすく、かつウキウキ・どきどきするエッセンスを含んでいるパッケージデザインを心がけています。

1― 資生堂 化粧惑星／Cosmetics
　　ad.塩川 穣
　　d.& bd.落合佳代
　　cl.資生堂／Shiseido
2― メイク落としシート／Cleansing Products
　　ad.塩川 穣
　　d.落合佳代
　　cl.ユノス／Yunosu
3― HANON／Cosmetics
　　ad.塩川 穣
　　d.& il.落合佳代
　　cl.ハノン／Hanon

2

3

ONC Design Studio
http://www9.ocn.ne.jp/~onc/

オンクデザインスタジオ

〒530-0015 大阪府大阪市北区中崎西3-2-17-214

Tel.& Fax.06-6375-1301

e-mail:onc_nishino@extra.ocn.ne.jp

1―ノーブルネージュ／Ice Pudding
　　ad.& d.西野 修
　　cl.銀装／Ginso
2―朝の果実酢／Vinegar
　　cd.茨木しのぶ
　　ad.& d.三原美奈子
　　cl.マルカン酢／Marukan Vinegar
3―パピヨンドール／Confectionery
　　ad.& d.西野 修
　　cl.銀装／Ginso
4―飛鳥／Castella
　　ad.& d.西野 修
　　d.三原美奈子
　　lo.荻野丹雪
　　cl.銀装／Ginso
5―京のお抹茶ショコラ／Chocolate Cake
　　ad.& d.三原美奈子
　　cl.トーラク／Toraku

西野 修　Nishino Osamu

9月13日生まれ。受賞歴として、ジャパンパッケージングコンペティション通産大臣賞・菓子部門賞。ニューヨークフェスティバルゴールドメダル2回、パッケージデザイン大賞銀賞。

三原美奈子　Mihara Minako

1969年11月13日生まれ。京都精華大学美術学部デザイン学科卒業。受賞歴として、1998年、2003年ニューヨークフェスティバル・ゴールドメダル。99年日本パッケージデザイン大賞銀賞。

1

2

3

4

5

OFFICE-Q
http://www.office-q.com

オフィスキュー

〒107-0062 東京都港区南青山6-7-5-308
Tel.03-3400-4114　Fax.03-3400-4144
e-mail:gumiko@office-q.com

エンドウクミコ　Endo Kumiko

1975年7月28日生まれ。webコンテンツのデザイン制
作からグラフィック、パッケージに至るまで、幅広い
分野のデザインを手がけています。ひとつひとつ、生
命力のある作品づくりを心がけています。

1—ニベアボディ スパークリングジェル／
　Body Care Products
　ad.& d.エンドウクミコ
　cl.ニベア花王／Nivea-Kao
2—アトリックス／Hand Cream
　ad.& d.エンドウクミコ
　cl.ニベア花王／Nivea-Kao
3—消臭力 ラムネの香り／Deodorant
　ad.& d.エンドウクミコ
　il.武藤紀子
　ca.鈴木八重子
　cl.エステー／S.T.

1

2

3

1

2

3

Kakumoto Ohiro
e-mail: o-kakumoto@mb.infosnow.ne.jp

角本大弘

パディック／Padik
〒060-0010 北海道札幌市中央区北10条西20-2-22
Tel.011-642-2035 Fax.011-642-2093

1954年8月7日生まれ。

1—パウンドケーキ／Pound Cake
　　ad.角本大弘
　　d.後藤扶巨子
　　cl.札幌グランドホテル／Sapporo Grand Hotel
2—ポテトクッキー／Potato Cookie
　　ad.角本大弘
　　d.後藤扶巨子
　　cl.札幌グランドホテル／Sapporo Grand Hotel
3—海鮮雑炊／Rice Porridge
　　ad.角本大弘
　　d.後藤扶巨子
　　cl.札幌グランドホテル／Sapporo Grand Hotel
4—夕張長いも焼酎／Shochu
　　ad.角本大弘
　　d.中村貴恵、後藤扶巨子
　　cl.夕張酒造／Yubarishuzo

4

Kao
http://www.kao.co.jp/

花王

〒103-8210 東京都中央区日本橋茅場町1-14-10
Tel.03-3660-7341 Fax.03-3660-7272

吉田光利　Yoshida Mitsutoshi

三井卓夫　Mitsui Takuo

1—フィトマックス／
　Skin Care Products

2—アルブラン／
　Skin Care Products

3—ファインフィット／
　Make-up Products

4—エスト／
　Skin Care & Make-up Products

5—エッセンシャル／
　Hair Care Products

6—キュレル／
　Hair Care Products

7—アジエンス／
　Hair Care Products

8—セグレタ／
　Hair Care Products

1

2

3

4

沼田九里馬 Numata Kurima

塩沢正秀 Shiozawa Masahide

野末俊作 Nozue Shunsaku

5

6

7

8

川又 徹　Kawamata Toru

永井 満　Nagai Mitsuru

渡辺隆史　Watanabe Takashi

9

10

11

12

13

 大久保尚子　Okubo Naoko

 平澤雅子　Hirasawa Masako

 青山明輝　Aoyama Akiteru

14

15

入江あずさ　Irie Azusa

湯本逸郎　Yumoto Itsuro

仲間典子　Nakama Noriko

16—ロリエ きれいスタイル／
　　Sanitary Products
17—ロリエ スーパースリムガード／
　　Sanitary Products
18—ロリエ スーパーガード／
　　Sanitary Products
19—ロリエ アクティブガード／
　　Sanitary Products
20—ビオレuバスミルク／
　　Bath Essence
21—ビオレu／
　　Skin Care Products
22—めぐりズムホットアイマスク／
　　Medical Products
23—バブ温厚炭酸湯／
　　Bath Essence
24—チェック／
　　Oral Care Products
25—ピュオーラ／
　　Oral Care Products

16

17

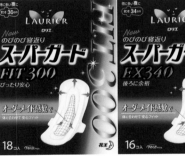
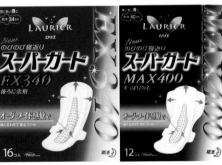

18

19

大平彩可　Ohira Saika

秋葉英雄　Akiba Hideo

片平直人　Katahira Naoto

20

21

22

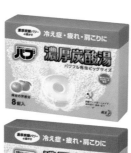

23

24

25

椎木一郎　Shiiki Ichiro

宮澤大誠　Miyazawa Taisei

26

27

28

29

30

31

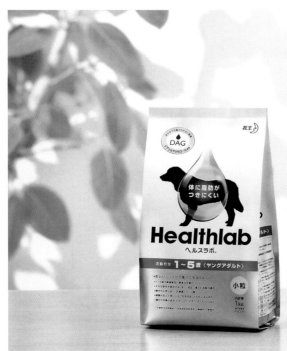

32

Kano Design Office
e-mail:kano-do@themis.ocn.ne.jp

カノウデザインオフィス

〒162-0808 東京都新宿区天神町37-2
フリーディオ神楽坂204
Tel.03-3269-4900 Fax.03-3269-4903

狩野浩之　　Kano Hiroyuki

1960年3月23日生まれ。パッケージデザイン、紙器構
造開発、毛筆カリグラフ制作、キャラクターデザイン
他様々な分野で活動。ジャパンパッケージングコンペ
ティション展和食品部門賞、日本パッケージコンテス
ト包装アイデア賞、雑貨包装部門賞、受賞。

1ーおーいお茶 熟成新茶／Green Tea
　　d.狩野浩之　　lo.安達花鏡　cl.伊藤園／Ito En
2ー銚子ヒゲタ まぐろ丼のたれ／Seasoning
　　d.狩野浩之　　il.& lo.多々良博三
　　cl.ヒゲタ醤油／Higeta Shoyu
3ー有機果樹園／Juice
　　d.狩野浩之　　cl.伊藤園／Ito En
4ーメイソンナチュラル サプリメント／Supplement
　　d.狩野浩之　　il.斎藤雅緒　cl.伊藤園／Ito En
5ー有機栽培緑茶 手軽にカテキン／
　　Powdered Green Tea
　　d.狩野浩之　　cl.伊藤園／Ito En
6ー手軽にイソフラボン／
　　Powdered Blacksoybeans Tea
　　d.狩野浩之　　cl.伊藤園／Ito En
7ー朝の茶事／Green Tea
　　d.& lo.狩野浩之
　　cl.JR東日本ウォータービジネス、伊藤園／
　　JR East Water Business, Ito En
8ー芳香烏龍／Oolong Tea
　　d.狩野浩之　　cl.伊藤園／Ito En
9ー梅こんぶ茶／Plum&Seaweed Drink
　　d.狩野浩之　　cl.伊藤園／Ito En

1

2

3

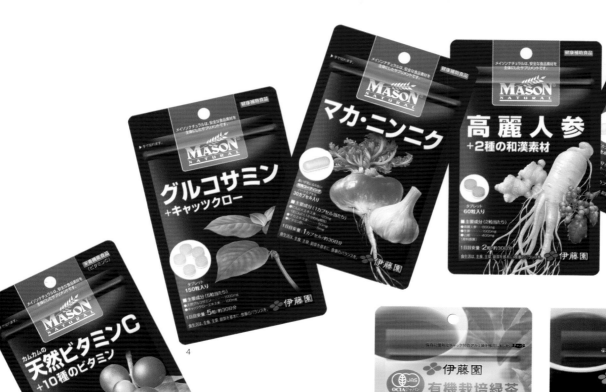

4

5

6

7

8

9

Kanoh Design
http://www.kanoh.co.jp

加納デザイン事務所

Osaka Studio
〒530-0045 大阪府大阪市北区天神西町5-17
アクティ南森町ビル10F
Tel.06-6361-9321 Fax.06-6361-9329

Tokyo Studio
〒150-0001 東京都渋谷区神宮前5-46-16-503
Tel.03-6419-8405 Fax.03-6419-8406

加納デザイン事務所

加納守康　Kano Moriyasu

北山きょう子　Kitayama Kyoko

川島示真子　Kawashima Shimako

2

3

4

5

6

Kamitani Toshio
e-mail:kammy@apricot.ocn.ne.jp

神谷利男
神谷利男デザイン／Toshio Kamitani Design
〒556-0021 大阪府大阪市浪速区幸町1-1-1-8F
Tel.06-4392-8715　Fax.06-4392-8716
東京オフィス
〒162-0836 東京都新宿区南町34-1 FLEG神楽坂404
Tel.03-5225-6062　Fax.03-5225-6063

1964年1月24日京都生まれ。87年京都市立芸術大学デザイン科卒業。2000年神谷利男デザイン設立。05年株式会社化へ。06年東京オフィス開設。JPDA、日本タイポグラフィ協会会員。

1―珈琲／Coffee
　　ad.柏原 健（大日本印刷）　d.神谷利男、青木孝代、塚本香織、上田裕介
　　cl.山本珈琲／Yamamoto Coffee
2―スリムウォーク／Hose
　　ad.横岩博見、中前俊郎（大日本印刷）　d.神谷利男、上田裕介
　　cl.ピップフジモト／Pip-Fujimoto
3―果汁100％フルーツジュース／Juice
　　ad.柊谷典生（大日本印刷）　d.青木孝代
　　cl.トモヱ乳業／Tomoe Dairy Processing
4―飲み干す一杯／Instant Noodles
　　ad.原 雅明（大日本印刷）　d.神谷利男、西田紗綾
　　cl.エースコック／Acecook
5―大山エクレア／Eclair
　　ad.野中勢二（大日本印刷）　d.神谷利男、青木孝代
　　cl.大山乳業／Daisen Nyugyou
6―デーツ酢／Vinegar
　　ad.小池順司（大日本印刷）　d.神谷利男、塚本香織
　　cl.オタフクソース／Otafuku Sauce
7―春菜／Seasoning
　　ad.中川浩二郎（大日本印刷）　d.神谷利男　cl.永谷園／Nagatanien
8―日本茶／Tea Leaves
　　ad.尭原 豊（大日本印刷）、武岡文美子　d.青木孝代　cl.丸山園／Maruyamaen
9―Herb&Salt／Bath Salt
　　ad.野中勢二（大日本印刷）　d.神谷利男、青木孝代　cl.ヤマサキ／Yamasaki
10―脂肪0％いちごのヨーグルト／Yogurt
　　ad.藤本季世（大日本印刷）　d.神谷利男、塚本香織　cl.日本ルナ／Nipponluna

1

2

3

4

5

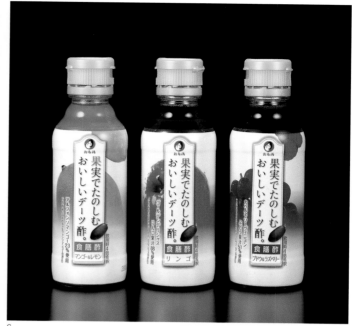

6

7

8

9

10

Kagoshima Yoko
e-mail : agosto@kcc.zaq.ne.jp

鹿児島蓉子
アゴスト アーキスタジオ／Agosto Archi Studio
〒658-0004 兵庫県神戸市東灘区本山町田辺251-8
Tel.078-453-0860 Fax.078-453-0863

1950年11月27日生まれ。すっきり澄んだ気分のデザイン
をしたいと思います。

1一和牛ちらし／Box Lunch
　　ad.,d.,il.& ca.鹿児島蓉子
　　cl.淡路屋／Awajiya
2一星のお茶贈答箱／Green Tea
　　ad.& d.鹿児島蓉子
　　cl.星野製茶園／Hoshino-seichaen

1

2

Kameda Saburo
e-mail:marks@mbox.kyoto-inet.or.jp

亀田三郎

デザイン研究事務所マークス／Marks
〒604-0077 京都府京都市中京区丸太町通り小川西入
ITP京都クリエイターズビル4F
Tel.075-254-0855 Fax.075-254-0856

1949年8月8日生まれ。パッケージ、BI、エディトリアルなどを主体に活動。86年準SDA大賞（コスモ石油CI計画）、87年米国クリオアウォード部門賞（コスモ石油モーターオイル缶）、92年JPDA大賞各部門賞（化粧品・食品）、2006年宮城県新ブランドデザインコンペ奨励賞など受賞。開発プロセスでのコミュニケーションを大切に心がけています。そこでの自己をいかに出すか…。たやすくもあり、難しくもありますネ。

1ー幻の牡蠣／Food Supplement
　　cd.小嶋享子
　　ad.& d.亀田三郎
　　const.岡部勝樹
　　cl.日本クリニック／Japan Clinic
2ー焼き菓子詰合せ／Confectionery
　　ad.& d.亀田三郎
　　cl.若菜屋／Wakanaya

Kamoshita Takanori
http://www.takanori.co.jp

鴨下宜訓

スタジオセブン／Studio Seven
〒150-0001 東京都渋谷区神宮前4-1-23-203
Tel.03-3470-6019 Fax.03-3470-6045
e-mail:kamosita@takanori.co.jp

1943年2月15日東京生まれ。「木の布」これは縦糸に絹糸を使い横糸を木の糸で織り上げた布の事を言います。木目通りに布として織り上げます。そこにテキスタイルデザインをほどこし原反とします。この新素材を使って袋物を商品企画しました。写真[1]秋田天杉[2]屋久杉を使っています。

1－トートバッグ／Tote Bag
　　　il.天羽間ソラノ
　　　d.鴨下宜訓
　　　cl.ボワゼット／boisette
2－木の布カードケース／Card Case
　　　textile d.& d.鴨下宜訓
　　　cl.ボワゼット／boisette

1

2

1

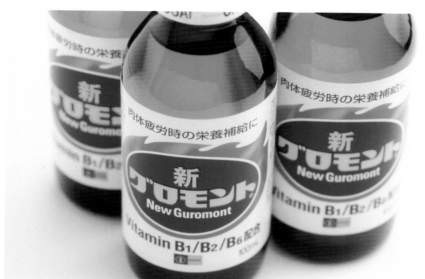

2

Kawai Tetsuya
http://www.kawai-design.com

川合鉄也

川合デザイン／Kawai Design
〒106-0031 東京都港区西麻布3-18-4 セルヴェ西麻布M1
Tel.03-5785-0798　Fax.03-3423-0908
e-mail:kawai@kawai-design.com

1956年9月8日生まれ。主な作品として、よみうりランド、ぐるなびなどのVIプログラムの開発。キシリッシュ、カレー曜日、ブルドックソースなどのパッケージデザイン。将来、パッケージデザインは、告知、広告というグラフィック要素よりも、地球の環境に配慮された素材、新しい価値観を生み出す形状など、よりプロダクト本来のデザインに注目が集まるだろう。また、デザイナー自身がゴミ問題に真摯に取り組む事も、広い意味でのパッケージデザインの開発に欠かせないポイントになると思う。

1ーキシリッシュ／Chewing Gum
　　cd.市川卓也
　　ad.川合鉄也
　　cl.明治製菓／Meiji Seika Kaisha
2ー新グロモント／Nutritive Drink
　　ad.川合鉄也
　　cl.中外製薬／Chugai Pharmaceutical
3ーカレー曜日／Curry
　　cd.岡崎賢爾
　　ad.川合鉄也
　　cl.エスビー食品／S&B Foods

3

COLOR Inc.
http://www.colorinc.jp

カラーインク

〒106-0041 東京都港区麻布台1-9-5 麻布台徳井ビル6F
Tel.03-5549-8771 Fax.03-5549-8772
e-mail:info@colorinc.jp

鳥羽泰弘　Toba Yasuhiro

1962年5月13日生まれ。私たちは、リサーチ・コンセプトメイク・デザインという、マーケティングにおける3つの技術をブランディングの視点で捉え、ブランドの存在感や魅力づくりを大切にしている企画・デザイン会社です。クライアントやエンドユーザーが、そのブランドに関わることによって心をときめかせたり、新しい何かを発見したりして成長する、そんなブランディングを目指しています。

1—ケイト／Cosmetics
　　ad.& d.カラーインク　cl.カネボウ化粧品／Kanebo Cosmetics
2—ECM オードパルファム艶／Perfume
　　ad.& d.カラーインク　cl.リサージ／Lissage
3—トワニー ピュアナチュラル／Cosmetics
　　ad.& d.カラーインク　cl.カネボウ化粧品／Kanebo Cosmetics
4—バスツアーズ／Bath Products
　　ad.& d.カラーインク　cl.リサージ／Lissage
5—バスツアーズ スイートルームボックス／Bath Products
　　ad.,d.& Copy.カラーインク　p.スタジオ・ティーワークス
　　cl.リサージ／Lissage
6—バスツアーズ ホリーナイトツアーボックス／Bath Products
　　ad.,d.& Copy.カラーインク　p.スタジオ・ティーワークス
　　cl.リサージ／Lissage
7—バスツアーズ パラダイスシャワーツアー／Bath Products
　　ad.& d.カラーインク　cl.リサージ／Lissage

1

2

3

4

5

6

7

Kawaji Yosei Design Office
e-mail：kdo@k-do.com

川路ヨウセイデザインオフィス

〒107-0062 東京都港区南青山5-11-14
H&M EAST 202・206
Tel.03-3400-4421・4449　Fax.03-3486-0856

川路ヨウセイ　　Kawaji Yosei

1940年12月26日生まれ。

宮本泰志　　Miyamoto Yasushi

1958年2月20日生まれ。

1

近藤和磨 Kondo Kazuma

1964年6月17日生まれ。

遠藤真由美 Endo Mayumi

1967年4月23日生まれ。

首藤玲子 Shudo Reiko

1976年4月19日生まれ。

2

1―グリコムースポッキー／Chocolate Snack
　　cd.駒 芳昭
　　ad.川路ヨウセイ
　　d.宮本泰志
　　cl.江崎グリコ／Ezaki Glico
2―明治ブラックチョコレート／Chocolate
　　ad.川路ヨウセイ
　　d.近藤和磨
　　cl.明治製菓／Meiji Seika Kaisha

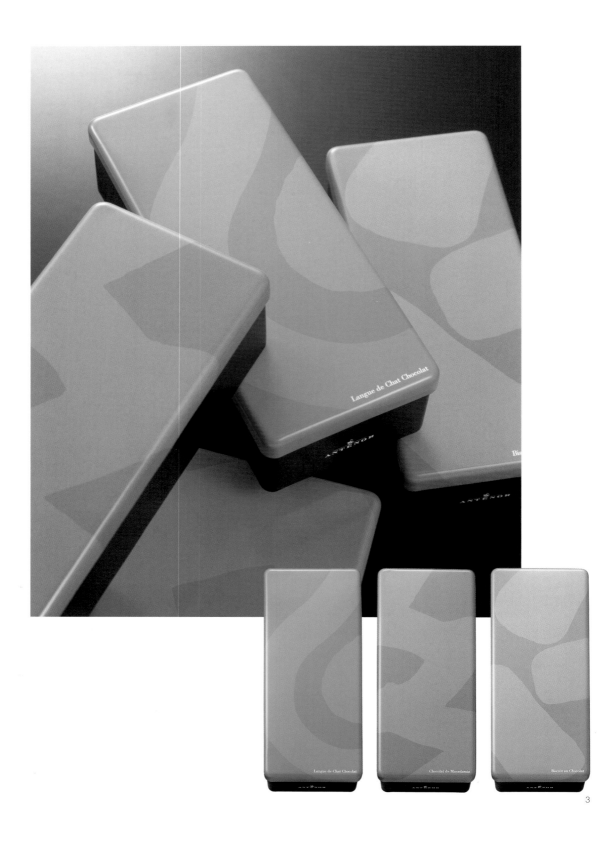

3

4

3— アルティザン・アンテノール／Cookie
    cd.山本憲司
    ad.川路ヨウセイ
    d.宮本泰志
    cl.エーデルワイス／Edelweiss
4— 春夏秋冬／札幌 丸井今井店／Japanese Confectionery
    cd.都築保博
    ad.川路ヨウセイ
    d.首藤玲子
    cl.新宿中村屋／Shinjuku Nakamuraya

Kitami Masayuki
http://www.kurapack.co.jp

北見勝之

倉田包装／Kurata Housou
〒111-0043 東京都台東区駒形1-2-5
Tel.03-3845-0026　Fax.03-3843-5530
e-mail:kitami@kurapack.co.jp

1962年9月13日生まれ。

1—吉祥草／Cake
　　ad.& d.北見勝之
　　cl.亀屋万年堂／Kameya Mannendo
2—衣餅／Cake
　　ad.& d.北見勝之
　　cl.亀屋万年堂／Kameya Mannendo
3—秋ナボナ マロンクリーム、
　　ラズベリークリーム／Cake
　　ad.& d.北見勝之
　　cl.亀屋万年堂／Kameya Mannendo
4—ルバーブナボナ／Cake
　　ad.& d.北見勝之
　　cl.亀屋万年堂／Kameya Mannendo

1

2

3

4

1

Kyodo Printing
e-mail:infopm@kyodoprinting.co.jp

共同印刷

〒112-8501 東京都文京区小石川4-14-12
Tel.03-3817-2249　Fax.03-3817-6710

1—カップスター／Instant Noodles
　　pr.坂井史絵
　　ad.築 和夫
　　cl.サンヨー食品／Sanyo Foods
2—果茶 KACHA／Instant Tea
　　cd.明治製菓 菓子商品企画部
　　ad.& pl.海老佐和子
　　const.伊地知政信
　　cl.明治製菓／Meiji Seika Kaisha
3—ミルル、ココモ／Candy
4—チョコと果実でMorning／Chocolate
5—チョココ／Cookie
6—アスタファイン／Soft Drink
7—クーリッシュ／Ice Cream
　　cd.ロッテ商品開発部
　　ad.渡辺多賀子、築 和夫
　　d.酒井裕之（7）
　　const.伊地知政信（5）
　　cl.ロッテ／Lotte

2

5

3

4　　　　　　6　　　　　　7

Kiriyama Tomohiro
http://www.kiriyama.com

桐山智博

桐山デザインスタジオ／Kiriyama Design Studio
〒150-0043 東京都渋谷区道玄坂1-16-6 二葉ビル10-D
Tel.03-5456-7140 Fax.03-5456-7147
e-mail:kds.tk@kiriyama.com

1960年11月18日生まれ。1983年武蔵野美術短期大学商業デザイン専攻科卒業。文珠デザインスタジオ、ワークファブリックを経て、95年8月桐山デザインスタジオ設立。生活シーンをイメージできる、記憶に残るパッケージデザインを目指しています。London International Awards 2005ファイナリスト。日本のパッケージデザイン大賞2007入選。

1— エーデルピルス／Beer
　　ad.& d.桐山智博
　　d.桐山理恵
　　cl.サッポロビール／Sapporo Breweries
2— ザ・ゴールデンモルト／Beer
　　ad.& d.桐山智博
　　cl.サッポロビール／Sapporo Breweries
3— はちみつ、ジャム／Honey, Jam
　　ad.桐山智博
　　d.桐山理恵
　　cl.星野リゾート／Hoshino Resort

1

2

3

GROVE design
http://www001.upp.so-net.ne.jp/grove/

グローブデザイン

〒104-0042 東京都中央区入船3-9-1 第2細矢ビル3F
Tel.03-3555-7772　Fax.03-3555-7776
e-mail:grove@rb3.so-net.ne.jp

三谷 豊　　Mitani Yutaka

1953年11月10日生まれ。1976年金沢美術工芸大学卒業。シュガーポット、シュガーポットジーアールを経て、93年グローブデザイン設立。2008年6月ジーアールスタジオに社名変更予定。企業と消費者を結ぶコミュニケーターの視点で、幅広いジャンルのパッケージに取り組んでいきたいと思っています。

1

2

1— ビタワンGoo! 健康低脂肪／Dog Food
　　cl.日本ペットフード／Nippon Pet Food
2— オハヨー フルーツヨーグルト／Yogurt
　　cl.オハヨー乳業／Ohayo Dairy Products
3— オハヨー ドリンクヨーグルト／Yogurt Drink
　　cl.オハヨー乳業／Ohayo Dairy Products

3

Kudo Aoshi
http://www.cdlab.jp

工藤青石

コミュニケーションデザイン研究所／
Communication Design Laboratory
〒103-0014 東京都中央区日本橋蛎殻町1-33-10 ミカビル3F
Tel.03-3668-9777 Fax.03-3668-4777
e-mail:info@cdlab.jp

1964年9月12日東京生まれ。1988年東京藝術大学卒業。資生堂を経て
2005年コミュニケーションデザイン研究所を設立。プロダクトデザイ
ンからトータルなブランドのディレクションまで複合的な領域で活動
を行なう。毎日デザイン賞、日本パッケージデザイン大賞大賞4回、東京
ADC賞、米国建築家協会New York最優秀デザイン賞、ID-Award、New
York Festival金賞、New York ADC賞銀賞、CSデザイン賞大賞、JAGDA
新人賞など受賞。現在東京藝術大学非常勤講師。

1—資生堂メン／Skin Care Products
　　cd.,ad.& d.工藤青石　d.信藤洋二　cl.資生堂／Shiseido
2—資生堂メン オードトワレ／Men's Perfume
　　cd.,ad.& d.工藤青石　d.信藤洋二　cl.資生堂／Shiseido
3—イプサ ザ・タイムリセット／Skin Care Products
　　cd.池田修一　ad.& d.工藤青石　lo.ヘルムート・シュミット　cl.イプサ／Ipsa
4—資生堂キオラ／Skin Care Products
　　cd.池田修一　ad.& d.工藤青石　lo.平野敬子　cl.資生堂／Shiseido
5—リナセント／Hair Care Products
　　cd.池田修一　ad.& d.工藤青石　cl.資生堂プロフェッショナル／Shiseido Professional
6—資生堂ザ・メーキャップ／Make-up Products
　　cd.杉浦俊作、斗ヶ沢哲雄　ad.& d.工藤青石　cl.資生堂／Shiseido
7—クラススイーツ／Chocolate
　　cd.,ad.& d.工藤青石　cl.三越／Mitsukoshi

1

2

3

4

5

6

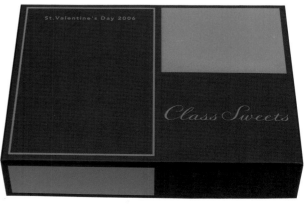

7

Creative Associates
http://www.creative-a.co.jp/

クリエイティブアソシエイツ

〒106-0031 東京都港区西麻布4-15-2
APARTMENS西麻布 801
Tel.03-3406-0696 Fax.03-3406-0697
e-mail:info@creative-a.co.jp

クリエイティブアソシエイツ

長澤 学　Nagasawa Gaku

信貴 渉　Shigi Wataru

1

2

3

4

Clips Factory
e-mail : clipsfactory@ybb.ne.jp

クリップスファクトリー

〒112-0015 東京都文京区目白台1-24-8-201
Tel.& Fax.03-5978-4540

塩崎杏澄　Shiozaki Asumi

1960年1月28日生まれ。

1─エアーズ／Chocolate
　　ad.三石博士
　　d.塩崎杏澄
　　const.& ad.凸版印刷
　　const.丸山和子（丸山デザイン事務所）
　　cl.ロッテ／Lotte
2─十勝スイートロード／Chocolate Cake
　　ad.DNP北海道
　　d.塩崎杏澄
　　cl.柳月／Ryugetsu
3─フルーツパンチ／Liqueur
　　ad.任田進一
　　d.塩崎杏澄
　　cl.アサヒビール／Asahi Breweries
4─姫のショコラ／Chocolate
　　ad.稲田隆志
　　d.塩崎杏澄
　　cl.ロッテ／Lotte

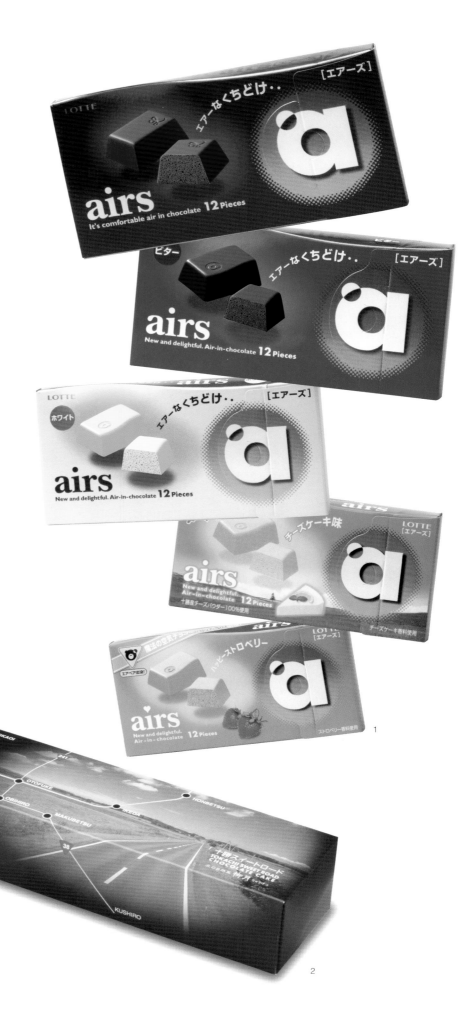

3

4

Kezuka Nanae
e-mail:unknown@n-kezuka.com

毛塚七重
〒151-0051 東京都渋谷区千駄ヶ谷2-10-5
アヴァンセ原宿102
Tel.& Fax.03-3402-5753

1975年9月7日生まれ。1998年武蔵野美術大学視覚伝達デザイン学科卒業。数社を経て2000年イフカンパニー入社、05年よりフリー。

1

2

3―ho［ほっ］／Mini Disc
　　cd.TDKデザイン
　　ad.高橋 敏（イフカンパニー）
　　d.毛塚七重
　　cl.TDKマーケティング／TDK Marketing

1―スイーツシリーズ ホワイトショコラ／Soft Drink
　　cd.日本コカ・コーラ
　　ad.高橋 敏（イフカンパニー）
　　d.毛塚七重
　　cl.日本コカ・コーラ／Coca-Cola（Japan）
2―モカオレヘーゼルナッツ／Soft Drink
　　cd.日本コカ・コーラ
　　ad.高橋 敏（イフカンパニー）
　　d.毛塚七重
　　cl.日本コカ・コーラ／Coca-Cola（Japan）

3

1

2

3

4

Koshiba Masaki Design Room
e-mail:m-koshiba@mtj.biglobe.ne.jp

小柴雅樹デザイン室

〒939-2703 富山県富山市婦中町希望ヶ丘553
Tel.& Fax.076-422-6544

小柴雅樹　Koshiba Masaki

1970年2月8日生まれ。91年朝日印刷に入社。16年勤
続の後、独立開業。2007年小柴雅樹デザイン室を設立。
医薬品のパッケージデザイン一筋で16年の実績。医
薬品のパッケージのことなら、おまかせください。

1ームヒのこども目薬 こどもアイスーパー／
　　Eyewash
　　cd.山村みどり（池田模範堂研究所）
　　ad.朝日印刷
　　ad.& d.小柴雅樹
　　d.青山真弓（朝日印刷）
　　cl.池田模範堂／Ikeda Mohando
2ームヒのきず液／Disinfectant
　　cd.山村みどり（池田模範堂研究所）
　　ad.朝日印刷
　　ad.& d.小柴雅樹
　　cl.池田模範堂／Ikeda Mohando
3ームヒパッチA／Medicine
　　cd.山村みどり（池田模範堂研究所）
　　ad.朝日印刷
　　ad.& d.小柴雅樹
　　cl.池田模範堂／Ikeda Mohando
4ーお熱とろ〜ね／
　　Cooling Pillow, Cooling Gel Sheet
　　cd.山村みどり、高橋亜貴子（池田模範堂研究所）
　　ad.朝日印刷
　　ad.& d.小柴雅樹
　　cl.池田模範堂／Ikeda Mohando

Kosé
http://www.kose.co.jp

コーセー

〒104-0032 東京都中央区八丁堀1-9-9
Tel.03-3555-9199 Fax.03-3555-9184

コーセー

1—エスプリークプレシャス ポイントメイクシリーズ／
Make-up Products
cd.塙 冨士雄　ad.林 千博、井口佳己
d.赤井尚子、田中健一
cl.コーセー／Kosé
2—エスプリークプレシャス スキンケアシリーズ／
Skin Care Products
cd.塙 冨士雄　ad.林 千博、井口佳己
d.横倉尚子、田中健一
cl.コーセー／Kosé
3—エスプリークプレシャス ベースメイクシリーズ／
Cosmetics
cd.塙 冨士雄　ad.林 千博、井口佳己　d.齋藤恵美子
cl.コーセー／Kosé

塙 冨士雄　Hanawa Fujio

榎村真澄　Enomura Masumi

1

林 千博 Hayashi Chihiro

井口佳己 Iguchi Yoshimi

2

3

4

5

6

7

8

コーセー

新鞍一裕　Niikura Kazuhiro

森田利江子　Morita Rieko

山﨑 茂　Yamasaki Shigeru

9

10

11

12

Kosé Cosmeport
http://www.kosecosmeport.co.jp

コーセーコスメポート

〒104-0032 東京都中央区八丁堀1-9-9
Tel.03-3551-3549　Fax.03-3553-5950

山田博子　Yamada Hiroko　　　**伊藤恵子**　Ito Keiko

2006年以降の受賞歴として、07年ジャパンパッケージングコンペティション化粧品部門賞。06年、07年日本パッケージングコンテストパッケージデザイン賞、化粧品包装部門賞を受賞。

1ーサロンスタイル モイストキープスパ／
　　Hair Care Products
　　cd.& ad.山田博子
　　d.伊藤鷹也デザイン事務所、水野直樹、鈴木裕子、
　　東 みどり、恵面奈津子、井手広二
　　cl.コーセーコスメポート／Kosé Cosmeport
2ーバイタルエイジQ10／Skin Care Products
　　cd.& ad.山田博子
　　d.東 みどり、田代桂子
　　cl.コーセーコスメポート／Kosé Cosmeport
3ーコエンリッチQ10 ホワイトハンドクリーム
　　ディープモイスチュア／Hand Care Products
　　cd.& ad.山田博子
　　d.田代桂子、八川壮太
　　cl.コーセーコスメポート／Kosé Cosmeport
4ーソフティモ ホワイトボディソープ／
　　Body Care Products
　　cd.& ad.山田博子
　　d.東 みどり
　　cl.コーセーコスメポート／Kosé Cosmeport

田代桂子　Tashiro Keiko

東 みどり　Azuma Midori

清水さやか　Shimizu Sayaka

2

3

4

5—モイスチュアマイルド ピュア／
Skin Care Products
cd.山田博子
ad.佐藤 卓
d.佐藤卓デザイン事務所
cl.コーセーコスメポート／Kosé Cosmeport

6—ソフティモ スーパーメイク落としシリーズ／
Skin Care Products
cd.& ad.山田博子
d.コーセーコスメポートデザイン室、
YAOデザインインターナショナル、
伊藤鷹也デザイン事務所
cl.コーセーコスメポート／Kosé Cosmeport

7—ソフティモ エアリーホイップ
フォームウオッシュ／Skin Care Products
cd.& ad.山田博子
d.井手広二
cl.コーセーコスメポート／Kosé Cosmeport

8

9

10

Kotobuki Seihan Printing
http://www.rex.co.jp

寿精版印刷デザインセンター

〒135-0091 東京都港区台場2-3-1 22F
Tel.03-3529-3205 Fax.03-3529-3213

〒543-0002 大阪府大阪市天王寺区上汐6-4-26
Tel.06-6770-2807 Fax.06-6770-2817

竹広光春　Takehiro Mitsuharu

1953年2月11日広島県生まれ。それぞれの商品が解り
易く、個性と品格が心地良さを感じさせてくれるパッ
ケージデザインを理想としています。

國吉英二郎　Kuniyoshi Eijiro

1962年1月31日岡山県生まれ。安心、安全、信頼ので
きる、世の中の役に立つような商品づくりのお手伝い
ができるよう心がけています。

1— 寿精版印刷株式会社60周年記念ウイスキー／Whisky
　　cd.横尾 浩
　　ad.& d.寿精版印刷デザインセンター
　　cl.寿精版印刷／Kotobuki Seihan Printing

1

山川弘子　Yamakawa Hiroko

1947年11月5日大阪府生まれ。1966年大阪市立工芸
高校卒業。同年寿精版印刷入社。

原 拓哉　Hara Takuya

1964年5月29日兵庫県生まれ。1986年大阪芸術大学
絵画学科卒業。デザインは愛。人と人のつながりを大
切にできるデザインをしていきたいですね。

2—サントリージャポネゴールド／Beer
　　cd.浅倉 正　ad.牛島志津子
　　d.寿精版印刷デザインセンター
　　cl.サントリー／Suntory
3—サントリー寿ビール2007／Beer
　　cd.& ad.浅倉 正
　　d.寿精版印刷デザインセンター
　　cl.サントリー／Suntory
4—シングルモルト&ウイスキーケーキ／Whisky, Cake
　　cd.古庄章子
　　ad.& d.寿精版印刷デザインセンター
　　p.野村 進　cl.サントリー／Suntory
5—サントリー八重丸原酒／Shochu
　　cd.牛島志津子　ad.大住裕一
　　d.& il.寿精版印刷デザインセンター
　　ca.荻野丹雪　cl.サントリー／Suntory

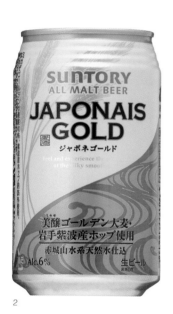

2

3

4

5

寿精版印刷デザインセンター

松浦真二 Matsuura Shinji

1967年8月28日大阪府生まれ。デザインとは、ハッとするアイデアと、ウッとくる表現と、ホワーッとした信頼ではないかと近頃考えてます。

染谷信子 Someya Nobuko

1969年11月8日埼玉県生まれ。日常に馴染むパッケージを、シンプルでストレートに楽しく表現していきたいです。

長野友紀 Nagano Yuki

1971年8月25日兵庫県生まれ。93年京都精華大学デザイン学科卒業。時にはインパクト系・優しいモノ・品質感のある…柔軟なデザインを目指し、楽しみたいです。

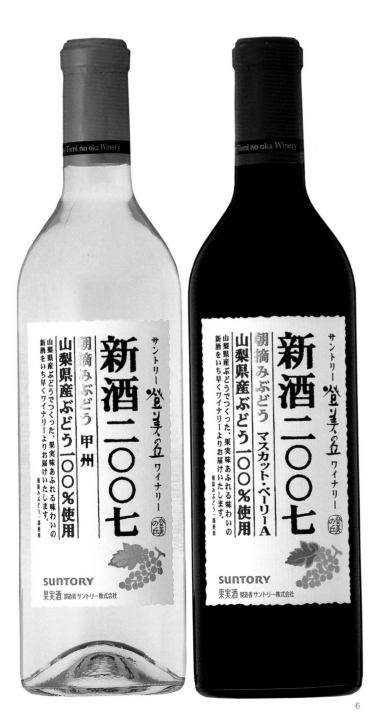

6

7

8

9

11

10

Saeki Jun
e-mail：jworks@j.email.ne.jp

佐伯 淳
ジェイワークス／J.Works
〒655-0893 兵庫県神戸市垂水区日向1-5-1 804
Tel.078-707-5582　Fax.078-707-5992

1952年5月14日生まれ。京都市立芸術大学卒業。ジェイワークス代表。ジャパンパッケージングコンペティション日本印刷工業会長賞、部門賞多数受賞。PDCゴールドアウォード金賞。インターナショナルパッケージアウォード銅賞受賞。

1—BLACK眠闘／Coffee
　　　ad.佐伯 淳
　　　d.福元彩子
　　　cl.UCC上島珈琲／UCC Ueshima Coffee
2—HILLS BROS COFFEE／Coffee
　　　ad.& d.佐伯 淳
　　　cl.日本ヒルスコーヒー／Hills Bros Coffee, Japan
3—THE BLEND／Coffee
　　　ad.佐伯 淳
　　　d.松田幸喜
　　　cl.UCC上島珈琲／UCC Ueshima Coffee

1

2

3

1

1

Sakaguchi Masahiko
http://www.jimoto-navi.com/c

坂口雅彦

クリップ坂口／CRiP Design Sakaguchi
〒551-0003 大阪府大阪市大正区千島2-2-14
Work_Mobile.090-1910-6986 Fax.06-6551-8713
e-mail:hiko_mobile@fellow-ship.com

1966年3月28日大阪市大正区生まれ。大阪府立守口高等職業訓練校広告デザイン科卒業。1990年第4回くまもとデザインアウォード「MIKAN PACK」特選、91年第1回紙わざ大賞「POPER」入選、同年NewYork PDC「Utsumi scissor package」入賞。立体的箱庭感覚で、商品パッケージの売れる現場店頭から提案、店頭ディスプレイから、販売商品の包装設計、静止画ビジュアル等、空気感に魅力を感じて頂けるデザインワークを追求しつづけてます。

1ーひこちゃんの紙細工屋さん 紙細工キット／
　Paper Craft
　ad.,pd.,d.& const.CRiP Design Sakaguchi
　a.ひこちゃん
　ca.& Seal Stamp.岩井博石
　cl.城東紙器／Jotosiki
2ー名刺／Business Card
　ad.& d.坂口雅彦
　cl.尚商／Nao Sho

2

Sakasegawa Takekazu
http://www.padock.co.jp

酒瀬川武一

パドック／Pa-Dock
〒550-0013 大阪府大阪市西区新町1-2-13 新町ビル10F
Tel.06-6531-9444 Fax.06-6531-9445
e-mail:p1@padock.co.jp

1957年12月17日生まれ。

1―美肌ふたつ／Soap
　　d.酒瀬川武一
　　cl.ヴァンベル／Vanbell
2―香湯／Bath Products
　　d.酒瀬川武一
　　cl.ヴァンベル／Vanbell
3―ATHERAPY／Bath Products
　　d.酒瀬川武一
　　cl.ヴァンベル／Vanbell

1

2

3

1

Sakurai Atsushi
e-mail: supplyas@quartz.ocn.ne.jp

桜井 淳

デザイン・ファーム・サプライ／Design Firm Supply
〒486-0957 愛知県春日井市中野町2-18-3
Tel.0568-36-1814　Fax.0568-36-1824

1963年10月27日生まれ。

1— ソフトふりかけ／Seasoning
　　ad.& d. 桜井 淳
　　cl. マルアイ／Maruai
2— 野菜いっぱいシリーズ／Soup
　　ad.& d. 桜井 淳
　　cl. マルコメ／Marukome
3— 春日井チョコレートシリーズ／Chocolate
　　ad.& d. 桜井 淳
　　cl. 春日井製菓／Kasugai Seika

2

3

Zasso Creative
http://www.zasso.co.jp

ザッソクリエイティブ

〒160-0022 東京都新宿区新宿2-13-10-603
Tel.03-5363-0027 Fax.03-5363-0028
e-mail:job@zasso.co.jp

髙見裕一　Takami Yuichi

1961年8月31日生まれ。スーパーマーケットやコンビニエンスストアの溢れんばかりの商品群の中、売れ勝っていく「顔」をつくり出していくのが、わたしの仕事です。自信たっぷりな「顔」をして、「堂々」と売り場にあってほしいと、常々考えています。日常生活に欠かせない「食品」や「日用雑貨」など、その製品の良いところを、あますことなく伝えきる「顔」づくりを、ずっと続けていきたいと思っています。

1― 日清具多 豚玉・いか・えびミックスお好み焼／
　　Frozen Food
　　ad.& d.髙見裕一
　　cl.日清食品／Nissin Food Products
2― 日清焼そばカップ からしマヨネーズ／
　　Instant Noodls
　　ad.& d.髙見裕一
　　cl.日清食品／Nissin Food Products
3― 日清レンジどん兵衛 カレーうどん／
　　Instant Noodls
　　ad.& d.髙見裕一
　　cl.日清食品／Nissin Food Products

1

2

3

Satonaka Maho
e-mail：satonaka@oboe.ocn.ne.jp

里中麻穂

サトナカデザインオフィス／Satonaka Design Office
〒181-0003 東京都三鷹市北野3-4-9
Tel.& Fax.0422-49-0403

1970年12月24日生まれ。

1ーパンプキンタルト／Chocolate
　　ad.金子素子
　　d.里中麻穂
　　cl.チロルチョコ／Tirol-choco

1

The Design Associates
http://www.thedesignassoc.com

ザ・デザイン・アソシエイツ

〒106-0046 東京都港区元麻布3-2-9
Tel.03-3404-0328 Fax.03-3404-0254
e-mail:tda@gol.com

パッケージデザインをはじめアイデンティティの開発などトータルな実績を多くもっています。英語圏やアジア向けのブランド開発の経験もあります。

1―ザ・プレミアム　カルピス／Lactic Acid Beverage
　　d.ザ・デザイン・アソシエイツ
　　cl.カルピス／Calpis
2―マイルドセブン アクアメンソール／Cigarettes
　　d.ザ・デザイン・アソシエイツ
　　cl.日本たばこ産業／Japan Tobacco
3―マイルドセブン 30周年記念スペシャルパック／
　　Cigarettes
　　d.ザ・デザイン・アソシエイツ
　　cl.日本たばこ産業／Japan Tobacco
4―カルピス スイートスイーツ／Lactic Acid Beverage
　　d.ザ・デザイン・アソシエイツ　cl.カルピス／Calpis
5―DELICIOUS & WELL 完熟ミックスオ・レ／
　　Soft Drink
　　d.ザ・デザイン・アソシエイツ　cl.カルピス／Calpis
6―ディーセス リンケージ／Hair Treatment
　　d.ザ・デザイン・アソシエイツ
　　cl.ミルボン／Milbon
7―ルーツ プロダクト／Coffee
　　d.ザ・デザイン・アソシエイツ
　　cl.日本たばこ産業／Japan Tobacco

2

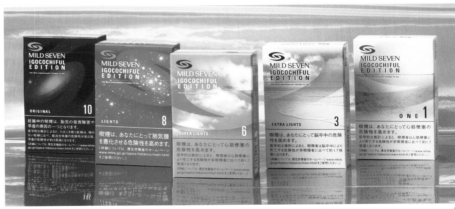

3

1

4

5

6

7

Sato Akio Design
e-mail：akios@sa2.so-net.ne.jp

佐藤昭夫デザイン室

〒150-0002 東京都渋谷区渋谷1-19-1 ハウスワン2F
Tel.03-3406-9491 Fax.03-3406-9492

1─美麻高原蔵二年味噌みそ汁／Miso Soup
　　ad.& d.佐藤昭夫　d.& il.川路欣也　p.川口 保
　　cl.マルコメ／Marukome
2─ブナハリ茸／Health Food
　　ad.& d.佐藤昭夫　d.川路欣也　il.斎藤雅緒
　　cl.キリンヤクルトネクストステージ／
　　Kirin Yakult NextStage
3─純／Shochu
　　ad.& d.佐藤昭夫　d.佐藤 新　bd.佐藤 卓
　　cl.宝酒造／Takara Shuzo
4─純 30周年記念ボトル／Shochu
　　ad.& d.佐藤昭夫　d.佐藤 新、川路欣也
　　cl.宝酒造／Takara Shuzo
5─ニッポンプレミアム／Beer
　　ad.& d.佐藤昭夫　d.川路欣也　il.宮田輝久
　　cl.キリンビール／Kirin Brewery
6─一番搾り 無濾過〈生〉／Beer
　　ad.& d.佐藤昭夫　d.川路欣也
　　cl.キリンビール／Kirin Brewery
7─一番搾り とれたてホップ無濾過〈生〉／Beer
　　ad.& d.佐藤昭夫　d.佐藤 新　il.宮田輝久
　　cl.キリンビール／Kirin Brewery
8─一番搾り とれたてホップ／Beer
　　ad.& d.佐藤昭夫　d.佐藤 新　il.宮田輝久
　　cl.キリンビール／Kirin Brewery

佐藤昭夫　Sato Akio

1942年9月9日生まれ。ヴィジュアルデザイン研究所にて基礎デザインを学ぶ。1965年デルタモンド入社。94年佐藤昭夫デザイン室設立。

川路欣也　Kawaji kinya

1970年7月7日生まれ。桑沢デザイン研究所パッケージデザイン研究科卒業。レストラン森永を経て、1995年佐藤昭夫デザイン室入社。

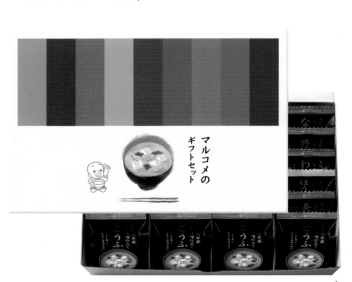

1

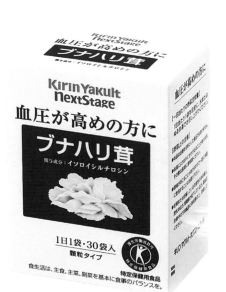

2

3

4

6

7

8

145

Sun-Create
http://www.sun-create.biz

サン・クリエイト

〒530-0012 大阪府大阪市北区芝田1-12-7 大栄ビル6F
Tel.06-6371-3800　Fax.06-6371-6106
e-mail:sun-create@nifty.com

大住順一　Osumi Junichi

1933年11月3日生まれ。

藤井本道　Fujii Motomichi

1951年10月5日生まれ。

髙木直也 Takagi Naoya

1983年12月12日生まれ。

1—松竹梅／Sake
　cd.大住順一
　ad.樋野健一
　ad.& d.藤井本道
　d.奥林 舞、髙木直也
　cl.宝酒造／Takara Shuzo
2—TAKARA焼酎ハイボール／Spirit
　cd.大住順一
　ad.宇留野 晋
　ad.& d.藤井本道
　d.奥林 舞、髙木直也
　cl.宝酒造／Takara Shuzo

1

2

Sun Studio
http://www.sunstudio.co.jp

サン・スタジオ

〒105-0012 東京都港区芝大門2-5-8 芝大門牧田ビル8F
Tel.03-5425-2430　Fax.03-5425-2439
e-mail:miyaji-n@sunstudio.co.jp

1— カルピス ほっと飲料／Soft Drink
　　cl.カルピス／Calpis
2— 味の素 ギフト／Gift
　　cl.味の素／Ajinomoto
3— 味の素 冷凍食品／Frozen Food
　　cl.味の素冷凍食品／Ajinomoto Frozen Foods
4— シマダヤ チルド食品／Chilled Food
　　cl.シマダヤ／Shimadaya

宮地睦明　Miyaji Nobuaki

1943年1月1日生まれ。東京芸術大学美術学部卒業。
サン・スタジオ代表取締役、御茶の水美術専門学校理
事。通商産業大臣賞、食品部門賞、印刷工業会長賞等
受賞。

田辺慎二　Tanabe Shinji

1960年4月10日生まれ。1982年サン・スタジオ入社。

1

2

3

4

サンデザインアソシエーツ

Sun Design Associates
http://www.sundesign.co.jp

サンデザインアソシエーツ

〒542-0081 大阪府大阪市中央区南船場2-4-8
長堀プラザビル6F
Tel.06-6261-2961 Fax.06-6261-2960

中村明弘 Nakamura Akihiro

1952年3月22日生まれ。クリエイティブディレクター。

松尾政明 Matsuo Masaaki

1965年7月30日生まれ。1989年大阪芸術大学デザイン科卒業後、ナウシステムデザイン入社。91年に退社後、サンデザインアソシエーツ入社、現在に至る。

1

2

3

4

竹澤さつき Takezawa Satsuki

1962年5月15日生まれ。大阪デザイナー専門学校卒業。パッケージを通して人の役に立つデザインをしたいと思います。

1─山廃純米吟醸 雄町／Sake
　　ad.松尾政明　d.& ca.入山隆一郎
　　cl.梅乃宿酒造／Umenoyadoshuzo
2─スティックウエハース／Confectionery
　　ad.松尾政明　d.中森恭平
　　cl.エヌエス・インターナショナル／
　　NS International
3─メタルガンマニアシリーズ／Candy
　　ad.中村明弘　d.村田守弘
　　cl.フルタ製菓／Furuta Confectionery
4─イチョウ葉ナットウキナーゼ／
　　Nutritive Food
　　ad.阪本印刷
　　d.竹澤さつき、和田野香恵
　　cl.ゼネル薬品工業／Zenel Yakuhin Kogyo

5─Candy Time／Candy
　　ad.池田未央
　　d.竹澤さつき、糸井はるか
　　cl.三星食品／Sansei Foods
6─のどトローチ／Troche
　　ad.阪本印刷
　　d.竹澤さつき
　　cl.日新薬品工業／Nissin Pharmaceutical Industries
7─レアチョコクッキー、カスタードケーキ、
　　モカクッキー／Cookie, Cake
　　ad.松尾政明
　　d.竹内美江、大友香苗、和田野香恵
　　cl.海遊館ミュージアムショップ／
　　Kaiyukan Museum Shop
8─リフレ安心パッド／Care Pad
　　ad.& d.竹澤さつき
　　cl.リブドゥコーポレーション／Livedo Corporation

5

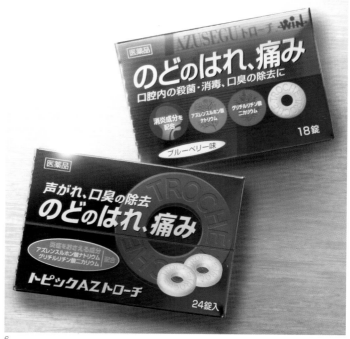

6

7

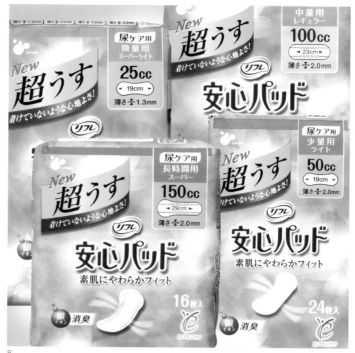

8

Suntory
http://www.suntory.co.jp/

サントリーデザイン部
〒135-8631 東京都港区台場2-3-3
Tel.03-5579-1145 Fax.03-5579-1718

1—サントリー黒烏龍茶／Oolong Tea
　　cd.加藤芳夫　ad.水口洋二　d.桐元晶子
　　cl.サントリー／Suntory
2—サントリーコーヒーボス レインボーマウンテンブレンド／Coffee
　　cd.藤田芳康　cd.& ad.加藤芳夫　ad.& d.石浦弘幸
　　cl.サントリー／Suntory
3—サントリーコーヒーボス 楽園／Coffee
　　cd.加藤芳夫、藤田芳康　ad.石浦弘幸　d.黒田佳子
　　cl.サントリー／Suntory
4—サントリーコーヒーボス レジェンドブレンド／Coffee
　　cd.加藤芳夫、藤田芳康　ad.石浦弘幸　d.黒田佳子
　　cl.サントリー／Suntory
5—サントリーコーヒーボス 贅沢微糖／Coffee
　　cd.加藤芳夫、藤田芳康　ad.石浦弘幸　d.伊藤恵士
　　cl.サントリー／Suntory

加藤芳夫　Kato Yoshio

1953年7月23日名古屋市生まれ。1979年愛知県立芸術大学卒業、同年サントリーデザイン室入社。現在デザイン部長。主な受賞は、ジャパンパッケージングコンペティション通産大臣賞、日本パッケージデザイン大賞大賞、金賞、銀賞、特別賞など。2001年『なっちゃんの秘密』六耀社より出版。

牛島志津子 Ushijima Shizuko

1957年5月22日長野県生まれ。1980年京都市立芸術大学卒業、同年サントリーデザイン室入社。現在デザイン部スペシャリスト。主に洋酒、リキュール、焼酎、ワインのクリエイティブディレクターを担当。

浅倉 正 Asakura Tadashi

1956年11月7日東京都生まれ。1982年京都工芸繊維大学意匠工芸学科大学院修了、同年サントリーデザイン室入社。現在デザイン部課長。

6―ザ・サントリーオールド／Whisky
　cd.加藤芳夫、牛島志津子　ad.& d.古庄章子
　d.浅倉 正
　lo.廣瀬映子　cl.サントリー／Suntory
7―サントリーウイスキー響17年／Whisky
　cd.加藤芳夫　cd.& d.牛島志津子　ad.& d.古庄章子
　a.堀木エリ子　cl.サントリー／Suntory
8―サントリーウイスキーローヤル12年スリムボトル／
　Whisky
　cd.牛島志津子　ad.& d.古庄章子　d.川西 明
　cl.サントリー／Suntory

6

7

8

藤田 隆　Fujita Takashi

1950年12月14日生まれ。1972年九州芸術工科大学（現九州大学）画像設計学科卒業、同年サントリーデザイン室入社。2004年コーポレートコミュニケーション本部（文化事業部）勤務、CIデザインのディレクションに従事の後、再度デザイン部勤務。1984年JAGDA新人賞、日本パッケージデザイン大賞奨励賞、ワルシャワポスタービエンナーレ、富山ポスタートリエンナーレなど入選。

川西 明　Kawanishi Akira

1950年12月14日大阪府生まれ。1969年サントリー入社。現在デザイン部勤務。主にサントリーウイスキー・ビール関連のデザイン、スポーツイベント関係のデザインを担当。デザイン賞受賞歴多数。

藤本勝之　Fujimoto Katsuyuki

1957年11月30日兵庫県生まれ。1984年愛知県立芸術大学大学院修了、同年サントリーデザイン室入社配属。現在デザイン部スペシャリスト。主に国内ビール事業、海外事業商品化を担当。

前田英樹　Maeda Tsuneki

1962年3月23日大阪府生まれ。1987年金沢美術工芸大学商業デザイン専攻卒業、同年サントリーデザイン部入社。現在デザイン部課長。

永田麻美　Nagata Asami

1962年10月19日大阪生まれ。1982年嵯峨美術短期大学卒業。サントリーデザイン部入社。

12

13

14

15

155

サントリーデザイン部

柴戸由岐子　Shibato Yukiko

1963年2月5日生まれ。1985年京都市立芸術大学デザイン科卒業。現在サントリーデザイン部勤務。主な作品は、ミス・ピーチ、鉄骨飲料、サントリー緑茶、なっちゃんなど。

水口洋二　Minakuchi Yoji

1965年別府市生まれ。1989年九州芸術工科大学（現九州大学）画像設計学科卒業、同年サントリーデザイン部入社。主に清涼飲料製品のコンセプト、アートディレクションを担当。日本パッケージデザイン大賞大賞、グッドデザイン賞、ADC賞などを受賞。現在デザイン部課長。

大住裕一　Osumi Yuichi

1965年1月3日生まれ。京都精華大学立体造形学科卒業、1990年よりサントリー入社。主に水事業、リキュール事業、焼酎事業のディレクションを担当。

16

17

18

19

20

21

22

23

サントリーデザイン部

礒崎奈津江 Isozaki Natsue

1966年7月18日生まれ。1991年東京藝術大学美術学部デザイン科大学院修了、同年サントリーデザイン部入社。主にワインのアートディレクション、デザインを担当。

平田 宙 Hirata Oki

1966年7月4日京都市生まれ。1991年宝塚造形芸術大学卒業、同年サントリーデザイン部入社。主に食品、輸入リキュールなどのアートディレクション、デザインを担当。主な作品歴は、デカビタC、リプトン、ペプシ、キャンベルなど。日本パッケージデザイン大賞銀賞、その他ジャパンパッケージングコンペティション賞など多数。

石浦弘幸 Ishiura Hiroyuki

1968年11月24日富山県生まれ。1991年金沢美術工芸大学商業デザイン専攻卒業。同年サントリーデザイン部入社。主に清涼飲料のアートディレクション、デザインを担当。主な仕事は、缶コーヒーBOSSなど。日本パッケージデザイン大賞銀賞、ジャパンパッケージングコンペティション通産省生活産業局長賞、日本印刷産業連合会長賞などを受賞。

27　　　　　28　　　　　29　　　　　30　　　　　31　　　　　32

サントリーデザイン部

古庄章子　Furusho Akiko

1970年2月1日生まれ。1994年東京藝術大学デザイン科卒業。同年サントリーデザイン部入社。

森田きよの　Morita Kiyono

1968年11月7日生まれ。1992年金沢美術工芸大学商業デザイン専攻卒業。同年サントリーデザイン部入社。デザイン部勤務。

桐元晶子　Kirimoto Akiko

1975年11月18日横浜生まれ。1998年多摩美術大学デザイン科グラフィックデザイン専攻卒業。同年、サントリーデザイン部入社。主に食品の飲料中心のデザインを担当。主な仕事は烏龍茶クリスタルカットボトル、黒烏龍茶、DAKARA、Vitamin Waterなど。主な受賞は、日本パッケージデザイン大賞大賞・審査員特別賞、日本タイポグラフィー年鑑パッケージ部門Best Workなど。

33

34

35

36

37

38

39

Sunbox
e-mail：tsujimoto@e-sunbox.co.jp

サンボックス

〒542-0082 大阪府大阪市中央区島之内1-22-23
MUCビル6F
Tel.06-6251-8288　Fax.06-6251-8287

サ
ン
ボ
ッ
ク
ス

辻本良雄　Tsujimoto Yoshio

1946年10月17日生まれ。1989年サンボックス設立。
コンセプトの分かるデザイン制作を心がけています。

山田伸治　Yamada Nobuharu

1960年10月28日生まれ。いい作品よりも、イイ商品
をデザインしたい。

1

2

3

藤川昭二　Fujikawa Shoji

1958年2月20日生まれ。臨機応変、縦横無尽にパッケージデザインと関わっていきたい。

4

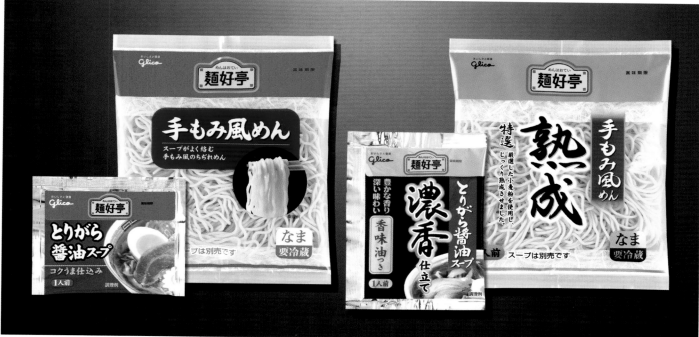

5

6

7

163

8

9

10

11

12

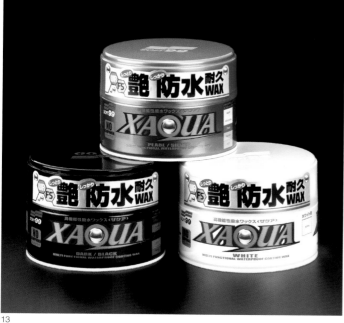

13

14

15

Cinq Directions
http://www.39d.co.jp

サンクディレクションズ

〒107-0062 東京都港区南青山1-3-1
パークアクシス青山一丁目タワー812
Tel.03-5772-2755　Fax.03-5411-0849
e-mail:hoso@39d.co.jp

細島雄一　Hosojima Yuichi

1963年4月29日生まれ。電通ヤング＆ルビカムを経て
サンクディレクションズに参加。ブランド力の強化に
ウエートをおいてパッケージデザイン、CI、広告企画
制作を行なっています。

1—Wild Veggie／Soup
　　cd.朝生謙二
　　ad.山内章生、青柳有美子
　　d.中田浩介
　　p.坪谷靖史
　　Copy.藤本英雄
　　cl.大塚食品／Otsuka Foods
2—Pocket Juicer Stand／Juice
　　cd.& ad.細島雄一
　　d.益子佳奈
　　il.mushroom cafe
　　cl.ダイドードリンコ／DyDo Drinco

1

2

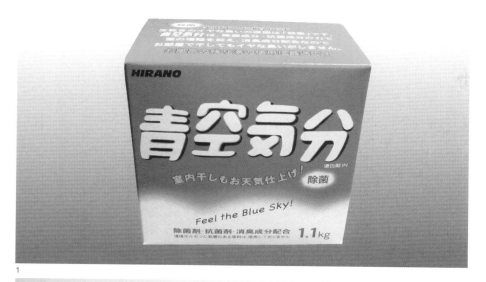

1

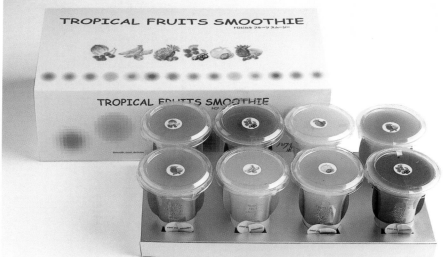

2

3

Shiozawa Daisuke
http://www.mint.gr.jp

塩澤大典

スタジオ ミント／Studio Mint
〒215-0006 神奈川県川崎市麻生区金程1-13-31
Tel.044-954-1996　Fax.044-951-4995
e-mail:daisuke@mint.gr.jp

1972年10月5日生まれ。商品を手にした方が、喜び楽しみを感じていただける、フレッシュなアイデアと造形の美しさ。店頭全体が活気づく新しいパッケージデザインを心がけていきます。作品歴はベルン、クリエイティブメモリーズ、ブルーダイヤモンド、平野油脂など。

1―青空気分／Detergent
　　ad.塩澤大典
　　cd.塩澤圭子
　　cl.平野油脂／Hirano Yushi
2―ベルン トロピカルフルーツスムージー／
　　Confectionery
　　ad.塩澤大典
　　cd.塩澤圭子
　　cl.ベルン／Berne
3―ベルン 夏のミルフィユ／Confectionery
　　ad.塩澤大典
　　cd.塩澤圭子
　　cl.ベルン／Berne

C.Creative
http://www.c-creative.net

シィクリエイティブ

〒107-0062 東京都港区南青山4-15-5
東京インテリアビル202
Tel.03-5771-7200 Fax.03-5771-7222

久住芳男　Kusumi Yoshio

1961年3月18日生まれ。プロダクトデザイナー。

内田真由美　Uchida Mayumi

1955年2月26日生まれ。グラフィックデザイナー。

1

2

3

4

4

Sio Design
http://www.sio-design.co.jp

シオデザイン

〒150-0001 東京都渋谷区神宮前5-46-24

Tel.03-5774-0645　Fax.03-5774-0646

e-mail:info@sio-design.co.jp

「SMART DESIGNING」SiO DESIGNが掲げる基本理念である。激変する時流の中で、デザインを媒介とし、無駄を削ぎ、本来あるべき理想の姿を提案することに、我々の存在意義があると考えます。ジャパンパッケージングコンペティション通商産業大臣賞、PDCゴールドアウォード、日本パッケージデザイン大賞奨励賞、ロンドン国際広告賞パッケージ部門グランプリ・ウイナー、ペントアワード・金賞・銅賞受賞。

塩沢喜徳　Shiozawa Yoshinori

1960年4月2日生まれ。スペース（空間）の「間」。タイミング（時間）の「間」。余白の「間」。行間の「間」…。原点に立ち返り、「間」のデザインを目指す。

十倉論敦　Tokura London

1975年2月19日生まれ。

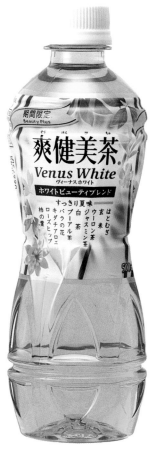

1―爽健美茶／Tea
　　cd.日本コカ・コーラ マーケティング本部
　　chief ad.青木 徹（モメンタム ジャパン）
　　ad.白石砂絵（モメンタム ジャパン）
　　d.十倉論敦
　　ld.宮坂克己（ケイアタック）
　　cl.日本コカ・コーラ／Coca-Cola（Japan）
2―爽健美茶ビューティープラスシリーズ／Tea
　　cd.日本コカ・コーラ マーケティング本部
　　chief ad.青木 徹（モメンタム ジャパン）
　　ad.白石砂絵（モメンタム ジャパン）
　　d.十倉論敦
　　ld.宮坂克己（ケイアタック）
　　cl.日本コカ・コーラ／Coca-Cola（Japan）
3―DASANI／Soft Drink
　　cd.日本コカ・コーラ マーケティング本部
　　chief ad.青木 徹（モメンタム ジャパン）
　　ad.白石砂絵（モメンタム ジャパン）
　　d.十倉論敦
　　cl.日本コカ・コーラ／Coca-Cola（Japan）
4―あづみ野湧水／Mineral Water
　　ad.& d.塩沢喜徳
　　bd.十倉論敦
　　cl.東京アート／Tokyo Art

2

3

4

171

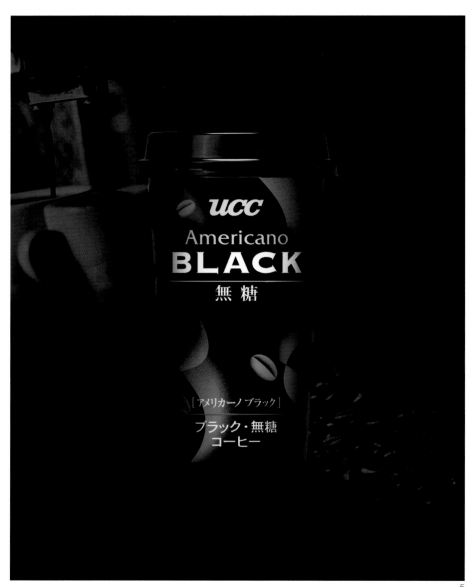

5

6

7

8

9

10

GK Graphics
http://www.gk-design.co.jp/gra/

GKグラフィックス

〒161-0033 東京都新宿区下落合2-1-15
Tel.03-5952-6831　Fax.03-5952-6832

当社は「生活をつくるグラフィックス」をテーマに、パッケージをはじめ、ブランディング、サインなどの環境グラフィック、GUI・編集デザインを領域として活動しています。適切なグラフィック、華のあるデザインは生活文化を育みます。そのためにクライアントと協働し、創造行為のプロセスを重視しています。また、確実な成果をもたらすために、企画・提案段階から実施段階にいたるまで一貫したチームワーク体制で臨んでいます。

村井大三郎 Murai Daisaburo
1968年武蔵野美術大学工芸工業デザイン科卒業。

丸本彰一 Marumoto Shoichi
1983年愛知県立芸術大学美術学部美術科デザイン専攻卒業。

二宮昌世 Ninom Shose
1984年武蔵野美術大学造形学部覚伝達デザイン学科卒業。

1

2

1─ウェルチ グレープ＆ベリー／Soft Drink
　　cl.**カルピス**／Calpis
2─ウェルチ100／Fruit Juice
　　cl.**カルピス**／Calpis

GKグラフィックス

佐藤雅洋 Sato Masahiro
1982年北海道東海大学芸術工学部デザイン学科卒業。

岡部真紀 Okabe Maki
1987年東京芸術大学美術学部デザイン科卒業。

牧野正樹 Makino Masaki
1990年日本大学芸術学部美術学科卒業。

金子修也 Kaneko Shuya
1960年東京芸術大学美術学部工芸科図案計画専攻卒業。平成12年度通商産業大臣表彰「デザイン功労者表彰」受賞。「2000 JPDA Package Design Person of the Year」受賞。

3

4

5

3―カフェラモード深味、
　　エスプレッソローストブレンド／Coffee
　　cl.カルピス／Calpis
4―カフェラモードプレミアムブラック／Coffee
　　cl.カルピス／Calpis
5―カゴメ フルーツモーニング／Fruit Juice
　　cl.カゴメ／Kagome

6

7

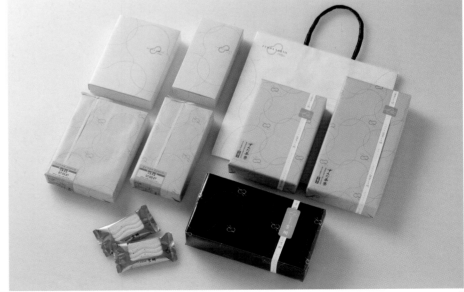

6—キッコーマン本醸造しょうゆ 復刻版
　　（家庭用容器発売80周年記念）／Soy Sauce
　　cl.キッコーマン／Kikkoman
7—杏露酒シリーズ／Liqueur
　　cl.キリンビール／Kirin Brewery
8—ずんだ茶寮 Tokyo／Confectionery
　　ag.アデイ
　　cl.菓匠三全／Kasho Sanzen

8

9—ディーセス リーファ／Hair Care Products
cl.ミルボン／Milbon
10—ジーノ ブランフィア／Cosmetics
cl.味の素／Ajinomoto

11

12

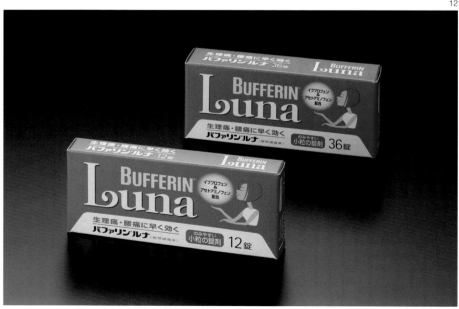

11―超爽快肌／Skin Care Products
　　ag.フロム・コミュニケーションズ
　　cl.クラシエホームプロダクツ／Kracie Home Products
12―ピュアナビ／Skin Care Products
　　ag.フロム・コミュニケーションズ
　　cl.クラシエホームプロダクツ／Kracie Home Products
13―バファリン ルナ／Medicine
　　cl.ライオン／Lion

13

14

15

16

17

Shigeta Motoe
http://www.able-d.com/

重田元恵

エイブルデザイン企画／Able Design Planning
〒160-0004 東京都新宿区四谷2-14-37 嶋ビル3F
Tel.03-3353-2686 Fax.03-3358-6513
e-mail:shige-m@abox23.so-net.ne.jp

JPIグッドパッケージング賞、USA Editor's Choice
Award賞、2003年JPI化粧品包装部門賞、同年ジャパンパ
ッケージングコンペティション特別賞、2006年グッドデ
ザイン賞（Gマーク）、2007年日本パッケージデザイン大
賞銀賞、同年ジャパンパッケージングコンペティション日
本マーケティング協会賞、同年JPI日本グラフィックデザ
イナー協会賞など受賞。JAGDA会員、JPDA会員、JPI会員。

1ーギャツビー ムービングラバー／Hair Care Products
　　ad.重田元恵　d.エイブルデザイン企画
　　cl.マンダム／Mandom
2ーギャツビー パウダーデオドラントスプレー／
　　Deodorant Spray
　　ad.重田元恵　d.エイブルデザイン企画
　　cl.マンダム／Mandom
3ールシード プレミアムラインシリーズ／
　　Hair Care Products
　　ad.重田元恵　d.エイブルデザイン企画
　　cl.マンダム／Mandom
4ーギャツビー バイオコアデオドラントスプレー／
　　Deodorant Spray
　　ad.重田元恵　d.エイブルデザイン企画
　　cl.マンダム　Mandom
5ーギャツビー エアリーコロン／Perfume
　　ad.重田元恵　d.エイブルデザイン企画
　　cl.マンダム　Mandom

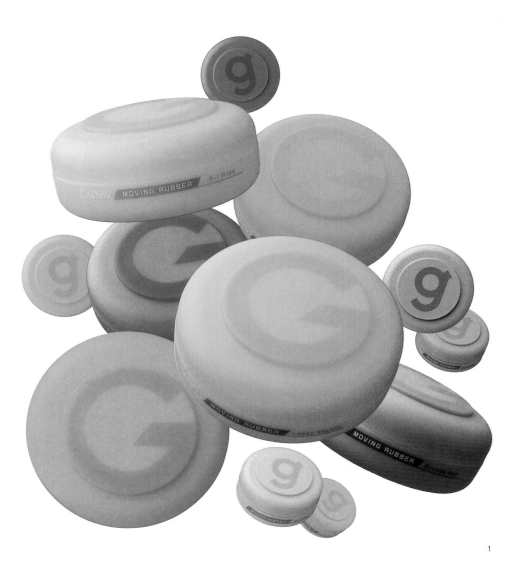

1

2

3

4

5

Shiseido
http://www.shiseido.co.jp

資生堂

資生堂宣伝制作部
〒105-8310 東京都港区東新橋1-6-2
Tel.03-6218-6265（部代表） Fax.03-6218-6260

松本 泉　Matsumoto Izumi

1959年3月30日生まれ。1983年東京芸術大学大学院修了。同年資生堂入社。現在、資生堂宣伝制作部。JPDA理事。

1—アクアレーベル／Skin Care Products
　　cd.& ad.松本 泉　d.石光恭子
　　cl.資生堂／Shiseido
2—クレ・ド・ポー・ボーテ／Make-up Products
　　cd.澁谷克彦　ad.松本 泉　d.菊地泰輔、池場千世
　　cl.資生堂／Shiseido
3—セルジュ ルタンス／Make-up Products
　　cd.セルジュ ルタンス　ad.& d.平戸絵里子
　　d.畝野裕司
　　cl.資生堂／Shiseido
4—BOP／Skin Care Products
　　cd.澁谷克彦　ad.平戸絵里子　d.村田一平
　　cl.資生堂／Shiseido
5—エリクシール シュペリエル／Skin Care Products
　　cd.梶田 渉　ad.陣内昭子　d.菊地泰輔
　　cl.資生堂／Shiseido
6—ベネフィーク リニュー／Cosmetics
　　cd.,ad.& d.陣内昭子　ad.畝野裕司　d.近藤香織
　　cl.資生堂／Shiseido
7—化粧惑星／Skin Care Products
　　cd.伊藤 満　ad.笹原浩造　d.Kanae Design Labo
　　cl.資生堂／Shiseido
8—URARA／Skin Care Products
　　cd.伊藤 満　ad.廣 哲夫、笹原浩造
　　d.GT Design International
　　cl.資生堂（中国）投資有限公司
9—マジョリカ マジョルカ／Make-up Products
　　cd.山本浩司　ad.三澤恵理子　d.近藤香織
　　cl.資生堂／Shiseido
10—リバイタル EX／Skin Care Products
　　cd.檜原由比子　ad.三澤恵理子　d.長谷麻子
　　cl.資生堂／Shiseido
11—シノアリスト／Skin Care Products
　　cd.& ad.三澤恵理子　d.池場千世、村田一平
　　cl.資生堂／Shiseido
12—シュプリーム オブレ／Skin Care Products
　　cd.伊藤 満　ad.山本千絵子　d.長谷麻子
　　cl.資生堂／Shiseido
13—クレ・ド・ポー・ボーテ／Skin Care Products
　　cd.澁谷克彦　ad.& d.山本千絵子　d.畝野裕司
　　cl.資生堂／Shiseido
14—マキアージュ／Make-up Products
　　ad.信藤洋二　d.村田一平、原田麻子
　　cl.資生堂／Shiseido
15—鏡匣入籠／Box
　　ad.& d.信藤洋二
　　cl.竹尾／Takeo
16—TSUBAKI／Shampoo
　　cd.,ad.& d.大貫卓也（大貫デザイン）
　　d.畝野裕司
　　cl.資生堂／Shiseido
17—クレ・ド・ポー・ボーテ／Skin Care Products
　　cd.澁谷克彦　ad.山本千絵子　d.畝野裕司
　　cl.資生堂／Shiseido
18—ゼン／Perfume
　　cd.澁谷克彦　ad.& d.菊地泰輔　d.永田 香
　　cl.資生堂／Shiseido
19—ウーノ／Hair Care Products
　　cd.& ad.松永 真　cd.山本浩司　ad.菊地泰輔
　　d.駒井麻郎
　　cl.資生堂／Shiseido
20—S & Co.コレクションパレット／
　　Make-up Products
　　cd.澁谷克彦　ad.平戸絵里子　d.渡辺真佐子
　　cl.資生堂／Shiseido
21—ローズロワイヤル／Perfume
　　cd.& ad.信藤洋二　d.渡辺真佐子　il.薄 希英
　　cl.資生堂／Shiseido

1

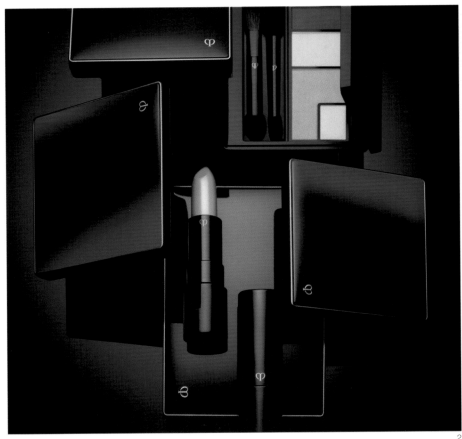

2

平戸絵里子 Hirato Eriko

1959年11月10日生まれ。1984年東京芸術大学デザイ
ン科卒業後、資生堂宣伝部入社。1996～2000年パリ
駐在を経て、現在、資生堂宣伝制作部。

3

陣内昭子　Jinnai Akiko

1961年12月17日生まれ。1983年女子美術大学卒業。
90年資生堂宣伝部入社。現在、資生堂宣伝制作部。

5

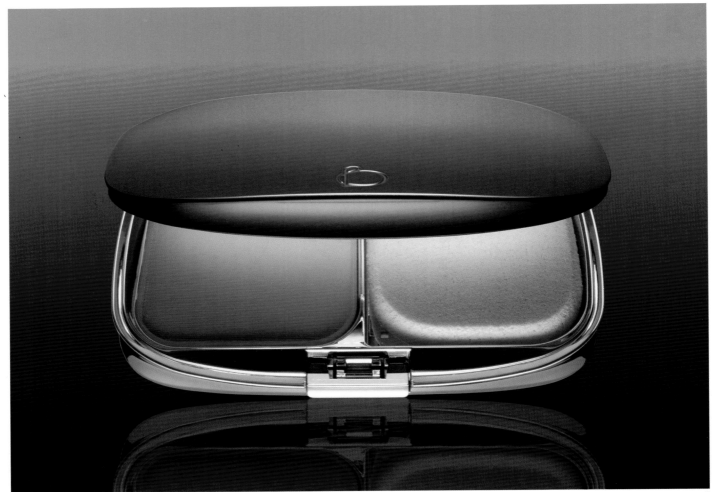

6

笹原浩造　Sasahara Kozo

1960年9月15日生まれ。1986年愛知県立芸術大学卒
業（在学中プラッツインスティテュートN.Y.編入）後、
資生堂宣伝部入社。1992年から4年間、ニューヨーク
駐在。現在、資生堂宣伝制作部。NYADC会員。

7

8

資生堂

三澤恵理子　Misawa Eriko

1963年10月18日生まれ。1986年武蔵野美術大学卒業。
90年資生堂宣伝部入社。現在、資生堂宣伝制作部。

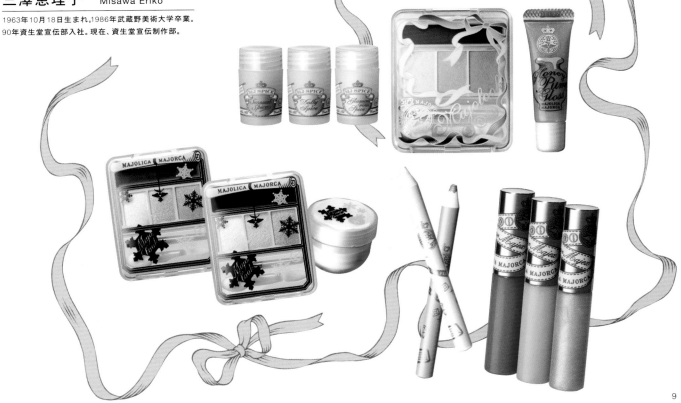

9

10

11

山本千絵子　Yamamoto Chieko

1964年9月13日生まれ。1987年女子美術大学卒業後、
資生堂宣伝部入社。現在、資生堂宣伝制作部。

12

13

信藤洋二 Nobuto Yoji

1966年9月5日生まれ。1992年東京芸術大学大学院修
了後、資生堂宣伝部入社。現在、資生堂宣伝制作部。

14

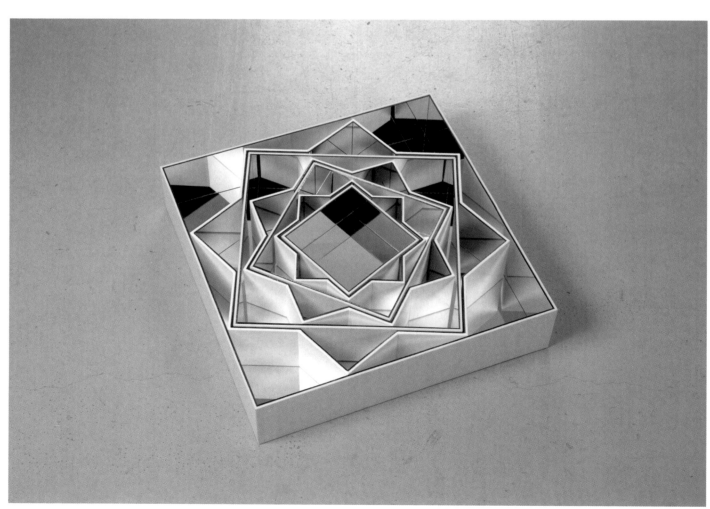

15

畝野裕司 Uneno Yuji

1968年7月24日生まれ。1993年金沢美術工芸大学院
修了後、資生堂宣伝部入社。現在、資生堂宣伝制作部。

16

17

菊地泰輔 Kikuchi Taisuke

1967年7月3日生まれ。1995年東京芸術大学大学院修
了後、資生堂宣伝部入社。2000～2005年までN.Y.駐
在を経て、現在、資生堂宣伝制作部。

資生堂

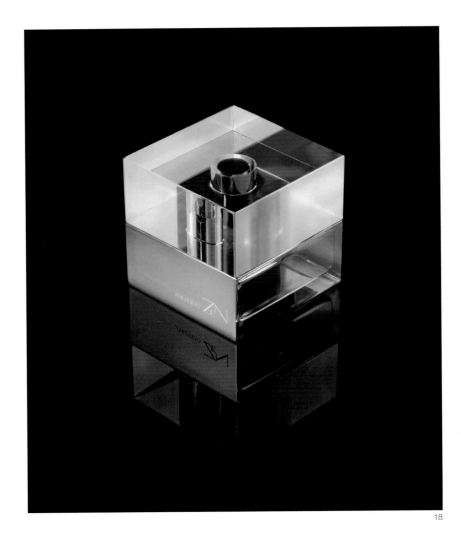

18

19

190

渡辺真佐子　Watanabe Masako

1972年8月1日生まれ。1997年東京芸術大学デザイン
科卒業後、資生堂宣伝部入社。現在、資生堂宣伝制作
部。

20

21

Breeze of Nature Design Kakutani

自然の風・デザイン角谷

〒760-0017 香川県高松市番町3-9-6
Tel.087-831-9886

角谷昭三　Kakutani Shozo

1928年生まれ。1952年東京都美術館にてモザイクの
ディスプレイデザイン、銀座の松屋百貨店のショー
ウィンドウデザインなど制作。1970年香川県デザイ
ン展の審査員及び1977年香川県県章の審査員を勤め
る。1980年頃ベルギーから香川県を訪れた2人のデザ
イナーとデザインに関する文化交流を行なう。2003
年新居浜市立郷土美術館にて個展開催。2007年香川
県鎌田醤油旧本社にて四国のデザイナー八人の世界
展開催。

1─煮魚醤油、一日三膳／Soy Sauce
　　ad.角谷昭三
　　cl.鎌田醤油／Kamada Soy Sauce
2─須弥山／Mustard Seasoned Cod Roe
　　ad.角谷昭三
　　cl.須弥山／Sumisen
3─ハレルヤ 紙袋／Paper Bag
　　ad.角谷昭三
　　cl.ハレルヤ製菓／Hallelujah Seika
4─ゆずリキュール／Liqueur
　　ad.角谷昭三
　　cl.正春酒造／Masaharu Syuzou
5─松月堂紙袋／Paper Bag
　　ad.角谷昭三
　　cl.松月堂／Shogetsudo
6─やまや紙袋／Paper Bag
　　ad.角谷昭三
　　cl.やまやコミュニケーションズ／
　　Yamaya Communications

1

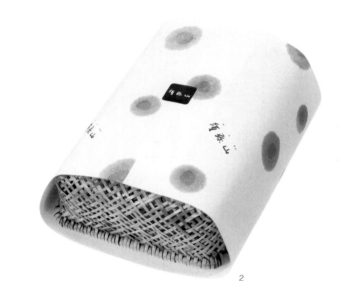

2

3

192

1

4

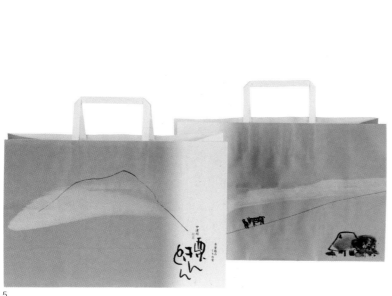

5

6

Shimamura Masako
http://www.kurapack.co.jp

嶋村眞佐子

倉田包装／Kurata Housou
〒111-0043 東京都台東区駒形1-2-5
Tel.03-3845-0026 Fax.03-3843-5530
e-mail:shimamura@kurapack.co.jp

1978年3月18日生まれ。主に、大好きな和菓子のパッケージをデザインしています。「心こそ大切なれ」を胸にお菓子の「ほっ」とするあたたかさを大事にしたいと思っています。

1―雪どけふろまーじゅ／Confectionery
　ad.,d.& ca.嶋村眞佐子
　cl.大江／Oe
2―おもいでフィナンシェ／Confectionery
　ad.,d.& 嶋村眞佐子
　cl.大江／Oe
3―雪だるま／Confectionery
　ad.,d.& const.嶋村眞佐子
　cl.倉田包装／Kurata Housou
4―だだちゃどら焼／Japanese Confectionery
　ad.,d.& ca.嶋村眞佐子
　cl.大江／Oe
5―ござっしゃい／Japanese Confectionery
　ad.,d.& ca.嶋村眞佐子
　cl.大江／Oe

1

2

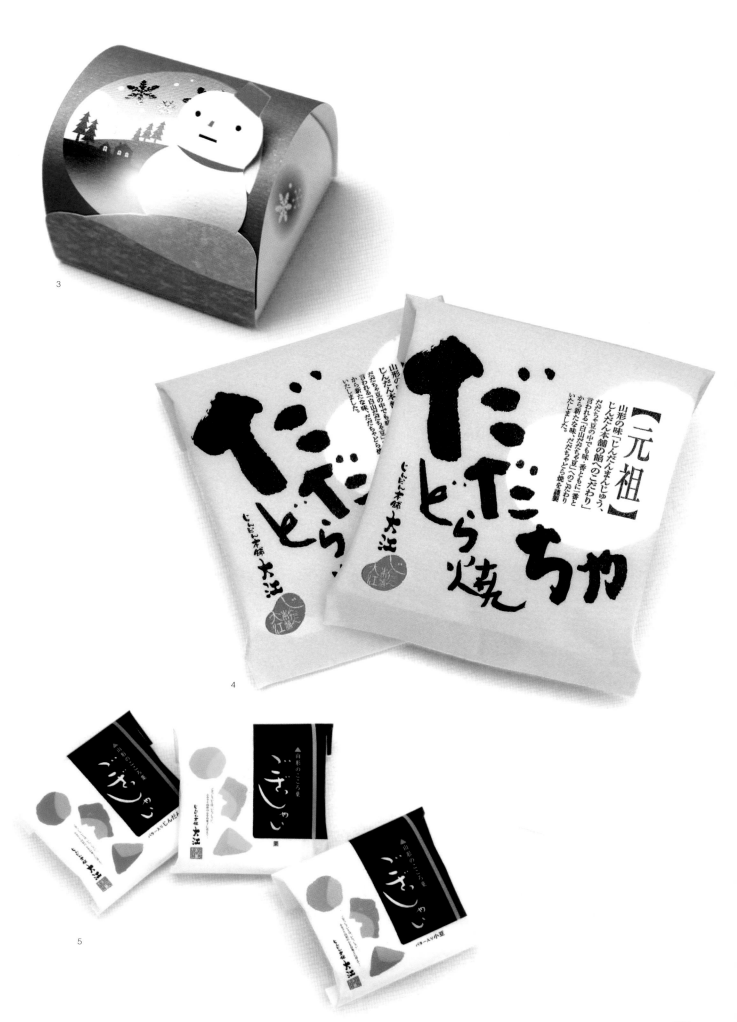

3

4

5

Shimizu Printing
http://www.shzpp.co.jp

清水印刷紙工

〒112-0013 東京都文京区音羽2-1-20
Tel.03-3941-7171 Fax.03-3941-7125
e-mail:info@shzpp.co.jp

弊社は、UV10色（反転機能・コーター付き）印刷機で
パッケージ印刷を行ない「技術力と最先端設備」「ア
イディアとサービス」で、特殊性のあるものづくりを
目指しております。

1—PALCEL（パルセル）／Sample
    cd.清水印刷紙工
    d.山口晃世
    cl.清水印刷紙工／Shimizu Printing
2—SPP BOX（エスピーピーボックス）／Sample
    cd.清水印刷紙工
    d.山口晃世
    cl.清水印刷紙工／Shimizu Printing

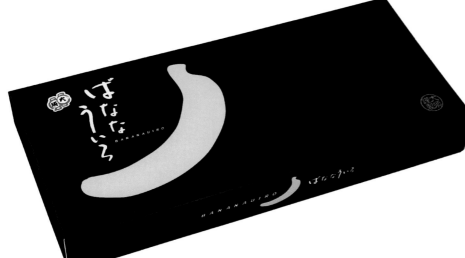

1

Shimizu Yukio
e-mail: yukios@sheez.jp

清水幸生

シーズアソシエイツ／SHEEZ associates
〒461-0022 愛知県名古屋市東区東大曽根町48-3-505
Tel.052-934-3055　Fax.052-934-3066

1950年6月13日生まれ。

1— 角砂糖／Sugar
　　ad.足立ゆうじ
　　d.清水幸生
　　p.浅井美光
　　cl.伊藤忠製糖／Itochu Sugar
2— ばなないろ／Confectionery
　　ad.山本有祐
　　d.清水幸生
　　cl.大須ういろ／Osu Uiro
3— うなぎサブレ／Cookie
　　ad.筒井淳夫
　　d.清水幸生
　　cl.春華堂／Shunkado
4— きしめん／Noodles
　　ad.今尾小夜子
　　d.清水幸生
　　cl.なごやきしめん亭／Nagoya Kishimentei

2

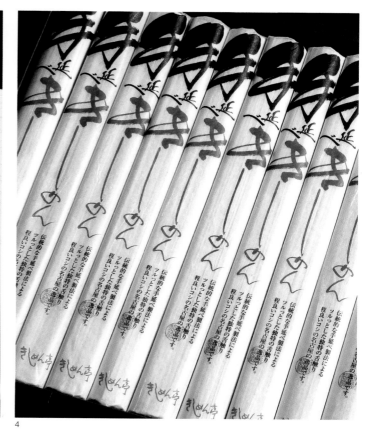

3　　　　4

Shogenji Hiroyuki
http://www.gvc.co.jp

生源寺寛幸

ゼネラルビューイング エスデザイン研究室／
General Viewing ESDesign Laboratory
〒146-0082 東京都大田区池上6-27-2
Tel.03-3755-8398　Fax.03-3755-9118
e-mail:info@gvc.co.jp

1999年エスデザイン研究室設立。イデスデザインコンペ
グランプリ、Gマーク選定等。CADとCGを使用した売
場・商品イメージのシミュレーションなど、充分なデザイ
ン検証等を行ない「永く人に愛されるデザイン」の追究を
しております。過剰包装を排し、創意工夫の詰まったパッ
ケージを目指しております。

1―マイショッピングバッグケース／
　　Case of Shopping Bags
　　cd.& d.金子のぞみ
　　pd.生源寺寛幸
　　p.中山寛治
　　cl.ゼネラルビューイング／General Viewing
2―生分解性プラスチックで作ったレジ袋／
　　Shopping Bags
　　cd.& ca.金子のぞみ
　　d.生源寺寛幸
　　p.中山寛治
　　cl.ゼネラルビューイング／General Viewing

1

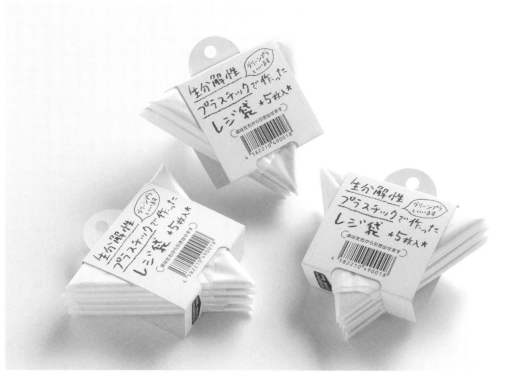

2

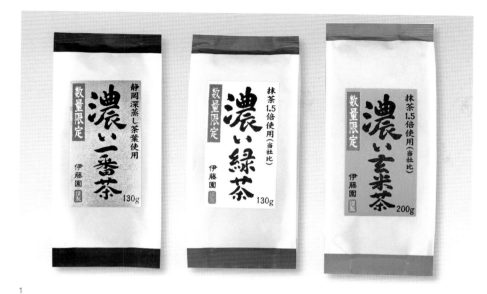

1

2

Sugimura Toshio
e-mail:tokyo@n-designing.com

杉村敏男

ニュートラル／Neutral
〒112-0002 東京都文京区小石川5-18-12 NKビル2F
Tel.03-5356-6601 Fax.03-5356-6602

1939年9月18日生まれ。WOODPACKAGE展KIBAKO展その他国内海外で展覧会開催。カレンダー、パッケージ展でも多数の受賞歴あり。商品開発からデザイン印刷まで国内を問わず展開。環境問題やスローライフ、エコ対策などに多方面から企画提案している。35年間の経験を生かし、老兵は去らずして教室なども開校し多忙中！

1― 濃い一番茶、濃い緑茶、濃い玄米茶／Tea Leaves
　　d.杉村敏男、清須 岳
　　ad.阿井 崇
　　cl.伊藤園／Ito En
2― 梅こんぶ茶、こんぶ茶、無添加こんぶ茶／Tea
　　d.& ca.杉村敏男
　　d.稲葉 薫、清須 岳
　　ad.吉田達也
　　cl.伊藤園／Ito En
3― 信州産クリームチーズ／Cheese
　　d.稲葉 薫、杉村敏男
　　cl.協同乳業／Kyodo Milk Industry
4― メディープ ウレア／Body Care Products
　　d.稲葉 薫、杉村敏男
　　cl.インターナショナル・コスメチックス／
　　International Cosmetics

3

4

Switch
http://www.aianet.ne.jp/~switch

スウィッチ

〒531-0072 大阪府大阪市北区豊崎5-1-15
ローツェ㈱-401
Tel.06-4802-1643 Fax.06-4802-1644
e-mail:switch@po.aianet.ne.jp

1－プレーンチョコレート／Chocolate
　　ad.& d.若野淳巳
　　cl.ゴンチャロフ製菓／Goncharoff Confectionery
2－クリームコロン／Snack
　　ad.& d.若野淳巳　cl.江崎グリコ／Ezaki Glico
3－ G-Fresh／Candy
　　ad.& d.若野淳巳
　　cl.UHA味覚糖／UHA Mikakuto
4－ゲルマニウム快音浴 爆汗湯／Bath Products
　　ad.若野淳巳　d.& il.木下智樹　cl.バイソン／Bison
5－AHA PEELING MITTEN、AHA 2WAY PUMICE／
　　Body Care Products
　　ad.若野淳巳　d.木下智樹　cl.ベス工業／Vess
6－shiny wrap／Body Care Products
　　ad.若野淳巳　d.木下智樹　cl.ベス工業／Vess

若野淳巳　Wakano Atsumi

1965年12月21日生まれ。

木下智樹　Kinoshita Tomoki

1980年11月16日生まれ。

1

2

3

Studio Mass
http://www.mass-inc.co.jp

スタジオ・マッス

〒107-0052 東京都港区赤坂8-4-7 カームビル6C

Tel.03-3401-4928　Fax.03-3470-3271

e-mail：studio@mass-inc.co.jp

河鍋春恵　Kawanabe Harue

4月23日生まれ。

谷田部久美子　Yatabe Kumiko

1月18日生まれ。

1―エリエール キュート／Tissue
　　ad.& d.河鍋春恵
　　cl.大王製紙／Daio Paper
2―フリー＆フリー ダメージエイド／
　　Hair Care Products
　　d.佐藤 文
　　cl.ライオン／Lion
3―ケアベール／Fabric Detergent, Softener
　　d.谷田部久美子
　　cl.ライオン／Lion
4―ソフトインワン／Hair Care Products
　　ad.河鍋春恵
　　d.松林慎太郎
　　cl.ライオン／Lion

1

松林慎太郎 Matsubayashi Shintaro

3月31日生まれ。

佐藤 文 Sato Bun

3月23日生まれ。

2

3

4

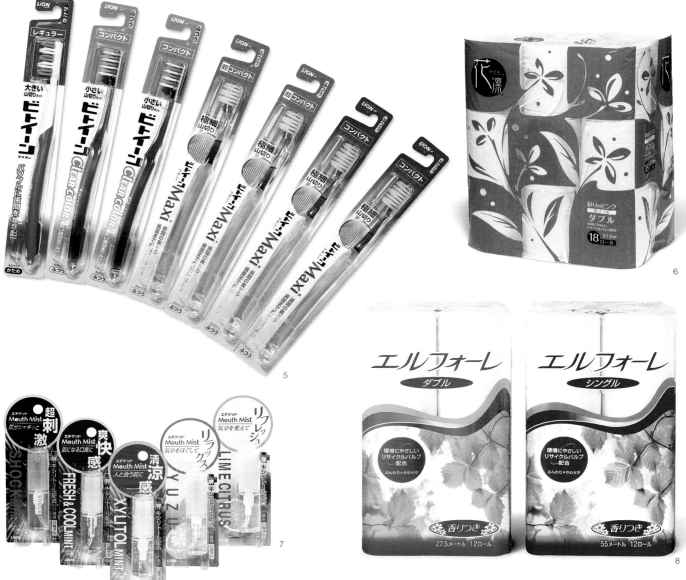

5 — ビトイーン／Tooth Brush
　　d.佐藤 文
　　cl.ライオン／Lion
6 — 花凛／Toilet Paper
　　ad.河鍋春恵
　　d.佐藤 文
　　cl.大王製紙／Daio Paper
7 — エチケット マウスミスト／Breath Spray
　　d.河鍋春恵、佐藤 文
　　cl.ライオン／Lion
8 — エルフォーレ／Toilet Paper
　　ad.河鍋春恵
　　d.松林慎太郎
　　cl.大王製紙／Daio Paper
9 — グリーン&ピュア／Toilet Paper
　　ad.河鍋春恵
　　d.内藤 愛
　　cl.大王製紙／Daio Paper

11

12

13

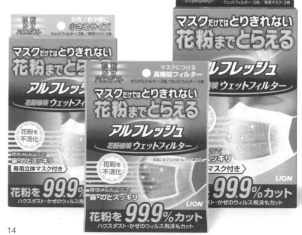

14

10— スコッチ・ブライト／Sponge
　　cd.丸山順子
　　ad.谷田部久美子
　　d.内藤 愛
　　cl.住友スリーエム／Sumitomo 3M
11— エリエール敏感肌のウェットティシュー／
　　Wet Tissue
　　d.谷田部久美子
　　cl.大王製紙／Daio Paper
12— エリエール 除菌できるトイレクリーナー／
　　Toilet Cleaner
　　d.& il.谷田部久美子
　　cl.大王製紙／Daio Paper
13— スマイル／Eyewash
　　d.松林慎太郎
　　cl.ライオン／Lion
14— アルフレッシュ ウェットフィルター／Filter
　　d.松林慎太郎
　　cl.ライオン／Lion

Super Studio
http://superstudio.co.jp/

スーパースタジオ

〒151-0051 東京都渋谷区千駄ヶ谷3-54-2
Tel.03-3408-9439　Fax.03-3479-6386
e-mail:info@superstudio.co.jp

齋藤芳弘　Saito Yoshihiro

1966年10月31日生まれ。パッケージそのものが最大のメディアである。という考えで、絶えずコンビニエンスストア、スーパーマーケットなど売りの現場を歩き、生活者が手を伸ばしてくれるパッケージは、いったいどんな顔なのかと考え続けています。つまりパッケージデザインとは、人に好かれる顔づくりに他なりません。CM無しでも売れるパッケージを目指し、シュリンクに熱いドライヤーの風を吹きかけている毎日です。

1

2

3

4

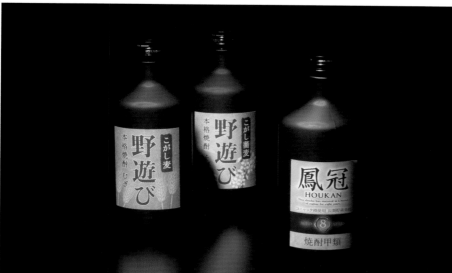

5

6

7

Spring Design Company

スプリングデザインカンパニー

東京事務所
〒142-0061 東京都品川区小山台1-29-24 ヤマモト202
Tel.& Fax.03-6240-3360
http://kxblog.exblog.jp/
e-mail:kirima@spring-d.com

大阪事務所
〒534-0026 大阪府大阪市都島区網島町4-12 東文ビル4F
Tel.06-6351-7045　Fax.06-6351-7046
e-mail:tsubakihara@spring-d.com

2007年6月9日、キリマハルミ主宰のキリマデザイン事務所と、椿原ヨシハル主宰のハル・グラフィックスが合併。スプリングデザインカンパニーを設立。現在、東京と大阪を拠点に活動中。

キリマハルミ　Kirima Harumi

1963年2月14日生まれ。日本グラフィックデザイナー協会会員。日本タイポグラフィ協会会員。

椿原ヨシハル　Tsubakihara Yoshiharu

1968年4月29日生まれ。

1— 自社作品集／Work Collection
　　ad.& d.スプリングデザインカンパニー／Spring Design Company
　　cl.スプリングデザインカンパニー／Spring Design Company

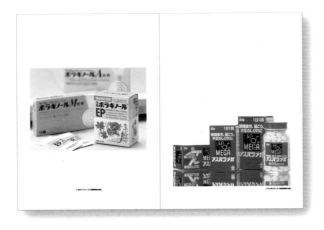

1

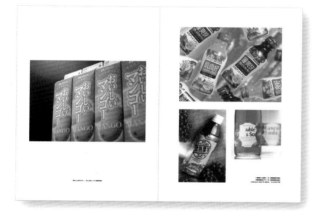

Studio Beam
http://www.beam-inc.co.jp/

スタジオ・ビーム

本社
〒541-0056 大阪府大阪市中央区久太郎町1-2-16
三星中央別館6F
Tel.06-6264-1145 Fax.06-6264-1504

東京オフィス
〒101-0032 東京都千代田区岩本町2-4-5
イン スタイル スクエア406
Tel.03-5833-7061 Fax.03-5833-7062

神戸オフィス
〒651-0085 兵庫県神戸市中央区八幡通3-2-5
IN東洋ビル7F
Tel.078-262-5756 Fax.078-262-5768

池田 章　Ikeda Akira
1953年4月12日生まれ。

1―NESCAFÉ 自動販売機用デザインカップ／Cup
　　cl.ネスレ日本／Nestlé Japan
2―ラインクイーン アイライナー／
　　Make-up Products
　　cl.コージー本舗／Koji Honpo
3―おかずの逸品シリーズ／Food
　　cl.フジッコ／Fujicco
4―Doughnut Dou?／Bread
　　cl.神戸屋／Kobeya Baking

1

Sekiguchi Jun
e-mail:secky@abox22.so-net.ne.jp

関口 順

スペースマンスタジオ／Spaceman Studio
〒150-0031 東京都渋谷区桜丘町29-17
さくらマンション201
Tel.03-3770-5252 Fax.03-3770-5251

1972年6月14日生まれ。1997年多摩美術大学絵画科卒業。
2002年スペースマンスタジオ入社、現在に至る。

1— 七味芳香 大人の中華／Seasoning
　　ad.川井田 敦（博報堂）
　　d.関口 順
　　cl.丸美屋食品工業／Marumiya
2— おさかなのソーセージ／Fish Sausage
　　ad.中川民夫
　　d.関口 順
　　cl.日本水産／Nippon Suisan Kaisha
3— コバエがホイホイ／Insecticide
　　ad.青柳 均（大日本印刷）
　　d.関口 順
　　cl.アース製薬／Earth Chemical

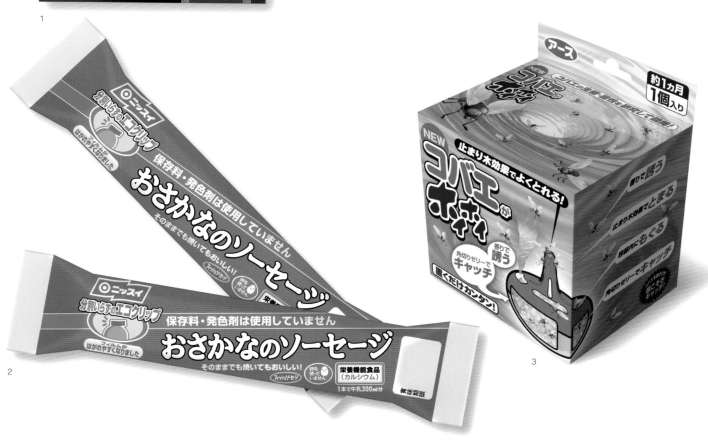

2

3

Selloid
http://www.selloid.com

セルロイド

〒107-0062 東京都港区南青山5-4-26-901
Tel.03-3400-9918 Fax.03-3400-9948
e-mail:webmaster@selloid.com

食品を中心に化粧品、フイルム等その領域を拡
げつつ、常に消費者の立場（目線）を忘れずに、
尚かつ、クライアント様にも満足していただけ
るクオリティの高いパッケージデザインを目指
しています。

1ーチョコレートスペキュロス、
　チョコレートアマレッティ／
　Chocolate
　cd.薄井豊子（森永製菓デザイン室）
　ad.& d.セルロイド
　cl.森永製菓／Morinaga
2ープチ・チーズケーキ、プチ・モンブラン／Cake
　cd.薄井豊子（森永製菓デザイン室）
　ad.& d.セルロイド
　cl.森永製菓／Morinaga
3ーアンシス、ルネス／Chocolate
　cd.薄井豊子（森永製菓デザイン室）
　ad.& d.セルロイド
　cl.森永製菓／Morinaga
4ーエルフェインターナショナルCAシリーズ／
　Skin Care Products
　cd.ビー・エル・オーバーシーズ
　ad.& d.セルロイド
　cl.ビー・エル・オーバーシーズ／B.L.Overseas

1

2

3

4

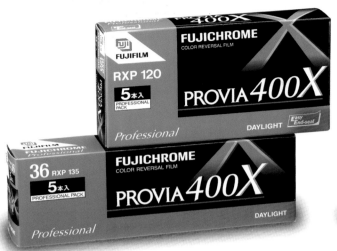

5

6

7

213

Sony Creativeworks
http://www.sonycreativeworks.co.jp/

ソニークリエイティブワークス

〒108-0074 東京都港区高輪4-10-18
Tel.03-5792-3008 Fax.03-5792-3002

1— Aquatherapy MINAQUA／Mineral Water
　　d.村井 薫
　　cl.日本コカ・コーラ／Coca-Cola（Japan）
2— からだ巡茶／Tea
　　d.市村武士
　　cl.日本コカ・コーラ／Coca-Cola（Japan）
3— BRAVIA／Television
　　d.福原寛重、渡辺智也
　　cl.ソニー／Sony

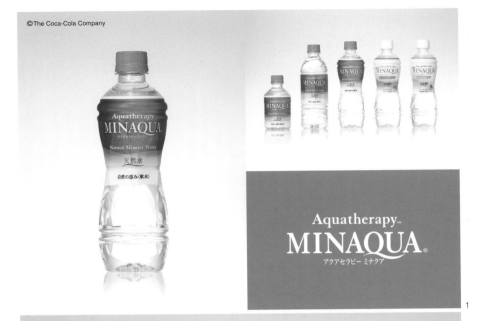

©The Coca-Cola Company

1

©The Coca-Cola Company

2

3

4

5

4— Cyber-shot／Digital Still Camera
　　d.廣瀬賢一
　　cl.ソニー／Sony
5— Mylo／Personal Communicator
　　d.佐野哲郎
　　cl.ソニー／Sony
6— α／Digital Single Lens Reflex Camera
　　d.市村武士
　　cl.ソニー／Sony

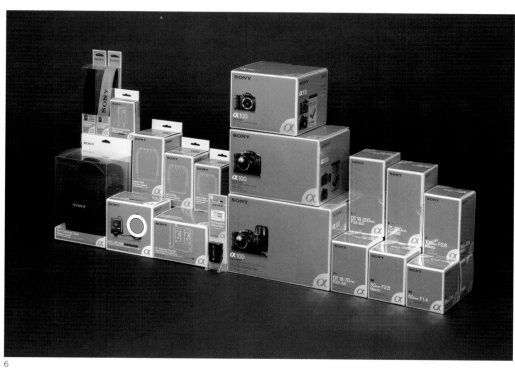

6

Sonehara Design Office
e-mail:sonehara@withe.ne.jp

曽根原デザイン事務所

〒162-0063 東京都新宿区市谷薬王寺町70
ベネビータ101

Tel.03-5225-6057　Fax.03-5225-6058

曽根原悦夫　Sonehara Etsuo

1954年長野県生まれ。1979年多摩美術大学グラフィックデザイン科卒業。1988年曽根原デザイン事務所設立。

1— Vernalブランドロゴマーク／Brand Mark
　　ad.原 雅明　d.曽根原悦夫
　　Vernal in Colors／Make-up Products
　　ad.& d.曽根原悦夫
　　cl.ヴァーナル／Vernal
2— 永谷園コーポレートロゴマーク／CI
　　ad.& d.曽根原悦夫
　　もちぷる／Dessert
　　ad.小堀綾子　d.曽根原悦夫
　　cl.永谷園／Nagatanien
3— LOTTEブランドロゴマーク／Brand Mark
　　cd.ロッテ商品開発部
　　ad.任田進一　d.曽根原悦夫
　　リッチチョコレートシリーズ／Chocolate
　　cd.ロッテ商品開発部
　　ad.任田進一　d.曽根原悦夫
　　cl.ロッテ／Lotte
4— RELAX Gum／Gum
　　cd.ロッテ商品開発部
　　ad.徳田 航　d.曽根原悦夫
　　cl.ロッテ／Lotte
5— SPICE KITCHEN／Instant Noodles
　　ad.徳田 航　d.曽根原悦夫
　　cl.日清食品／Nissin Food Products
6— 逸品亭カップ味噌汁／Miso Soup
　　ad.舘野由紀子　ca.甲田 淳
　　d.曽根原悦夫
　　cl.ファミリーマート／FamilyMart、
　　ハナマルキ／Hanamaruki Foods
7— スパ王プレミアディナー／Pasta
　　ad.霜觸尚史　d.曽根原悦夫
　　cl.日清食品／Nissin Food Products
8— SAZAN／Shochu
　　ad.任田進一　d.曽根原悦夫
　　cl.アサヒビール／Asahi Breweries

4

5

6

7

8

Dai Nippon Printing
e-mail：Mitsuishi-H@mail.dnp.co.jp

大日本印刷

〒162-8001 東京都新宿区市谷加賀町1-1-1
Tel.03-5225-5867　Fax.03-5225-5955

三石 博　Mitsuishi Hiroshi

1954年11月30日生まれ。1981年多摩美術大学大学院
修了、大日本印刷入社、現在に至る。

松岡史郎　Matsuoka Shiro

1954年2月3日生まれ。1978年京都市立芸術大学卒業、
大日本印刷入社、現在に至る。

1— Bitas／Chocolate
　　cd.ロッテ商品開発部
　　ad.任田進一
　　d.吉村 忠
　　cl.ロッテ／Lotte
2— Rich Fruit Chocolate、カカオの恵み／Chocolate
　　cd.ロッテ商品開発部
　　ad.任田進一
　　d.曽根原悦夫
　　cl.ロッテ／Lotte
3— MEN'S STYLE／Gum
　　cd.ロッテ商品開発部
　　ad.任田進一
　　d.曽根原悦夫
　　cl.ロッテ／Lotte
4— ビアットシリーズ／Rice
　　ad.松岡史郎
　　d.李 寛
　　cl.エスビー食品／S&B Foods
5— 心粋 抹茶プリン 白ごま&きな粉プリン／Dessert
　　ad.松岡史郎
　　d.戸倉正則
　　cl.フジッコ／Fujicco
6— エルモア フレグランス／Toilet Paper
　　ad.小池順司
　　d.小野 恵
　　cl.カミ商事／Kamisyoji
7— 日清 Spa王／Instant Noodles
　　cd.日清食品
　　ad.福岡直子
　　d.内山伊織
　　cl.日清食品／Nissin Food Products
8— 日清 デカ王／Instant Noodles
　　cd.日清食品
　　ad.福岡直子
　　d.内山伊織
　　cl.日清食品／Nissin Food Products
9— 日清 麺の達人／Instant Noodles
　　cd.日清食品
　　ad.福岡直子
　　d.内山伊織
　　cl.日清食品／Nissin Food Products
10— 飲み干す一杯／Instant Noodles
　　ad.原 雅明
　　d.神谷利男
　　ca.畠中幸代
　　p.石森 睦
　　st.小林恭子
　　cl.エースコック／Acecook
11— KANNOKO Ornament／Ornament
　　d.三石 博
　　cl.石井硝子／Ishii Glass
12— 生酒 蔵元直送便／Sake
　　ad.松岡史郎
　　d.戸倉正則
　　cl.三宅本店／Miyakehonten
13— 五大天／Sake
　　ad.籠谷 隆
　　d.上田諟三男
　　ca.原 康夫
　　cl.賀茂鶴酒造／The Kamotsuru Sake Brewing
14— 匠屋南北／Shochu
　　cd.田代勝彦、前田祝成
　　ad.原 雅明
　　d.神谷利男
　　ca.熊野晃子
　　n.横山みゆき
　　cl.薩摩酒造／Satsuma Shuzo

1

小池順司 Koike Junji

1964年4月9日生まれ。1987年東京造形大学卒業、大日本印刷入社、現在に至る。

籠谷 隆 Kagotani Takashi

1967年12月5日生まれ。1991年京都市立芸術大学卒業、大日本印刷入社、現在に至る。

原 雅明 Hara Masaaki

1961年8月8日生まれ。1987年愛知県立芸術大学卒業。大日本印刷入社、現在に至る。

2

3

大日本印刷

任田進一　Toda Shinichi

1971年10月9日生まれ。1995年武蔵野美術大学卒業、
大日本印刷入社、現在に至る。

福岡直子　Fukuoka Naoko

1972年4月28日生まれ。1996年京都市立芸術大学卒
業、大日本印刷入社、現在に至る。

4

5

6

7

8

9

10

KANNOKO

11

12

13

14

Daisho Glass
http://www.daisho-g.co.jp

大商硝子

〒536-0014 大阪府大阪市城東区鴫野西2-6-5
Tel.06-6961-4855 Fax.06-6968-5881
e-mail:info@daisho-g.co.jp

私たち大商硝子はお客様が心に思い描いたイメージ
を共有し、明確なデザインに変え、安全性や信頼性と
いった機能を盛り込み、ボトルからペーパーパッケー
ジ、グラフィックデザインに至るまでトータルに提案
しています。

1—アース ノミダニプロリンスインシャンプー、
　　アース リンスインシャンプー／Pet Care Products
　　　ad.中村尚史
　　　d.松尾政明（サンデザインアソシエーツ）
　　　bd.大商硝子
　　　cl.アース・バイオケミカル／Earth Biochemical
2—ゲオール クリーミィファンデーション／
　　Make-up Products
　　　ad.中村尚史
　　　d.北條真美
　　　cl.ゲオール科学／Geol Cosmetics
3—アース ダニノミとり粉／Pet Care Products
　　　ad.& bd.中村尚史
　　　d.松尾政明（サンデザインアソシエーツ）
　　　cl.アース・バイオケミカル／Earth Biochemical
4—はなぶさ ゴッデス オブ ラブ／Skin Care Products
　　　ad.中村尚史
　　　d.北條真美
　　　cl.はなぶさ／Hanabusa

1

2

3

4

1

2

Takao Design
e-mail : takao-design@ee.em-net.jp

タカオデザイン事務所

〒564-0053 大阪府吹田市江の木町8-3-1201
Tel.06-6378-7200　Fax.06-6378-7205

髙尾 進　　　Takao Susumu
髙尾保須子　　Takao Yasuko

1ープチクリームロール／Confectionery
　d.タカオデザイン事務所
　cl.エヌエス・インターナショナル／
　NS International
2ーショコラウエハース／Confectionery
　d.タカオデザイン事務所
　cl.エヌエス・インターナショナル／
　NS International
3ー大地のポテト／Snack
　d.タカオデザイン事務所
　ca.菅野大漸
　cl.エヌエス・インターナショナル／
　NS International

3

Takahashi Tomoyuki
http://www.tmdworks.com

高橋智之

T.M.デザインワークス／T.M.Design Works

〒555-0001 大阪府大阪市西淀川区佃2-15-6-1408

Tel.& Fax.06-6475-5873

e-mail:info@tmdworks.com

1958年9月12日生まれ。2003年T.M.デザインワークス
設立。

1— おつまみッくス／Snack
　　d.高橋智之
　　cl.マルエス／Maruesu
2— FRIED IKA STICK／Snack
　　d.高橋智之
　　cl.マルエス／Maruesu
3— 恋するめ／Snack
　　ad.高橋智之
　　d.Yasuko Takao
　　cl.マルエス／Maruesu
4— Pak-Heat／Hand Warmer
　　d.高橋智之
　　p.Taro Hirai
　　cl.小林製薬／Kobayashi Pharmaceutical

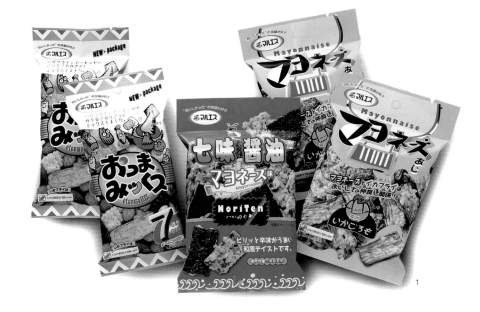

1

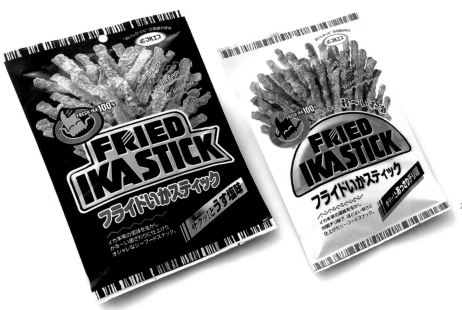

2

3

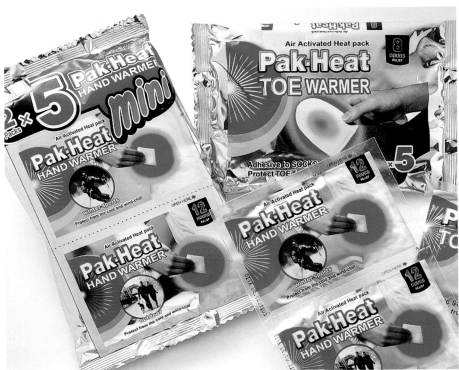

4

1

2

Takeda Yoshio
http://www.bamboo-d.co.jp

竹田良雄

バンブーデザイン企画室／Bamboo Design & Planning
〒171-0022 東京都豊島区南池袋3-9-2-701
Tel.03-5955-7730　Fax.03-5955-7731
e-mail:take@bamboo-d.co.jp

1952年2月29日東京生まれ。1974年日本大学芸術学部映
画学科卒業。YAOデザイン研究所を経て、87年バンブーデ
ザイン企画室設立。パッケージ・グラフィックデザインを
中心に出発し、現在は総合的な体制を整え、企業密着型の
スタイルをとっております。埼玉県技術アドバイザー、
SADECO会員。

1─モーニングソフト、バターの風味／Margarine
　　　cd.松木一太　ad.竹田良雄
　　　d.川野綾子
　　　cl.雪印乳業／Snow Brand Milk Products
2─クリームチーズ／Cheese
　　　cd.松木一太　ad.竹田良雄
　　　d.小島由香子
　　　cl.チェスコ／Chesco
3─グルコサミン500スキム／Skim Milk
　　　cd.松木一太　ad.竹田良雄
　　　d.曽我昌子
　　　cl.雪印乳業／Snow Brand Milk Products
4─メグミルクおいしいシリーズ／Soft Drink
　　　cd.宇田川裕司
　　　ad.竹田良雄　d.細田睦美
　　　cl.日本ミルクコミュニティ／
　　　Nippon MilkCommunity

3

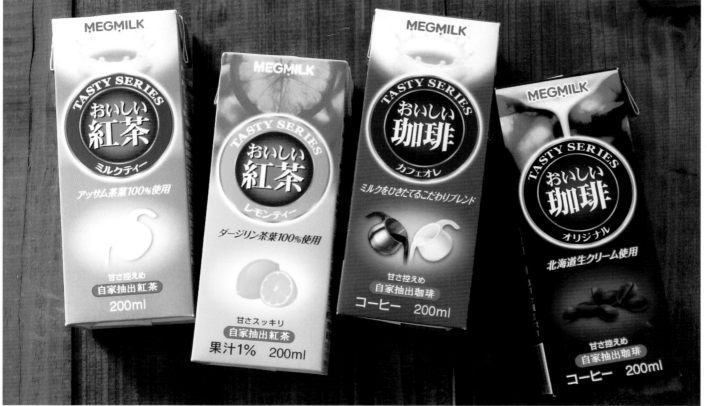

4

Tazumi Shiro
http://www.par-art.co.jp

田積司朗

パルアート／Par Art
〒602-8031 京都府京都市上京区西洞院通下立売南入ル
Tel.075-231-5479 Fax.075-221-7896
e-mail:info@par-art.co.jp

京都に生まれ、育つ。1978、81年ニューヨークADC主催「日本グラフィックデザイン展」にて金賞、日本パッケージデザインニューヨーク展銀賞、SDA賞、89年PDC国際パッケージデザイン展金賞他、日本パッケージ展にて受賞多数。日本の古典パッケージ「包の心」を大切に制作。今回の掲載作品は、成安造形大学デザイン科、テーマ「商品の顔」をデザイン制作。商品の機能を視点とした「包む」の原理、コミュニケーションデザイン。表現デザインの完成度はイメージ性と話題性、ユーザーの心理を求めた美的表現。現在、成安造形大学教授。

1—ギフトパッケージ（試作）／Trial Gift Package
　　cd.田積司朗
　　d.朝倉詩穂（成安造形大学）
2—ギフトパッケージ（試作）／Trial Gift Package
　　cd.田積司朗
　　d.高橋里佳（成安造形大学）
3—第1回KYOTOデザインワーク展／Work
　　cd.& d.田積司朗
　　cl.京都府／Kyoto Prefecture
4—ギフトパッケージ（試作）／Trial Gift Package
　　cd.田積司朗
　　d.宮本能梨子（成安造形大学）

1

2

3

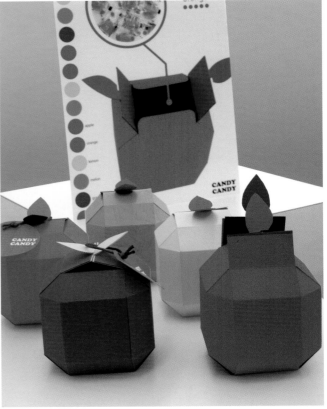

4

Tanaka Yasuo
http://www.package-land.com

田中康夫

パッケージランド／Package Land
〒558-0053 大阪府大阪市住吉区帝塚山中1-3-2
帝塚山タワープラザ201
Tel.06-6675-0138 Fax.06-6675-6466
e-mail:yasuo@package-land.com

九州産業大学芸術学部デザイン科卒業。王子製紙デザインセンターを経て、パッケージランド設立。日本パッケージデザイン協会展会員賞、奨励賞。日本パッケージデザイン大賞展特別賞。NY IBPA展グランプリ、金賞。NY ADC展。NY PDCゴールドアワード展。JPI展アジアスター、ジャパンスター賞。JPC展日本百貨店協会賞、日本印刷産業連合会長賞、各部門賞。東京ADC展。デザインフォーラム展など受賞入選。NY Graphis Magazine343号個人特集。NY Graphis Design, Package。Russia Identity誌、Germany TASCHEN誌、Spain Linea Editorial誌。中国、平面元素精逸誌、PIE誌など特集作品掲載。西武池袋店。ダブルクロックギャラリーなど個展開催。ニューヨークアートディレクターズクラブ会員。

1—リカープレミアム／Gift Box
　　ad.,gd.& const.田中康夫
　　cl.パッケージランド／Package Land
2—オーバルプレミアム／Gift Box
　　ad.,gd.& const.田中康夫
　　cl.パッケージランド／Package Land
3—フィシャルプレミアム／Tissue Paper
　　ad.,gd.& const.田中康夫
　　cl.パッケージランド／Package Land
4—ムーバルプレミアム／Gift Box
　　ad.,gd.& const.田中康夫
　　cl.パッケージランド／Package Land

Tanaka Haruo
e-mail: staff-bc@pg8.so-net.ne.jp

田中春雄

スタッフ ビー・シー／Staff B. C.
〒107-0062 東京都港区南青山4-15-4
パークヒルズ南青山107
Tel.03-3479-8070 Fax.03-3479-8074

1949年3月19日生まれ。1994年スタッフB. C. 設立。

1— Jagabee／Snack
　　cd.岡 裕奇夫
　　ad.田中春雄
　　d.築地哲平、中川紗央里
　　cl.カルビー／Calbee Foods
2— サッポロポテト／Snack
　　cd.岡 裕奇夫
　　ad.田中春雄
　　d.築地哲平
　　cl.カルビー／Calbee Foods
3— Naturart／Pasta, Soup, Pasta Sauce,
　　Frozen Food
　　ad.田中春雄　d.神山みか
　　cl.日清フーズ／Nisshin Foods

1

2

230

Tamura Design Studio
e-mail:info@tamura-d.com

田村デザインスタジオ
〒168-0063 東京都杉並区和泉3-59-9 B棟
Tel.03-5355-3881

田村孝治　Tamura Koji

1968年8月26日生まれ。ニューヨークのプラット・インスティテュート大学コミュニケーションデザイン学科卒業。現地のインターンシップを経て帰国。帰国後、広告制作会社を経て、飲料メーカーのハウスエージェンシーにてアートディレクターを務める。2003年4月事務所設立、現在に至る。

1

2

3

4

5

6

Tsuboya Kazutoshi
e-mail: plumnuts@waltz.ocn.ne.jp

坪谷一利

プラムナッツ／Plum Nuts
〒150-0001 東京都渋谷区神宮前4-3-21
アプリール表参道301
Tel.03-3479-7827 Fax.03-3479-7920

1956年5月26日東京生まれ。1977年中央デザインセンターを経て、80年プラムナッツ設立。90年VIS開発を基軸とするエビス設立、現在に至る。80年第48回毎日デザイン賞受賞。93年、95年、97年、01年、05年日本パッケージデザイン大賞入選。99年ジャパンパッケージングコンペティション奨励賞受賞。

1—コチュジャン、サムジャン／Seasoning
   ad.& d.坪谷一利
   cl.モランボン／Moranbong
2—ミルクティー、レモンティー、アイスコーヒー／
   Tea, Coffee
   ad.& d.坪谷一利
   cl.協同乳業／Kyodo Milk Industry
3—ミントマーブル／Chocolate
   ad.& d.坪谷一利
   cl.明治製菓／Meiji Seika Kaicha
4—冬のミルク／Candy
   ad.& d.坪谷一利
   cl.アサヒフードアンドヘルスケア／
   Asahi Food & Healthcare

1

2

3

4

Design Office Rice
e-mail:d-o-rice@cf6.so-net.ne.jp

デザインオフィスライス
〒166-0031 東京都杉並区本天沼1-27-5
Tel.& Fax.03-3336-4681

米田貴美子　Yoneta Kimiko

8月15日生まれ。D.O.Riceは米田美枝子と2人のオフィスです。ほぼ100%がお菓子のパッケージ制作です。大切に思うことは「楽しさと優しさ」のあるパッケージと商品作り。そして「人」と仕事をすることの大切さです。今回はクライアントを始め本当にたくさんの方と「力」を合わせた作品をご紹介します。

1　デコレーションケーキBOX／Cake
　　ad.& d.米田貴美子
　　d.& il.米田美枝子（kuma）
　　il.斎藤文子（Santa）
　　p.東京ユーピー
　　cl.パッケージ中澤／Package Nakazawa
2ー西内花月堂／Confectionery
　　ad.& d.米田貴美子、E
　　d.米田美枝子
　　il.石河　映
　　cl.西内花月堂／Nishiuchi Kagetsudo

1

2

235

TCD
http://www.tcd.jp

TCD

本社
〒659-0021 兵庫県芦屋市春日町7-19 TCDビル
Tel.0797-34-4310 Fax.0797-34-4312

東京オフィス
〒104-0061 東京都中央区銀座4-5-1 日本聖書協会ビル8F
Tel.03-3538-3678 Fax.03-3538-3676

TCDのパッケージデザインは、スウィーツからトイレタ
リー製品まで、マーケティング思考を前提としたデザイ
ン開発が特徴です。ここでご紹介する小林製薬の製品デ
ザインについては全製品の約70%を当社のパッケージ部
門が制作を担当しています。美しいデザインを優先させ
る事を基本としながらも「店頭で強いデザインであるこ
と」を常に念頭におき制作しています。また市販の製品に
関わる他、実験的なデザインにも取り組んでいます。

1— 消臭シャボン／Air Freshener
　　ad.山崎晴司　d.石川 忍、池浦由美　pd.日比秀一
　　cl.小林製薬／Kobayashi Pharmaceutical
2— お部屋の消臭元／Air Freshener
　　ad.山田崇雄、山崎晴司　d.山本みき
　　pd.鷲尾隆宏、日比秀一
　　cl.小林製薬／Kobayashi Pharmaceutical
5— サワデー／Air Freshener
　　ad.山崎晴司　d.石川 忍、池浦由美
　　cl.小林製薬／Kobayashi Pharmaceutical
6— クリエアー／Air Freshener
　　ad.山崎晴司　d.山本みき　pd.鷲尾隆宏、日比秀一
　　cl.小林製薬／Kobayashi Pharmaceutical
7— 液体ブルーレットおくだけ／Toilet Bowl Cleaner
　　ad.山崎晴司　d.石川 忍　pd.鷲尾隆宏
　　cl.小林製薬／Kobayashi Pharmaceutical
8— バクテリート／Air Freshener
　　ad.山崎晴司　d.石川 忍
　　cl.小林製薬／Kobayashi Pharmaceutical
3.4.9.10— 研究習作／Trial Product
　　d.KOTプロジェクトチーム

1

2

3

4

5

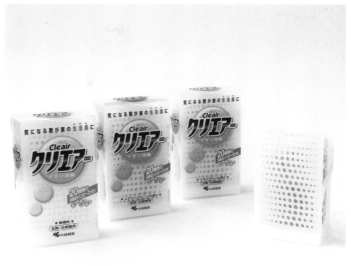

6

7

8

9

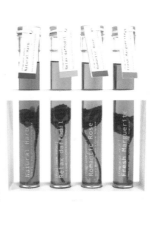

10

Designing Board
http://www.mnet.ne.jp/~dbi

デザイニングボード

〒107-0062 東京都港区南青山4-1-5-505
Tel.03-3401-0586 Fax.03-3401-6540
e-mail:dbi@mnet.ne.jp

添田幸史　Soeda Koshi

1961年8月3日生まれ。

1ーリプトン ティー／Tea
　　ad.博報堂
　　d.デザイニングボード
　　cl.森永乳業／Morinaga Milk Industry
2ーリプトン ティー／Tea
　　ad.博報堂
　　d.デザイニングボード
　　cl.森永乳業／Morinaga Milk Industry
3ーエリエール ブロワイプ／Paper Towel
　　d.デザイニングボード
　　cl.大王製紙／Daio Paper
4ーリプトン キャンペーン パッケージ／Tea
　　ad.博報堂
　　d.デザイニングボード
　　cl.森永乳業／Morinaga Milk Industry
5ーエスキモー バニラ＆チョコ／Ice Cream
　　ad.博報堂プロダクツ
　　d.デザイニングボード
　　cl.森永乳業／Morinaga Milk Industry
6ーウイダープロテインバー／Nutritive Food
　　d.デザイニングボード
　　cl.森永製菓／Morinaga

1

2

3

4

5

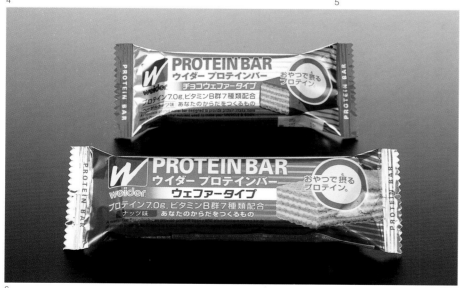

6

design K
e-mail: designk@crux.ocn.ne.jp

デザインケイ

〒107-0052 東京都港区赤坂9-5-26 パレ乃木坂601
Tel.03-5786-0370　Fax.03-5786-0371

窪田哲也　Kubota Tetsuya

1959年9月2日生まれ。

1―クノール スープ春雨緑豆100%／Soup
　　cd.& ad.味の素 広告部
　　d.窪田哲也、米田千佳
　　cl.味の素／Ajinomoto
2―インターバランスL-92 アレルケア／
　　Nutritive Drink
　　cd.& ad.カルピス 広告部
　　d.窪田哲也、米田千佳
　　cl.カルピス／Calpis
3―PIAT D'OR 花ラベル／Wine
　　cd.& ad.メルシャン デイリーワイン部
　　d.窪田哲也、米田千佳
　　cl.メルシャン／Mercian
4―CALPIS BAR TIME／Cocktail
　　cd.& ad.カルピス 広告部
　　d.窪田哲也、米田千佳
　　cl.カルピス／Calpis

1

2

3

4

240

1

2

Design Studio Spice
http://www.w-spice.com

デザインスタジオ スパイス

〒542-0064 大阪府大阪市中央区上汐2-6-13
喜多ビル503
Tel.& Fax.06-6766-3863
e-mail:info@w-spice.com

小野寺 健　Onodera Ken

1961年12月19日生まれ。1985年京都市立芸術大学デ
ザイン科卒業。大日本印刷PAC入社。97年デザインス
タジオスパイス設立、現在に至る。

1— 赤鍋風中華、白鍋風中華／Instant Noodles
　　ad.大日本印刷
　　d.小野寺 健
　　ca.太田さやか筆文字工房・墨技
　　p.石森 睦　st.小林恭子
　　cl.エースコック／Acecook
2— 明太入りキムチチゲラーメン／Instant Noodles
　　ad.大日本印刷
　　d.小野寺 健
　　ca.太田さやか筆文字工房・墨技
　　p.石森 睦　st.小林恭子
　　cl.エースコック／Acecook
3— 菊正宗 上撰さけパック本醸造／Sake
　　ad.大日本印刷
　　d.& il.小野寺 健
　　cl.菊正宗酒造／Kiku-Masamune Sake Brewing
4— 菊正宗 本醸造 特撰、上撰、佳撰／Sake
　　ad.大日本印刷
　　d.& il.小野寺 健
　　cl.菊正宗酒造／Kiku-Masamune Sake Brewing

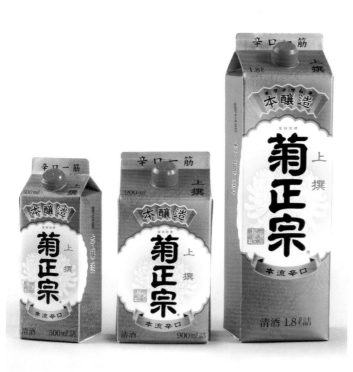

3

4

designbus
e-mail:info@designbus.co.jp

デザインバス

〒101-0051 東京都千代田区神田神保町1-48-1 興生堂ビル4F

Tel.03-5282-2720 Fax.03-5282-0112

デザインバス

1— 2段熟カレー／Curry Roux
  cd.関谷直之
  ad.& d.古賀龍平
  cl.江崎グリコ／Ezaki Glico
2— CUP NOODLE WILD、MILD／Instant Noodles
  cd.日清食品
  ad.福岡直子
  d.古賀龍平
  cl.日清食品／Nissin Food Products
3— 逸品どんぶり／Retort Packed Food
  cd.関谷直之
  ad.古賀龍平
  d.芝 伸子
  cl.江崎グリコ／Ezaki Glico
4— ReSOLA／Rice Gruel
  ad.古賀龍平
  d.芝 伸子
  cl.大塚食品／Otsuka Foods
5— さやえんどう／Snack
  cd.カルビー
  ad.田中夏実
  d.古賀龍平
  cl.カルビー／Calbee Foods
6— 堅焼プリッツ／Snack
  cd.竹内泰雄
  ad.& d.古賀龍平
  cl.江崎グリコ／Ezaki Glico
7— Marshmallow Café／Instant Coffee
  cd.栗本 健
  ad.古賀龍平
  d.新山陽子
  cl.片岡物産／Kataoka
8— おー！野菜／Snack
  ad.古賀龍平
  d.内山伊織
  cl.大塚食品／Otsuka Foods
9— ごんぶと／Instant Noodles
  cd.日清食品
  ad.舘野由紀子
  d.小野 恵
  cl.日清食品／Nissin Food Products
10— 黒はるさめスープ／Instant Noodles
  cd.関谷直之
  ad.& d.古賀龍平
  cl.江崎グリコ／Ezaki Glico

古賀龍平 Koga Ryuhei

1964年9月6日生まれ。1987年多摩美術大学立体デザイン科卒業。

芝 伸子 Shiba Shinko

1971年5月6日生まれ。1993年桑沢デザイン研究所リビングデザイン研究科パッケージング専攻卒業。

浅野サト子 Asano Satoko

1967年1月9日生まれ。1988年桑沢デザイン研究所リビングデザイン研究科パッケージング専攻卒業。

2

3

8

9

10

Design Force
http://group-force.com

デザインフォース

〒541-0046 大阪府大阪市中央区平野町1-8-8
平野町安井ビル6F
Tel.06-6231-1800　Fax.06-6231-1808
e-mail:info@group-force.com

1ーおさつチップス／Snack
　cd.森 孝幹　d.小林聖子
　cl.エヌエス・インターナショナル／
　NS International
2ー珈琲アメシリーズ／Candy
　cd.森 孝幹
　d.竹中朋子、森田桃代
　cl.ビンズ／Beans
3ー おむつ肌着洗い／Detergent
　cd.森 孝幹
　ad.& d.竹中朋子
　d.小椋摩由子
　cl.アップリカ・チルドレンズプロダクツ／
　Aprica Children's Products
4ー リップバーム／Lip Balm
　ad.& d.竹中朋子
　cl.エム・アイ・シー／MIC
5ー 100周年記念ボールペン、カードケース／
　Stationery
　cd.森 孝幹　d.森田桃代
　cl.コクヨS&T／Kokuyo S&T
6ー とろけるクリームパン／Bread
　cd.森 孝幹　d.柄谷紀子
　pl.平塚舞子
　cl.神戸屋／Kobeya Baking

2

1

3

4

5

6

Design Mac
http://www.design-mac.co.jp

デザインマック

〒162-0052 東京都新宿区戸山1-8-5
Tel.03-3204-0951 Fax.03-3204-0965
e-mail:mainpost@design-mac.co.jp

村 禎介 Mura Teisuke

2月13日生まれ。1963年金沢美術工芸大学卒業。71年
プラットインスティテュート（ニューヨーク市）大学
院修士課程卒業。マスターオブサイエンス学位取得。
多摩美術大学講師。

村 武史 Mura Takeshi

3月11日生まれ。1966年金沢美術工芸大学卒業。

1971年設立。クリオアウォーズクリオ賞。日本パッケー
ジデザイン大賞、銀賞、奨励賞、特別賞。ジャパンパッケー
ジングコンペティション通商産業省大臣賞、生活産業局
長賞、工業技術院長賞、日本印刷産業連合会会長賞、各種
部門賞、奨励賞。日経BPデザイン賞銀賞など多数受賞。

鈴木良彦　Suzuki Yoshihiko

11月24日生まれ。1976年東京芸術大学工芸科ヴィジュアルデザイン卒業。

加藤貴穂　Kato Mizuho

11月7日生まれ。1978年日本大学芸術学部美術学科デザイン専攻卒業。

小玉章文　Kodama Akifumi

11月1日生まれ。1980年東京デザイナー学院卒業。

1ーボージョレ・ヌーヴォー セブンイレブンオリジナル（左）、
　イトーヨーカ堂オリジナル（中・右）／Wine
　cl.メルシャン／Mercian
2ーソフラン／Fabric Softner
　cl.ライオン／Lion

3— きれいのミスト／Home Hygiene Spray
cl.ライオン／Lion
4— 北海道チョコポテト／Chocolate
cl.明治製菓／Meiji Seika Kaisha
5— ピッツァミックスチーズ／Cheese
cl.明治乳業／Meiji Dairies
6— 料亭シリーズ／Spice
cl.ハウス食品／House Foods
7— バター50％ブレンド／Dairy Goods
cl.明治乳業／Meiji Dairies

5

6

Design Mate
http://www.designmate.co.jp

デザインメイト

〒110-0015 東京都台東区東上野2-13-8
アルカディア上野5F
Tel.03-3834-7771 Fax.03-3834-7779
e-mail:product@designmate.co.jp

菅原裕介 Sugawara Yusuke

目指すものはCreation of Value。商品の外側をデザインするだけでなく製品やブランドの世界観、企業のメッセージなどを的確に伝え、価値を高めるクリエイティブワーク。DESIGN MATEは、商品パッケージを中心とした質の高いトータルデザインで「新しい価値」を創造します。ジャパンパッケージングコンペティションにて、74年POP広告協会賞、75、88、90、94、98、99、06年洋菓子部門賞、96年一般食品部門賞。03、05、07年日本パッケージデザイン大賞入選。

1— ポルテ／Chocolate
    cd.山本素久 ad.矢口 洋 d.山崎真代
    cl.明治製菓／Meiji Seika Kaisha
2— XYLISH／Gum
    ad.菅原裕介 d.矢口 洋 il.高野稚奈
    cl.明治製菓／Meiji Seika Kaisha
3— チーズたらシリーズ／Snack
    cd.山本素久 ad.矢口 洋 d.平林美穂
    cl.なとり／Natori
4— 一度は食べていただきたいシリーズ／Snack
    cd.山本素久 ad.矢口 洋 d.高濱 崇
    cl.なとり／Natori
5— とろみ和風スープ／Soup
    ad.菅原裕介 d.デザインメイト
    cl.ポッカコーポレーション／Pokka Corporation
6— 具スープ／Soup
    ad.菅原裕介 d.デザインメイト
    cl.ポッカコーポレーション／Pokka Corporation
7— アミノコラーゲンEX／Nutritive Drink
    cd.山本素久 ad.矢口 洋 d.平林美穂
    cl.明治製菓／Meiji Seika Kaisha
8— ミルクココア／Cocoa
    ad.菅原裕介 d.矢口 洋
    cl.ポッカコーポレーション／Pokka Corporation
9— 花粉立入禁止／Mask
    cd.菅原裕介 ad.矢口 洋 d.高濱 崇
    cl.明治製菓／Meiji Seika Kaisha
10— 焼酎用果肉入り飲料／Drink
    cd.菅原裕介 ad.矢口 洋 d.高濱 崇
    cl.ポッカコーポレーション／Pokka Corporation
11— 空と大地のドレッシング／Dressing
    ad.菅原裕介 d.矢口 洋
    cl.日本食研／Nihon Shokken

1

2

3

一度は食べていただきたい皮つきいか燻

一度は食べていただきたいおいしいあたりめ

一度は食べていただきたい粗挽きサラミ

一度は食べていただきたいおいしいさきいか

一度は食べていただきたい熟成チーズ鱈

4

豆腐と小松菜のとろみ和風スープ

きのこづくしのとろみ和風スープ

海老とオクラのスープ

とろ〜りたまごスープ

5

6

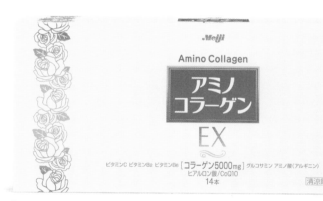

アミノコラーゲン EX

ミルクココア

7

8

花粉立入禁止 マスク

焼酎用果肉入りレモン

焼酎用果肉入りグレープフルーツ

空と大地のドレッシング

9

10

11

Terao Chieko
e-mail：zip@jade.dti.ne.jp

寺尾千恵子

スタジオ・ジップ／Studio Zip
〒550-0013 大阪府大阪市西区新町3-5-8
エーベック西長堀801
Tel.06-6543-4197 Fax.06-6543-4198

10月16日生まれ。1973年京都市立芸術大学デザイン科卒業。1981年スタジオ・ジップ設立。77ポパイジャパンショウ入賞。79ジャパンパッケージングコンペティション（JPC）日本印刷工業会長賞。81JPC衣料品部門賞。87JPDA入選2点。89JPDA入選1点。89ニューヨークPDC入選2点。92デザインコンペin鹿児島特賞。93グッドデザイン展入賞。98北の生活産業デザインコンペ銅賞。2007JPC包装アイデア賞。今や記号でしか無いあれこれ…。ささやかでなつかしいマイワークス。

1― 夫婦善哉／Paper Bag, Wrapping Paper
　　ad.向阪裕次
　　d.寺尾千恵子
　　cl.サトレストランシステムズ／
　　Sato Restaurant Systems
2― 夫婦善哉／Japanese Sweets
　　ad.向阪裕次
　　d.寺尾千恵子
　　cl.サトレストランシステムズ／
　　Sato Restaurant Systems
3― パキッツ／Chocolate
　　ad.豊田守浩
　　d.寺尾千恵子
　　cl.江崎グリコ／Ezaki Glico

1

2

3

Toin
http://www.toin.co.jp

トーイン

〒136-0071 東京都江東区亀戸1-4-2
Tel.03-5627-9145　Fax.03-3638-1133
e-mail:design@toin.co.jp

雨宮一朗　Amemiya Ichiro

紙器形態からグラフィック、印刷加工まで、トータルにパッケージデザインをしています。その他、紙製ディスプレイなどの販促ツールも手がけています。

1—ゼスパートシリーズ／Ointment, liniment
　　ad.川田美和
　　d.石原由紀子
　　cl.全薬工業／Zenyaku Kogyo
2—SR／Pickles
　　d.木内陽子
　　bd.酒悦
　　cl.酒悦／Shuetsu
3—クリネックスやわらかフィール／Tissue
　　d.石原由紀子
　　cl.日本製紙クレシア／Nippon Paper Crecia
4—めひかり塩チョコ／Chocolate
　　ad.川田美和
　　d.川村正志
　　const.志浦 勉
　　cl.いわきチョコレート／Iwaki Chocolate

1

2

3

4

Toyo Seikan
http://www.toyo-seikan.co.jp

東洋製罐
〒100-8522 東京都千代田区内幸町1-3-1 幸ビル
Tel.03-3508-0139 Fax.03-3508-2076

私たち東洋製罐マーケティング部デザイングループ
では、当社独自のマーケティングに基づいた商品提案
を含め、幅広いパッケージに関わるデザインを容器フ
ォルムからグラフィックまで、トータルにご提案して
おります。

1—旬果実 白桃／Fruit Juice
　　ad.鈴木 愛
　　d.上沢 聡
　　cl.ダイドードリンコ／DyDo Drinco
2—出羽桜 吟醸酒 缶／Sake
　　pr.仲野恭一
　　ad.& d.野村 岳
　　cl.出羽桜酒造／Dewazakura Sake Brewery
3—ルーツ ローストワンシリーズ／Coffee
　　ad.& d.大谷啓浩
　　d.野村 岳、竹井紗矢香
　　cl.日本たばこ産業／Japan Tobacco
4—バスロマン bihada／Bath Articles
　　ad.野村 岳
　　d.上沢 聡
　　cl.アース製薬／Earth Chemical
5—アリアース 微粒剤／Insecticide
　　bd.上原貴史
　　cl.アース製薬／Earth Chemical
6—オレインリッチ300g／Edible Oil
　　bd.秋岡正宏
　　cl.昭和産業／Showa Sangyo

1

2

3

4

5

6

Toss Creative
http://www.tosscreative.co.jp/

トス・クリエイティブ

〒102-0082 東京都千代田区一番町6-3-105
Tel.03-3265-2051　Fax.03-3265-2053
e-mail:info@tosscreative.co.jp

田中秀二　Tanaka Hideji

1950年3月30日生まれ。ブランディング、グラフィッ
クデザインやパッケージデザインにとどまらず商品
企画、自社スタジオによる撮影、印刷管理までを含む
トータルなサービスを提供しています。

1— 販促キャンペーン用生キャラメルBOX／Caramel
　　cd.田中秀二
　　d.山﨑美由紀
　　il.二見隆一（C・A・R）
　　cl.ノースプレインファーム／North Plain Farm
2— やさしい口どけの生キャラメル
　　plainness, beurre demi-sel, hamanasu／Caramel
　　cd.田中秀二
　　d.山﨑美由紀
　　il.二見隆一（C・A・R）
　　cl.ノースプレインファーム／North Plain Farm

1

2

1

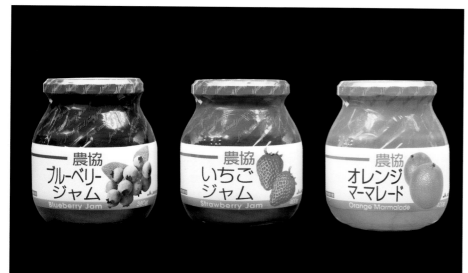

2

Tomiyoshi Kohji
e-mail:tis_d@ybb.ne.jp

富吉晃嗣

〒665-0045 兵庫県宝塚市光明町21-5
Tel.080-3810-0174 Fax.020-4624-4374

消費者の立ち場になって、常にパッケージのデザインを考えていきたい。アーティスティックな感性も大切だが作り手と買い手の橋渡しができなければ、何の意味もないと思う。開発者の気持ちが伝わり、消費者に親切なパッケージデザインこそが、商業デザイナーとして、今、最も求められているものだと思う。また、今までパッケージ以外のデザインも数多くやってきたが、これからも色々なモノに果敢にチャレンジしていきたい。

1─金ちゃん 焼うどん／Instant Noodles
　　ad.& d.富吉晃嗣
　　d.橋本幸子
　　cl.徳島製粉／Tokushimaseihun
2─農協 ブルーベリージャム、いちごジャム、
　　オレンジマーマレード／Jam
　　ad.& d.富吉晃嗣
　　cl.奈良県農業協同組合／JA Naraken
3─アール圧縮袋シリーズ／Compression Bag
　　ad.& d.富吉晃嗣
　　d.橋本幸子
　　cl.アール／R

3

Toppan Printing
http://www.toppan.co.jp

凸版印刷

〒110-8560 東京都台東区台東1-5-1
Tel.03-3835-6518 Fax.03-3835-7628

3

4

1— Glamatic／Gum
　　ad.凸版印刷
　　cl.ロッテ／Lotte
2— コアラのマーチ／Chocolate
　　ad.藤川君夫
　　const.時田秀久
　　d.& il.アオトクリエイティブ
　　cl.ロッテ／Lotte
3— 手のりたま／Seasoning
　　pl.& ad.武富小枝
　　d.稲葉美枝子
　　pd.野口裕雄
　　cl.丸美屋食品工業／Marumiya
4— 是はうまい／Seasoning
　　ad.凸版印刷
　　d.井上抱月
　　const.浅井弘史
　　cl.丸美屋食品工業／Marumiya
5— こだわり逸品詰合せ／
　　Grilled Laver, Green Tea
　　ad.松澤由紀子
　　d.サンデザインアソシエーツ
　　const.大谷由紀子
　　cl.山本山／Yamamotoyama

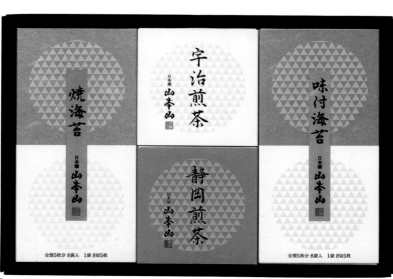

5

7　8

9

6

10

6― クノール 1日分の緑黄色野菜スープ／Soup
　　cd.味の素 広告部
　　ad.時田秀久、森田総一郎
　　p.鈴木写真事務所
　　const.丸山麻衣
　　d.山崎真代
　　cl.味の素／Ajinomoto
7― アルフォンソマンゴー／Fruit Drink
　　ad.渡辺政憲　d.浜 英男
　　il.宮北敏秀
　　cl.神田食品研究所／Kanda Food Laboratory
8― ボイズンベリー／Fruit Drink
　　ad.渡辺政憲　d.浜 英男
　　cl.中京サインボトリング協業組合／
　　Chukyo Sain Bottring Kyogyo Kumiai
9― チョコボール（キャラメル）ハロウィン／Chocolate
　　cd.佐藤勝則、柴田 彩
　　ad.中通寛記
　　d.スペースラップ
　　cl.森永製菓／Morinaga
10― プレミアムカルピスギフト／Gift
　　ad.福井政弘
　　const.大河内恵美子
　　d.ミックデザインワークス
　　il.松本 剛
　　cl.カルピス／Calpis

1

Tomiyama Miki
e-mail: miki-tomiyama@gonta.jp

冨山美紀

サンライズ／Sunrise
〒540-0026 大阪府大阪市中央区内本町1-2-8
TSKビル5F
Tel.06-6942-7181　Fax.06-6942-7199

1975年1月22日、京都府生まれ。

1—ゴン太のやわらかビスケット／Dog Food
　　d.冨山美紀
　　cl.サンライズ／Sunrise
2—ビストロゴン太 低脂肪ササミメニュー／Dog Food
　　d.冨山美紀
　　cl.サンライズ／Sunrise
3—ゴン太のゆでっこササミ／Dog Food
　　d.冨山美紀
　　cl.サンライズ／Sunrise

2

3

Tobiyama Kyoko
e-mail:tobio@air.linkclub.or.jp

飛山京子
トビオプラン／Tobio Plan
〒113-0034 東京都文京区湯島2-31-15 和光湯島ビル9F
Tel.03-3811-6279 Fax.03-3811-6489

2月26日生まれ。桑沢デザイン研究所卒業。王子製紙デザイン部を経て、1993年トビオプラン設立。さらなる向上をめざしていろいろな分野のデザインに挑戦していきたいと思ってます。

1

2

3

264

4

5

2

6

YOKOHAMA CHAYA

1―大人の健脳パズル／Toy
　d.飛山裕幸、飛山京子
　cl.学習研究社／Gakken
2―マイモンテ いっしょにテディ、くるくるメリー、
　ゴーゴーブブ／Toy
　pd.飛山裕幸
　cl.学習研究社／Gakken
3―レーベンスミルク、フォローアップミルク／Baby Milk
　ad.和光堂
　d.飛山裕幸、飛山京子
　cl.和光堂／Wakodo
4―シアトルスタイルブレンド／Coffee
　d.飛山京子
　cl.東京アライドコーヒーロースターズ／
　Tokyo Allied Coffee Roasters
5―ピックタイム／Snack
　ad.東ハト
　d.飛山京子
　cl.東ハト／Tohato
6―横浜茶屋サイン／Shop Sign
　cd.シービーケー
　lo.& d.飛山京子
　cl.シンノオ／Shinnoo
7―冷凍食品／Frozen Food
　ad.ニチロ
　d.飛山裕幸、飛山京子
　cl.ニチロ／Nichiro

2

7

Toyama Sugaki
http://www.sugaki.co.jp

富山スガキ

〒939-8585 富山県富山市塚原23-1
Tel.076-429-3229 Fax.076-429-8351
e-mail:seisaku1@sugaki.co.jp

1— ヒビケア軟膏／Ointment
　　ad.& d.宮宗耕平
　　p.梅津好宏
　　mo.梅田 薫
　　cl.池田模範堂／Ikedamohando
2— リオナチュレシリーズ／Supplement, Mask, Water
　　ad.& d.宮宗耕平
　　d.横山紀子
　　copy.篠原智子
　　cl.東洋インキ製造／Toyo Ink Mfg.
3— SKILABOシリーズ／Face Mask
　　ad.& d.笠間晃子
　　il.山田ひとみ
　　cl.CFSコーポレーション／CFS Corporation
4— NO-MU-BA-RA／Inner Fragrance
　　ad.& d.宮宗耕平
　　cl.開新舎商事／Kaishinsha
5— うつくし堂／Cosmetics
　　cd.長津康史
　　ad.& d 西田一生
　　cl.廣貫堂／Koukandou
6— ごまどうふ／Food
　　ad.& d 河越康彦
　　cl.幸伸食品／Koshin Foods

1

2

3

4

5

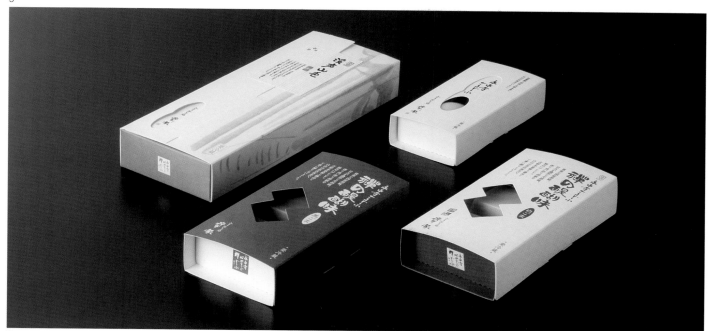

6

Nagashima Manabu
e-mail: ngsmd@sa3.so-net.ne.jp

永島 学

永島学デザイン室／Manabu Nagashima Design
大阪オフィス
〒543-0011 大阪府大阪市天王寺区清水谷町19-1-303
Tel.06-6768-0520 Fax.06-6768-0523

東京オフィス
〒104-0061 東京都中央区銀座3-11-19-1101
Tel.03-3541-6370 Fax.03-3541-6371

1961年3月17日生まれ。商品のブランディングを中心に、パッケージ、グラフィック、ディスプレイと活動は多岐にわたる。2003年、2005年日本パッケージデザイン大賞銀賞、連続受賞。他入賞入選多数。

1ークアトロコルソ／Chocolate
　　cd.ゴンチャロフ製菓企画部
　　ad.& d.永島 学
　　d.高山マキコ
　　cl.ゴンチャロフ製菓／Goncharoff Confectionery
2ー資生堂Qi／Skin Care Products
　　cd.池田修一
　　ad.足立和彦
　　d.永島 学、高山マキコ、新井 好
　　lo.丸橋 桂
　　cl.資生堂／Shiseido
3ーエスコヤマco.&m.／Confiture,Macaron
　　cd.小山 進　ad.,d.& p.永島 学
　　d.高山マキコ　p.COPYZ
　　art.河野 甲　bd.小山 進
　　cl.パティシエ エス コヤマ／Patissier es koyama

1

2

Nakamura Masaru
e-mail:nakamura.masaru@mac.com

中村 超

ラウンドテーブル／Round Table
〒146-0082 東京都大田区池上8-9-2 1F
Tel.& Fax.03-6323-6881

1972年3月17日生まれ。スタジオノア、大日本印刷・デジタルデザインセンター及び商品企画センターを経てベイシスパッケージングの活動に参加。07年8月に社名をラウンドテーブルに変更。その名の通り多くの作家さんたちと「円卓」を囲むようにデザインに取り組めたらいいな、と思っています。

1―おいしくたべたい！ベーカリー／Bread
　　d.中村 超
　　cl.ダイエー／The Daiei
2―おいしくたべたい！日配食品／Foods
　　d.中村 超
　　p.ミノワスタジオ
　　cl.ダイエー／The Daiei
3―冷凍惣菜／Frozen Food
　　ad.中村 超
　　d.スタジオ50
　　p.スタジオジャバラ
　　cl.シジシージャパン／CGC Japan
4―カップみそ汁／Miso Soup
　　ad.中村 超　d.梶岡優子
　　p.スタジオジャバラ
　　cl.シジシージャパン／CGC Japan
5―米袋／Rice Bag
　　ad.& d.中村 超
　　p.フライングスタジオ
　　cl.シジシージャパン／CGC Japan

1

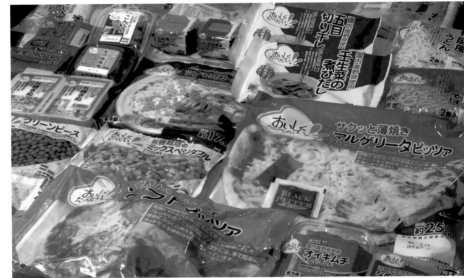

2

3

4

5

1

Nakayama Eiko
e-mail：nkym2@tiara.ocn.ne.jp

中山英子

中山デザイン室／Nakayama Design Room
〒153-0062 東京都目黒区三田2-10-9-107
Tel.& Fax.03-3719-6634

1944年4月2日生まれ。東京芸術大学大学院美術学部工芸科ビジュアルデザインコース修了。GKインダストリアルデザイン研究所、GKグラフィックスを経て2004年にフリーランスに。「パッケージデザイン」を「大量生産品」の観点から「適性なデザインとは？」を考えてみたい。

1—草花木果透肌スキンケア／Skin Care Products
　　cd.エフクリエイション
　　ad.,d.& il.中山英子
　　lo.松本 泉
　　cl.キナリ／kinari
2—山本嘉兵衛撰／Grilled Laver, Green Tea Gift Set
　　ad.& d.中山英子
　　lo.大内清子
　　cl.山本山／Yamamotoyama

2

NABATAME DESIGN
http://www.nabatame-d.co.jp

那波多目デザイン事務所
〒102-0084 東京都千代田区二番町8-7
二番町パークフォレスト1104
Tel.03-5215-3381 Fax.03-5215-3386
e-mail:info@nabatame-d.co.jp

那波多目康子　Nabatame Kouko

那波多目雅也　Nabatame Kaya

パッケージデザインは広告と異なる販売戦略の大きな要素、店頭で消費者に直接語りかけ、対話するメディアと考えています。パッケージデザイン開発を基幹とし、CI、BI、ネーミング開発及びその他デザインコンサルテーションを行なっています。長期にわたりクライアントと一体となりブランド創りに力を入れています。トップシェアブランド商品の事例多数。受賞歴多数。

1— 百年品質トマトジュース／Juice
　　d.那波多目デザイン事務所
　　cl.カゴメ／Kagome
2— 近鉄百貨店フルーツジュース／Juice
　　d.那波多目デザイン事務所
　　cl.カゴメ／Kagome
3— 鉄ラクトフェリンinチーズケーキ、
　　コラーゲンinチーズケーキ／
　　Cheese Cake
　　d.那波多目デザイン事務所
　　cl.雪印乳業／Snow Brand Milk Products
4— 牧場の朝ヨーグルト／Yogurt
　　d.那波多目デザイン事務所
　　cl.日本ミルクコミュニティ／
　　Nippon Milk Community
5— マイガーデン／Manure
　　d.那波多目デザイン事務所
　　cl.住友化学園芸／
　　Sumitomo Chemical Garden Products
6— 寿月堂 海外向け煎茶シリーズ／Green Tea
　　d.那波多目デザイン事務所
　　cl.丸山海苔店／Maruyama Nori
7— ブラウドール／Lotion
　　d.那波多目デザイン事務所
　　cl.朋コーポレーション／Tomo Corporation
8— 錦杵音 にしきね／Rice Cake
　　d.那波多目デザイン事務所
　　cl.み乃龜／Minokame

1

松尾 太　Matsuo Futoshi

2

3

4

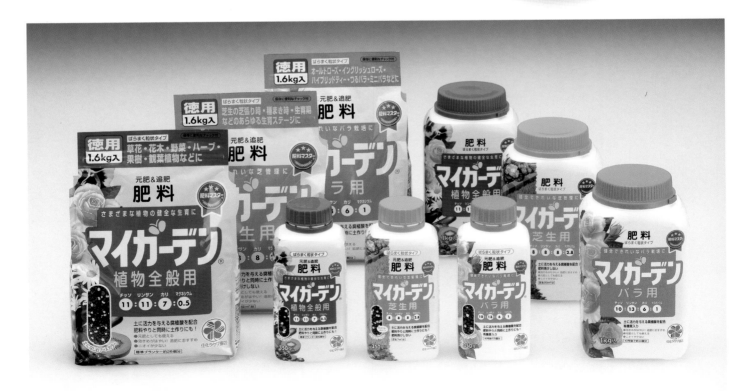

5

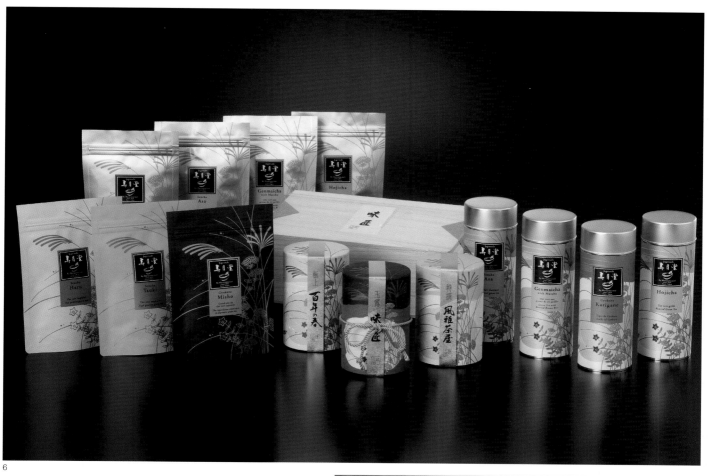

6

8

7

Naris Cosmetics
http://www.naris.co.jp

ナリス化粧品

〒553-0001 大阪府大阪市福島区海老江1-11-17
Tel.06-6346-6573　Fax.06-6346-6578
e-mail:y_yokotani@naris.co.jp

横谷泰美　Yokotani Yasumi

1971年8月4日生まれ。グッドデザイン商品選定。日本パッケージデザイン大賞金賞。ジャパンパッケージングコンペティション入賞。目には見えない思いを目に見えるようにできること、そして実際に手にしたり使ったりできる実感を創ることができる、多くあるデザインの分野の中でも奥行きや広がりのある仕事だと思います。

1—ヒアパーム／Skin Care Products
　　cd.& d.横谷泰美
　　d.藤井博之
　　cl.ナリス コスメティック フロンティア／
　　Naris Cosmetics Frontier
2—バランティクス／Skin Care Products
　　cd.横谷泰美
　　d.岡田益美
　　cl.ナリス化粧品／Naris Cosmetics
3—セルグレース スキンケア／Skin Care Products
　　cd.横谷泰美
　　d.岡田益美
　　cl.ナリス化粧品／Naris Cosmetics
4—セルグレース ベースメイク／Make-up Products
　　cd.横谷泰美
　　d.岡田益美
　　cl.ナリス化粧品／Naris Cosmetics

1

2

3

4

7

5

6

8

Niimi Hidenori
http://www.cbon.co.jp

新見英典

シーボン／C'bon Cosmetics
〒216-8556 神奈川県川崎市宮前区菅生1-20-8
Tel.044-979-1397 Fax.044-979-1885

1972年7月8日北海道生まれ。1996年多摩美術大学卒業。
現在、シーボン所属、製品開発室マネージャー。プロダク
ト・パッケージ・SP・スペース・サインなど、化粧品販売に
関する様々なデザインを行なう。日本パッケージコンテ
スト受賞（02,03,04,06,07年）、アジアスター賞受賞
（04,07年）。

1— C'BON DR Series／Skin Care Products
　　cd.,ad.& d.新見英典
　　cl.シーボン／C'bon Cosmetics
2— FACIALIST FP PROGRAM14／
　　Skin Care Products
　　cd.,ad.& d.新見英典
　　cl.シーボン／C'bon Cosmetics
3— C'BON Hair Care Series／Shampoo, Conditioner
　　cd.,ad.& d.新見英典
　　cl.シーボン／C'bon Cosmetics

1

2

3

1

2

Nishijima Sachiko
e-mail:cw-sachi@a02.itscom.net

西島幸子

カラーワークス／Color Works
〒152-0035 東京都目黒区自由が丘1-21-7
ガーデンビュウ自由が丘105
Tel.03-3724-4100　Fax.03-3724-4127

化粧品会社制作部などを経て、1995年デザイン&カラープランニングスタジオカラーワークス設立。日本色彩学会会員。

1─ドゥフィーヌ／Make-up Products
　　ad.& d.西島幸子
　　d.中村 久
　　cl.エックスワン／X-one
2─ドゥフィーヌ ウインター コレクション／
　　Make-up Products
　　ad.& d.西島幸子
　　d.中村 久
　　p.梅田正明
　　cl.エックスワン／X-one
3─マイバッグ／Bag
　　pr.芥川麻実子
　　d.& il.西島幸子
　　il.伊藤栄昌
　　cl.首都高速道路サービス、道の駅八王子滝山／
　　Metropolitan Expressway Service,
　　Road Station Hachioji City Takiyama
4─ピルフィーノ／Body Soap
　　ad.,d.& il.西島幸子
　　d.中村 久
　　cl.エックスワン／X-one

3

4

Nishimura Design Office
http://www.ndo.co.jp/

ニシムラデザインオフィス

〒162-0824 東京都新宿区揚場町2-12-501
Tel.03-5228-3935 Fax.03-3269-5351
e-mail:nishimura@ndo.co.jp

西村英明　Nishimura Hideaki

代表取締役アートディレクター。桑沢デザイン研究所
L3PK卒業、1992年オフィス設立。

原田みのり　Harada Minori

1966年6月20日生まれ。1986年桑沢デザイン研究所
卒業。

渡邊 大 Watanabe Dai

1979年5月3日生まれ。2001年桑沢デザイン研究所
卒業。

1─スタイリッシュグロス／Cosmetics
　　d.渡邊 大
　　cl.ニベア花王／Nivea-Kao
2─ウォータリングリップ／Lip Balm
　　d.原田みのり
　　cl.ニベア花王／Nivea-Kao

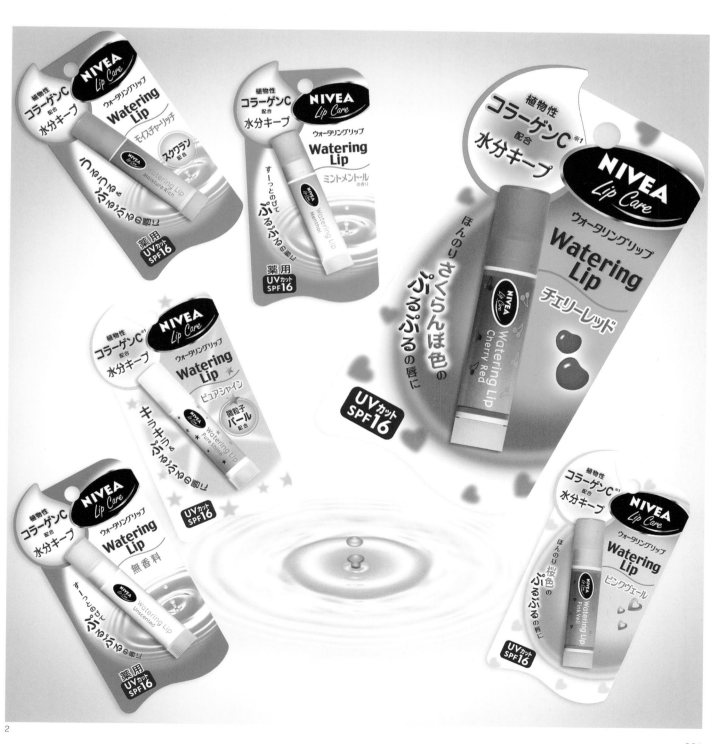

3—酵素ローション／Skin Care Products
　　d.光畑晃人
　　cl.セブンツーセブン／Seven Two Seven
4—ニベアヴィタル／Skin Care Products
　　d.大竹夕子
　　cl.ニベア花王／Nivea-Kao

3—酵素ローション／Skin Care Products
　　d.光畑晃人
　　cl.セブンツーセブン／Seven Two Seven

Newthink
e-mail:info@newthink.co.jp

ニュー・シンク

〒160-0011 東京都新宿区若葉1-10 若葉110ビル
Tel.03-3353-1831　Fax.03-3353-1892

窪田仁志　Kubota Hitoshi

1―Dr.ビーン／Chocolate
　　ad.窪田仁志
　　cl.ネスレコンフェクショナリー／
　　Nestlé Confectionery
2―ネスレ キットカット／Chocolate
　　ad.窪田仁志
　　d.山口理司、吉木陽子、武田春菜
　　cl.ネスレコンフェクショナリー／
　　Nestlé Confectionery

1

2

3

3—ネスレ エアロ／Chocolate
　　ad.窪田仁志
　　d. 堤 勲
　　cl.ネスレコンフェクショナリー／
　　Nestlé Confectionery
4—ドールジュース／Juice
　　ad.窪田仁志
　　d. 間島 光、堤 勲
　　cl.日本ミルクコミュニティ／
　　Nippon Milk Community
5—カップめん／Instant Noodles
　　ad.窪田仁志
　　d. 間島 光、上諸あづさ
　　cl.東洋水産／Toyo Suisan Kaisha
6—タピオカゼリー／Drink
　　ad.窪田仁志
　　d. 間島 光
　　cl.アサヒフードアンドヘルスケア／
　　Asahi Food & Healthcare

NIRE
e-mail:imai104@quartz.ocn.ne.jp

ニレ

〒939-2721 富山県富山市婦中町板倉777-1
Tel.076-466-5011　Fax.076-466-5035

今井敏之　Imai Toshiyuki

1954年10月14日生まれ。ジャパンパッケージングコ
ンペティションパッケージデザイン展和菓子部門賞、
食品部門賞受賞。北陸の富山県は、自然に恵まれ、四
季を通じて美味しい珍味が味わえます。私も、全国に
発信できるようなパッケージデザインを創造してい
きたいと思っております。

1—雪蓮華／Skin Care Products
　　ad.& d.今井敏之
　　cl.ウメケン／Umeken
2—ランドリーアップ／
　　Detergent, Fabric Softner
　　ad.& d.今井敏之
　　cl.渋谷油脂／Shibuya

1

2

EBISAIKA

A real extravagance fills our hearts
with peace. The traditional
taste has been observed.

海老彩菓

尾張桂新堂本舗

1

Niwa Tetsuo
e-mail : niwa-design@violin.ocn.ne.jp

丹羽哲男

丹羽デザイン事務所／Niwa Design Office
〒461-0005 愛知県名古屋市東区東桜1-4-32
ダイアパレス栄公園205
Tel.052-961-0136 Fax.052-961-0430

1960年7月6日生まれ。

1―海老彩菓／Rice Cracker
　　ad.& d.丹羽哲男
　　const.伊藤譲一
　　cd.井口彰二
　　cl.尾張桂新堂本舗／Owari Keishindo Honpo
2―生チョコムース／Chocolate Mousse
　　ad.& d.丹羽哲男
　　cd.ベル・シャポー商品企画部
　　cl.ベル・シャポー／Belle・Chapeau

Chocolat De Misso

なめらかなくちどけ、さっぱりと美味しい、生チョコムース

別添 カシスソース入り

名古屋限定 八丁みそ入り

味噌とチョコの初めての融合

2

Nogami Shuichi
http://www013.upp.so-net.ne.jp/Nogami-Design/

野上周一

野上デザイン事務所／Nogami Design Office
〒532-0011 大阪府大阪市淀川区西中島5-7-14-103
大京ビル1F
Tel.06-6300-1009 Fax.06-6300-1041
e-mail: ndo@kf6.so-net.ne.jp

1954年6月13日生まれ。1995年野上デザイン事務所設立。89年ノイエ・ザムルング・ミュンヘンにポスター・コレクション。91年ニューヨークTDCポスター部門JUDGE'S CHOICE受賞。95年日本パッケージデザイン大賞銀賞受賞。2002年日本産業広告総合展カレンダー部門銀賞受賞。N.Y.ADC、N.Y.TDC、GRAPHIS、Digital Type等に入賞及び作品収録。JPDA会員。JTA会員。JAGDA会員。東京TDC会員。N.Y.ADC会員。N.Y.TDC会員。

1— Atelier La Graine 花器パッケージ／Flower Vase
　ad.,d.& lo.野上周一
　cl.アトリエ・ラ・グレン／Atelier La Graine
2— Atelier La Graine ペーパーバッグ／Paper Bag
　ad.,d.& lo.野上周一
　cl.アトリエ・ラ・グレン／Atelier La Graine
3—ナンパオ源気DX-㊙／Nutritive Drink
　cd.佐々木順治　ad.土橋俊介　ad.& d.野上周一
　cl.田辺三菱製薬／Mitsubishi Tanabe Pharma
4—ナンパオ源気ゴールド／Nutritive Drink
　cd.佐々木順治　ad.土橋俊介　ad.& d.野上周一
　cl.田辺三菱製薬／Mitsubishi Tanabe Pharma
5—ラ クール／Chocolate
　cd.竹内泰雄　ad.& d.野上周一
　cl.江崎グリコ／Ezaki Glico

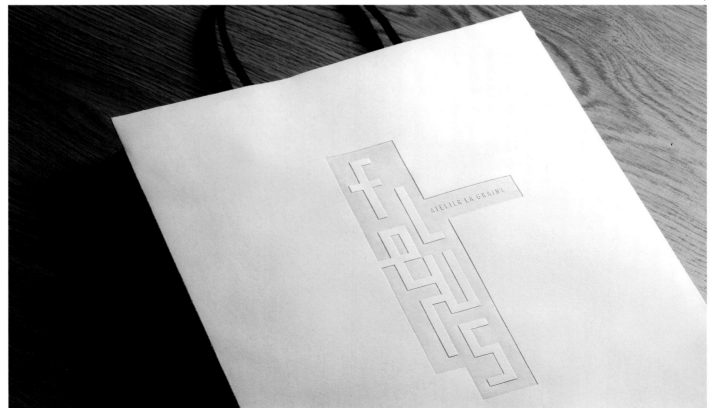

3

4

5

Baus
http://www.baus.jp

バウス

〒162-0824 東京都新宿区揚場町2-12
セントラルコーポラス310
Tel.03-3235-0446　Fax.03-3235-0447
e-mail:b-a-u-s@zc4.so-net.ne.jp

1—極旨！スープ茶づけ／Seasoning
　ad.南部圭一（凸版印刷）
　d.& ca.井上 直
　cl.永谷園／Nagatanien
2—野菜のたれ／Dressing
　ad.,d.& ca.平間仁志
　cl.理研ビタミン／Riken Vitamin
3—だし名人／Seasoning
　ad.,d.& ca.井上 直
　cl.理研ビタミン／Riken Vitamin
4—ぐみ、キャンディ／Candy
　ad.,d.& ca.井上 直
　il.平間仁志
　cl.カンロ／Kanro
5—珈琲たいむ／Coffee
　ad.& d.井上 直
　cl.ヤクルト本社／Yakult Honsha
6—逸品中華／Seasoning
　ad.,d.,ca.& il.井上 直
　cl.理研ビタミン／Riken Vitamin
7—胡麻づくし／Dressing
　ad.& d.加藤良枝
　cl.理研ビタミン／Riken Vitamin
8—即席カップ麺／Instant Noodles
　ad.福井政弘（凸版印刷）
　d.井上 直
　cl.明星食品／Myojo Foods
9—生タイプギフト／Gift Box
　ad.福井政弘（凸版印刷）
　d.加藤良枝
　d.& ca.井上 直
　cl.永谷園／Nagatanien
10—料亭のおもてなし／Gift Box
　ad.福井政弘（凸版印刷）
　d.加藤良枝
　cl.永谷園／Nagatanien
11—永谷園ギフトセット／Gift Box
　ad.福井政弘（凸版印刷）
　d.井上 直
　cl.永谷園／Nagatanien
12—わかめバンザイ！／Seasoning
　ad.福井政弘（凸版印刷）
　d.加藤良枝
　cl.永谷園／Nagatanien

平間仁志　Hirama Hitoshi

1942年8月1日生まれ。

井上 直　Inoue Tadashi

1967年10月15日生まれ。

2

1

3

加藤良枝　Kato Yoshie

1971年1月21日生まれ。

4

5

6

7

8

9

10

11

12

Hasegawa Hideo
http://www.atp-ltd.co.jp

長谷川日出夫
エーティーピー／ATP
〒151-0064 東京都渋谷区上原2-38-11
ヴィラ代々木上原1F
Tel.03-3468-0055　Fax.03-3468-2277

1950年12月5日生まれ。エーティーピーはタイムリーに売れるデザインを提案しております。コアなるコンセプトのもとに、幅広いジャンルで質の高い、記憶に残る商品開発を常に心掛けております。ジャパンパッケージングコンペティション食品部門賞、洋菓子部門賞、日本印刷工業会長賞、一般雑貨部門賞、贈答部門賞受賞。

1— 是養生／Supplement
　　cd.長谷川日出夫
　　d.吉澤麻由、伊藤貴子
　　cl.Kumiアンチエイジング・ラボ／
　　Kumi Antiaging・Labo
2— 一期一会桐箱／Wood Box
　　ad.& d.長谷川日出夫
　　cl.衣川　窯／Kinukawa Art Studio
3— 鍋の素／Seasoning
　　ad.長谷川日出夫
　　d.村松由貴
　　pr.A to B
　　pl.エバラ食品工業商品開発部
　　cl.エバラ食品工業／Ebara Foods Industry
4— MILO／Malt Drink
　　cd.長谷川日出夫
　　ad.須田清次
　　d.村松由貴
　　cl.ネスレ日本／Nestlé Japan

293

Hasegawa Showichi

長谷川晶一

長谷川晶一デザイン事務所／
Hasegawa Showichi Design Studio
〒541-0046 大阪府大阪市中央区平野町4-6-12
Tel.& Fax. 06-6231-6372

フルーツ
レタリングのないパッケージ
宇宙をも内実したデザイン
五感が共鳴する想像の悦び
この普遍的なパッケージ
抽象という概念で試みるマイワークス

Fruit Design describing the universe
Does not require words
Ecstasy of imagination with all senses excited
This universal package
Is part of my abstract works

Hada Tomoko
http://www.viento.net

秦 智子

ビエント フォトグラフィア／Viento Fotografia
〒542-0012 大阪府大阪市中央区谷町8-1-60
ニチエイビル1F
Tel.06-6764-9533 Fax.06-6764-9534
e-mail:hada@viento.net

コストや環境問題など、日々厳しくなるデザイン条件の
中で、心の琴線にふれるパッケージを目指しています。

1─嵯峨のひな遊びセット／Rice Cracker
　　d.秦 智子
　　cl.京都嵯峨春秋庵／Kyoto Saga Syunjuan
2─あせ葉寿司／Sushi
　　ad.,d.,il.& ca.秦 智子
　　cl.笹一／Sasaichi

1

秦 智子

2

Hachiuma Mihoko
e-mail : creer@mocha.ocn.ne.jp

はちうまみほこ
オフィス・エム／office,m
〒780-0822 高知県高知市はりまや町3-5-16 2F-201
Tel. & Fax.088-803-8107

武蔵野美術大学造形学部油絵学科卒業。1999年日本パッケージデザイン大賞特別賞、1998年、2006年ジャパンパッケージングコンペティション和菓子部門賞受賞。最近は売るためのトータルな仕掛けのお仕事が増えました。商品企画に始まって、パッケージ、販促、広告、HPまで同じ目線で取り組むことのできる幸せに感謝。

1─ 美丈夫 しゅわっ!!／Sake
　　ad.& d.はちうまみほこ
　　cl.濵川商店／Hamakawa Brewery
2─ 日の菓 アイスギフト／Ice Cream
　　pl.,ad.& d.はちうまみほこ
　　cl.松崎冷菓工業／Matsusaki
3─ それいゆ アイスもなか／Ice Cream
　　pl.,ad.& d.はちうまみほこ
　　cl.松崎冷菓工業／Matsusaki

1

2

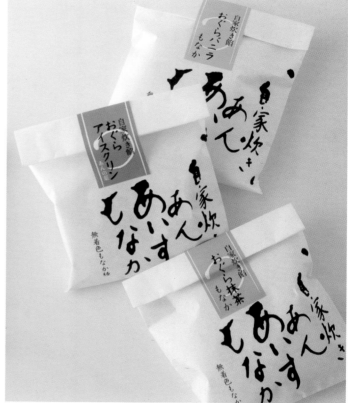

3

Hachida Takayuki Design Office
e-mail:hattchi@mac.com

八田隆幸デザイン事務所

〒562-0033 大阪府箕面市今宮4-2-2
Tel.072-743-7683 Fax.072-728-4090

八田隆幸　Hachida Takayuki

1957年12月17日生まれ。79年インターナショナル美
術専門学校卒業。同年アイ工房入社。91年八田隆幸デ
ザイン事務所設立。

1―グーバーム／Confectionery
　　ad.& d.八田隆幸
　　cl.オ・タンプル・デュ・グウ／
　　Au Temple Du Gout
2―素材フェースローション／Skin Care Products
　　ad.& d.八田隆幸
　　cl.マンダム／Mandom
3―ぽんち揚／Rice Snack
　　ad.& d.八田隆幸
　　cl.ぽんち／Bonchi

1

2

3

1

Hal Design
http://www.hal.co.jp

ハルデザイン

〒158-0094 東京都世田谷区玉川2-14-7
ツインシティーS・2F
Tel.03-5491-2912　Fax.03-5491-2913
e-mail:info@hal.co.jp

田中秀樹　Tanaka Hideki

1957年10月31日生まれ。多摩美術大学デザイン科プ
ロダクトデザイン卒業。GKインダストリアルデザイ
ン研究所を経て、1988年ハルデザインを設立。

1─カネボウ コフレドール／Cosmetics
　　cd.前田 尚（フロムコミュニケーションズ）
　　d.田中秀樹、黒岩智恵子、小澤由紀、細貝真義
　　cl.カネボウ化粧品／Kanebo Cosmetics
2─四葩 マスク、あぶらとり紙／
　　Skin Care Products
　　cd.三木慎也（四葩）
　　ad.田中秀樹　d.秋山茂子
　　cl.鎌倉四葩／Yohira
3─カルビー ピザポテト、チーズポテト／Snack
　　cd.竹中 淨（電通）　d.黒岩智恵子
　　cl.カルビー／Calbee Foods
4─Obagi ダーマフォースX／Beauty Products
　　cd.本美洋樹（エイチ・ツー）
　　d.小澤由紀、加藤郁恵
　　cl.ロート製薬／Rohto Pharmaceutical

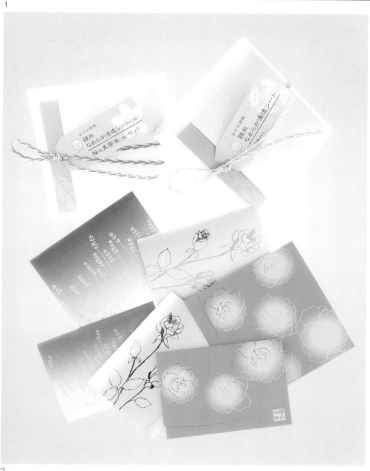

2

3

4

Padrum
e-mail：padrum@za2.so-net.ne.jp

パドラム

〒106-0031 東京都港区西麻布3-2-40
麻布タウンハウス402
Tel.03-3470-6884　Fax.03-3470-6093

受賞歴として、1985年パッケージング展洋菓子部門賞、
86年パッケージング展一般飲料部門賞、89年パッケージ
ング展菓子部門賞。91年日本のパッケージデザイン入賞。
99年パッケージング展洋菓子部門賞、03年パッケージン
グ展洋菓子部門賞、05年パッケージング展日本印刷産業
連合会長賞。

中村直行　Nakamura Naoyuki

1951年1月9日生まれ。1973年多摩美術大学グラフィ
ックデザイン科卒業。

進藤明日香　Shindo Asuka

1980年6月9日生まれ。2002年桑沢デザイン研究所卒
業。03年パドラム入社。

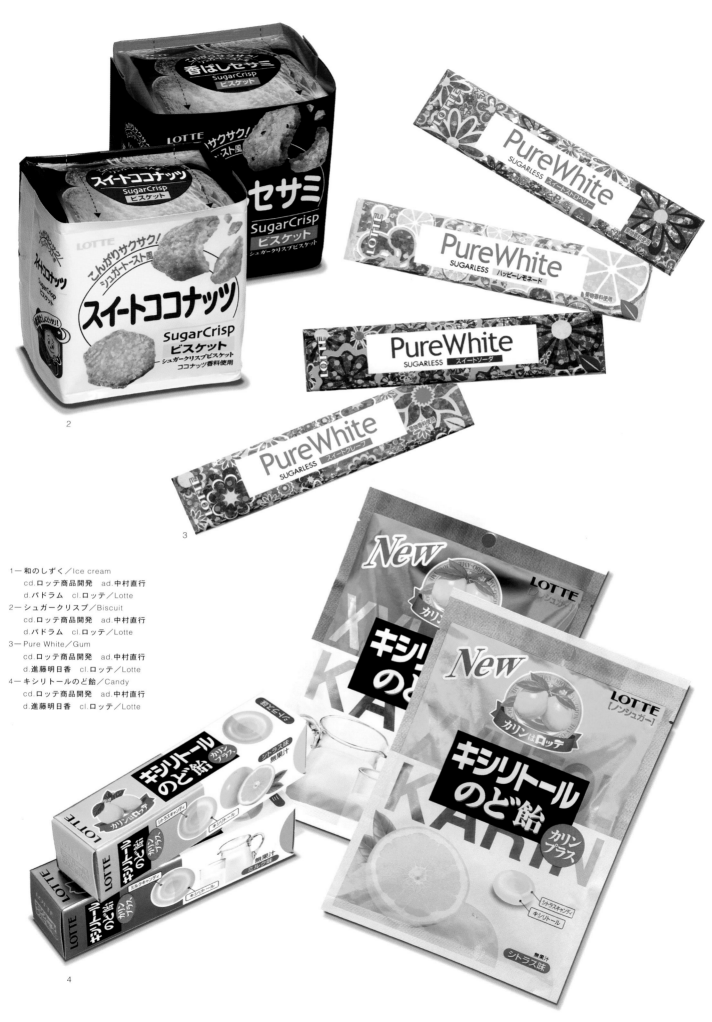

1ー和のしずく／Ice cream
　　cd.ロッテ商品開発　ad.中村直行
　　d.パドラム　cl.ロッテ／Lotte
2ーシュガークリスプ／Biscuit
　　cd.ロッテ商品開発　ad.中村直行
　　d.パドラム　cl.ロッテ／Lotte
3ー Pure White／Gum
　　cd.ロッテ商品開発　ad.中村直行
　　d.進藤明日香　cl.ロッテ／Lotte
4ーキシリトールのど飴／Candy
　　cd.ロッテ商品開発　ad.中村直行
　　d.進藤明日香　cl.ロッテ／Lotte

Hanaoka Design Associates
http://www.hanaokadesign.com/

ハナオカデザインアソシエイツ

〒160-0004 東京都新宿区四谷1-20-2 佳作ビル6F
Tel.03-3356-4770 Fax.03-3356-4773
e-mail:hana@hanaokadesign.com

1─フルーツガム／Gum
　　ad.凸版印刷
　　d.ハナオカデザインアソシエイツ
　　cl.ロッテ／Lotte
2─クランキーチョコレート／Chocolate
　　ad.凸版印刷
　　d.ハナオカデザインアソシエイツ
　　cl.ロッテ／Lotte
3─U.F.O.／Instant Noodles
　　ad.凸版印刷
　　d.ハナオカデザインアソシエイツ
　　cl.日清食品／Nissin Food Products
4─マカダミア・アーモンドチョコレート／Chocolate
　　ad.凸版印刷
　　d.ハナオカデザインアソシエイツ
　　cl.ロッテ／Lotte
5─THE COFFEE／Coffee
　　ad.花岡 学
　　d.ハナオカデザインアソシエイツ
　　cl.UCC上島珈琲／UCC Ueshima Coffee

1

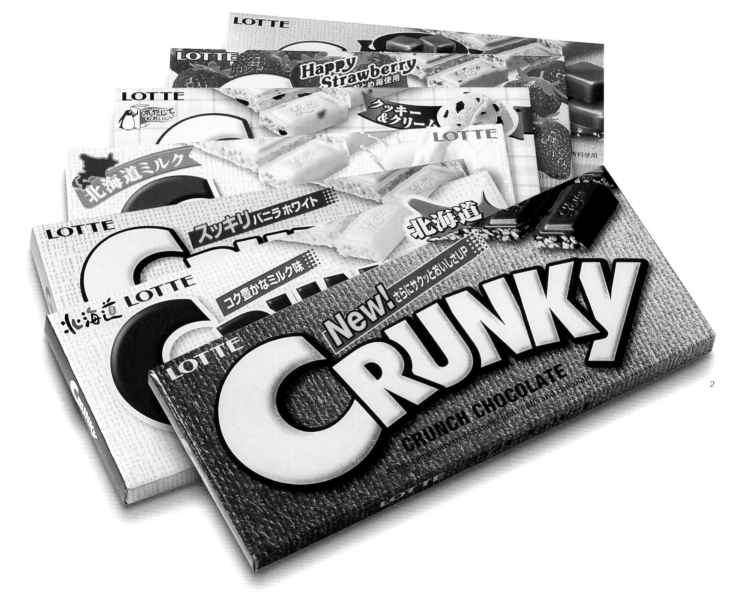

2

花岡 学　Hanaoka Manabu

1958年5月20日生まれ。1985年サンフランシスコ美
術大学大学院卒業。91年ハナオカデザイン設立。

町田 泰　Machida Yasushi

1969年11月5日生まれ。1994年多摩美術大学グラフ
ィックデザイン科卒業。98年ハナオカデザイン入社。

須永優花　Sunaga Yuka

1978年5月14日生まれ。2001年多摩美術大学グラフ
ィックデザイン科卒業。同年ハナオカデザイン入社。

3

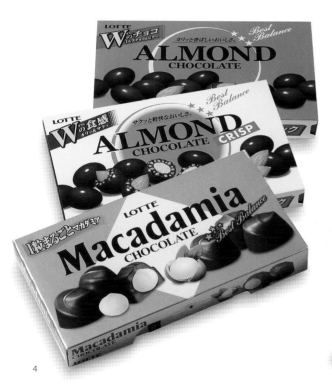

4

5

Public Design Works
e-mail:design@pdw.co.jp

パブリックデザインワークス

〒451-0045 愛知県名古屋市西区名駅2-23-14 VIA141
Tel.052-561-5577 Fax.052-561-6677

三浦正紀　Miura Masanori

1940年5月25日生まれ。

林 たかし　Hayashi Takashi

1950年8月8日生まれ。

2

3

4

5

Handfast
e-mail:handfast@zb3.so-net.ne.jp

ハンドファスト

〒150-0001 東京都渋谷区神宮前1-19-8
原宿ファミリー301,302,303
Tel.03-3405-6369　Fax.03-3405-6501

遠藤紀雄　Endo Norio

1940年10月9日生まれ。東京芸術大学美術学部工芸科VD卒業。ポーラ化粧品意匠研究所を経て、1972年ハンドファスト設立、現在に至る。

三輪万寿夫　Miwa Masuo

1963年11月11日生まれ。1987年愛知県立芸術大学美術学部卒業、同年ポーラ化粧品デザイン研究所入社、95年ハンドファスト入社、現在に至る。

2

3

4

5

6

8

7

9

10

11

12

13

Bando Isao
http://www.pokerface-photo.com

阪東 勲

Bandox Box
〒542-0081 大阪府大阪市中央区南船場4-10-20
グランドメゾン西心斎橋710
Tel.& Fax.06-6251-0518
e-mail:bandox@abox4.so-net.ne.jp

JPDA協会展奨励賞。PDCインターナショナルデザインコ
ンペ入賞、デザインけっさく大賞展優秀賞。シンボルキャ
ラクターデザインコンペ(1988年奈良シルクロード博佳
作、世界デザイン博佳作、1990年大阪花の万博優秀賞)。
東急リバブル「フォトエッセイ」入賞。大阪工芸協会シン
ボルマーク、大丸百貨店のポイントカードのデザイン他。
写真集『POKER FACE』がイタリア、アメリカの雑誌にと
りあげられ、大阪編が産経新聞に152回掲載される。変幻
自在の『ぱたんこパタンコ』が絵本コンクールで入賞。
2006年堺市芸術文化イベント「自遊空間SAKAI」の企画
コンペで入賞し、総合プロデューサーを務める。

1— ぱたんこパタンコ／Picture Book
    ad.Bandox d.阪東 勲
    cl.Bandox
2— ホワイトハートブック／Picture Book
    ad.Bandox d.阪東 勲 il.三枝奈保美
    cl.Bandox
3— フクロウ／Package
    ad.Bandox d.阪東 勲
    cl.リョウエイ／Ryoei
4— 朧月夜の宴／Package
    ad.Bandox d.阪東 勲
    cl.リョウエイ／Ryoei

1

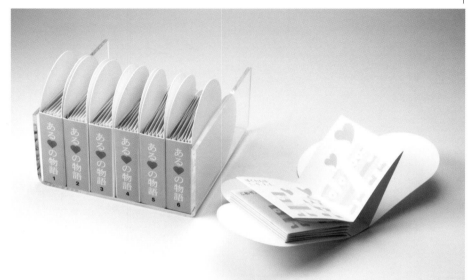

2

3

4

1

Hirao Tomoko
e-mail : studio_tsukigumi@za.pial.jp

平尾朋子
スタジオ月組／Studio Tsukigumi
〒112-0003 東京都文京区春日1-3-1-709
Tel.& Fax.03-3812-7608

多摩美術大学デザイン学科卒業。味の素にてパッケージデザイン、広告・SPの企画制作、商品開発に携わる。2005年からフリーランスとして活動。日々の暮らしを楽しくハッピーにするデザインを心がける。仕事の他には、料理すること、食べること、旅、ガーデニングに情熱を注ぐ。

1—ヤマサ有機つゆ／Seasoning
   ad.& d.平尾朋子
   ca.木島杏子
   cl.ヤマサ醤油／Yamasa
2—ヤマサ昆布だしのよせ鍋つゆ／Seasoning
   ad.& d.平尾朋子
   ca.木島杏子
   cl.ヤマサ醤油／Yamasa

2

Hirano Yoshio
e-mail:ipce-net@db3.so-net.ne.jp

平野吉雄

イプス・デザインズ／Ipce Designs
〒113-0022 東京都文京区千駄木3-28-7-205
Tel.03-3827-5239　Fax.03-3827-5329

1

1955年11月26日生まれ。主な作品は、トンボ鉛筆
「MONO消しゴム」、ケンウッド「デジタルヘッドホーン
EX」、日清フーズ「讃岐うどんシリーズ」。桑沢デザイン研
究所特任教員。

1―カロリーバランスフード／Balanced Food
　　ad.平野吉雄　　d.イプス・デザインズ
　　cl.桑沢デザイン研究所／Kuwasawa Design School
2―フレアストーム／Rubber
　　cd.岡田 満　　ad.平野吉雄
　　d.イプス・デザインズ
　　cl.タマス／Tamasu
3―讃岐うどんシリーズ／Noodles
　　ad.平野吉雄　　d.イプス・デザインズ
　　cl.サミット／Summit
4―パスタソース／Pasta Sauce
　　ad.平野吉雄
　　d.イプス・デザインズ
　　cl.桑沢デザイン研究所／
　　Kuwasawa Design School

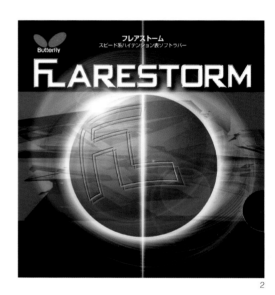

2

3

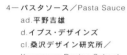

4

1

Hirotani Ryuji
e-mail : aad@gaea.ocn.ne.jp

広谷龍児

ァァ デザイン事務所／Aa Design Office
〒550-0014 大阪府大阪市西区北堀江1-1-7-402
四ツ橋日生ビル4F
Tel.06-6538-8911 Fax.06-6538-8933

1964年2月12日生まれ。1984年大阪デザイナー専門学校
卒業。86年ユウ・デザイン事務所入社。2002年ァァデザイ
ン事務所設立。

1一 種／Exhibition Work
　　　d.広谷龍児
2一 シャノンマーレ／Tea, Supplement
　　　d.広谷龍児
　　　cl.風の音舎／Kazenootosha

2

Hiramoto Katsuhiko Design Room

平本勝彦デザイン室

〒173-0004 東京都板橋区板橋1-53-15
メゾン新板橋1103
Tel.03-3962-4438 Fax.03-3962-4481

1ーぐるめめぐり198シリーズ／Cooked Foods
　ad.平本勝彦
　d.藤本 泰、石井浩一
　cl.日本生活協同組合連合会／Co·op
2　つぶみそ、こしみそ／Miso
　ad.平本勝彦
　d.藤本 泰
　cl.日本生活協同組合連合会／Co·op
3　えいひれ軟骨揚げ／Tidbit
　ad.平本勝彦
　d.藤本 泰
　cl.日本生活協同組合連合会／Co·op
4ーぐるめめぐり298シリーズ／Cooked Foods
　ad.平本勝彦
　d.石井浩一
　cl.日本生活協同組合連合会／Co·op

平本勝彦　Hiramoto Katsuhiko

1944年10月25日生まれ。日本大学芸術学部美術学科
卒業。平本勝彦デザイン室主宰。

石井浩一　Ishii Koichi

1957年10月4日生まれ。明治学院大学卒業。日本デザ
イナー学院卒業。

藤本 泰　Fujimoto Yasushi

1964年4月15日生まれ。日本デザイナー学院卒業。

2

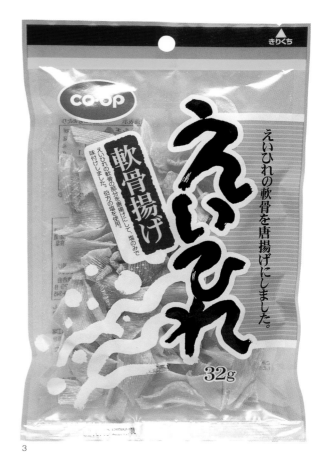

えいひれの軟骨を唐揚げにしました。

えいひれ

軟骨揚げ

えいひれの軟骨の部分を唐揚げにして、塩のみで味付けしました。伯方の塩を使用

32g

3

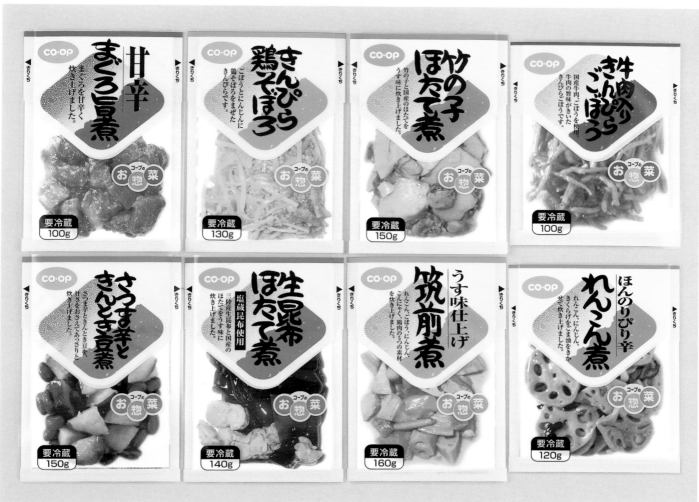

甘辛
まぐろ三豆煮
まぐろを甘辛く炊き上げました。
お惣菜
要冷蔵
100g

きんぴら鶏そぼろ
ごぼうとにんじんに鶏そぼろをまぜたきんぴらです。
お惣菜
要冷蔵
130g

竹の子
ほたて煮
竹の子と国産のほたてを、うす味に炊き上げました。
お惣菜
要冷蔵
150g

牛肉入り
きんぴらごぼう
国産牛肉、ごぼうを使用。牛肉の旨味がきいたきんぴらごぼうです。
お惣菜
要冷蔵
100g

さつま芋ときんとき豆煮
さつま芋ときんとき豆を甘さをおさえてあっさりと炊き上げました。
お惣菜
要冷蔵
150g

生昆布ほたて煮
塩蔵昆布使用
三陸産生昆布と国産のほたてをうす味に炊き上げました。
お惣菜
要冷蔵
140g

うす味仕上げ
筑前煮
れんこん、ごぼう、にんじん、こんにゃく、鶏肉の五つの素材を炊き上げました。
お惣菜
要冷蔵
160g

ほんのりぴり辛
れんこん煮
れんこん、にんじん、きくらげをごま油をきかせて炊き上げました。
お惣菜
要冷蔵
120g

4

Fundament Design
http://www.fmd-web.com

ファンダメントデザイン

〒101-0021 東京都千代田区外神田5-5-12 高樹ビル3F
Tel.03-5807-6881 Fax.03-5807-6882
e-mail:fmd@gol.com

一森孔明　Ichimori Komei

1960年10月12日生まれ。パッケージデザイン、VI、ブランドデザイン開発展開、他グラフィックデザイン。ネーミング開発。

1　ノンシュガー キシリCのど飴／Candy
　　pl.カンロ
　　ad.一森孔明
　　d.加納亜希子、高田奈生子
　　cl.カンロ／Kanro
2　北海道物語／Ham
　　pr.棚木真理
　　ad.一森孔明
　　d.高田奈生子
　　ca.木島杏子
　　cl.丸大食品／Marudai Food
3　Soup STYLE／Soup
　　pr.棚木真理
　　ad.一森孔明
　　d.加納亜希子
　　cl.丸大食品／Marudai Food

1

2

Fujinsha
e-mail:kanokaze@h5.dion.ne.jp

風人舎

〒607-8084 京都府京都市山科区竹鼻立原町3
磨瑠弥マンション304
Tel.075-501-4965 Fax.075-502-3918

水谷光明　Mizutani Mitsuaki

1943年2月26日生まれ。"見えないモノをカタチにする""想いをカタチにする"いわばプロデュースデザインと云う概念が必要な時代になっている。それはあらゆる「社会課題」を直視し少しでも発展方向に向かう「元気づくり」ではないかと思う。「人どこからきて何もので何処へゆくのか」自らのモノ創りの想いを次世代へつなぐために―「種を蒔く時に種を蒔く」そして、後は風と土が芽ぶかせ鳥や蜂が遊ぶ、きっと花を咲かせてくれるだろう。

1─こだわり 近江米（マイ）めん／Noodles
　　cd.& ad.水谷光明　d.松田寛子、村上尚子
　　il.野村 玲　ca.白玖弘美
　　cl.甲賀もち工房／Kouka moti-koubou
2─大商い／Japanese Confectionery
　　cd.,ad.,copy.& lo.水谷光明
　　d.駒嵐俊二　ca.牛丸好一
　　cl.宝橘／Houkitsu
3─迎春菓 花の春、晴れやか／
　　Japanese Confectionery
　　cd.,ad.,pl.& n.水谷光明
　　d.村上尚子、八木裕二
　　p.松尾高宏（スタジオit's）
　　ca.牛丸好一
　　cl.若菜屋／Wakanaya

3

Forme Design Office
http://www.forme-design-office.co.jp/

フォルムデザインオフィス

〒540-0003 大阪府大阪市中央区森ノ宮中央1-14-17
ICB森ノ宮ビル901
Tel.06-6945-0580　Fax.06-6941-3965
e-mail:info@forme-design-office.co.jp

フォルムデザインオフィス

平井宥子　Hirai Yuko

7月2日生まれ。1976年フォルムデザインオフィス設立。プレステージの高い化粧品から、国内外用セルフ化粧品まで、コスメティックのプロダクツ・グラフィックデザイン開発を中心に行なってきた。面白く、難しく楽しくて、ワクワクするうれしい仕事である。日本パッケージデザイン展化粧品部門賞3回、クリオアウォードクリオ賞、同入賞4回、PDCゴールドアウォード入賞4回、ロンドン国際広告賞入賞など。

野村るり子　Nomura Ruriko

7月21日生まれ。1980年フォルムデザインオフィス入社。日本パッケージデザイン展化粧品部門賞、クリオアウォードクリオ賞、同入賞。PDCゴールドアウォード入賞、ロンドン国際広告賞入賞など。

藤原数基 Fujiwara Kazuki

8月2日生まれ。1995年フォルムデザインオフィス入社。日本パッケージデザイン展化粧品部門賞、ロンドン国際広告賞入賞。

1—SK-Ⅱ／Ageing Care Product
　　d.フォルムデザインオフィス、藤原数基、平井宥子
　　lo.P＆Gマックスファクター
　　cl.プロクター・アンド・ギャンブル・ジャパン／
　　Procter＆Gamble Japan
2—Pucelle Magical Cologne／Perfume
　　d.フォルムデザインオフィス、野村るり子、平井宥子
　　cl.マンダム／Mandom
3—Talens Petit Color／Compact Sketch Set
　　d.フォルムデザインオフィス、藤原数基、平井宥子
　　cl.ターレンスジャパン／Talens
4—Espiè／Decoration Pen
　　d.フォルムデザインオフィス、野村るり子、平井宥子
　　cl.サクラクレパス／Sakura Color Products
5—Lumisheer Salon System／Hair Care Products
　　d.フォルムデザインオフィス、野村るり子、平井宥子
　　cl.ピアセラボ／Piacelabo
6—Baby Veil／Hair Fragrance
　　d.フォルムデザインオフィス、野村るり子、平井宥子
　　cl.マンダム／Mandom
7—零盃／Sake-cup
　　d.平井宥子、藤原数基

8—MIRATONE／Hair Color
　　d.フォルムデザインオフィス、
　　野村るり子、吉次智鶴、平井宥子
　　cl.マンダム／Mandom
9—SK-Ⅱ／UV-Care, Moisture Care Products
　　d.フォルムデザインオフィス、藤原数基、平井宥子
　　lo.P＆Gマックスファクター
　　cl.プロクター・アンド・ギャンブル・ジャパン／
　　Procter＆Gamble Japan
10—MITSUKOSHI ELEGANCE／Body Soap Set
　　d.フォルムデザインオフィス、
　　野村るり子、吉次智鶴、平井宥子
　　cl.クロバーコーポレーション／
　　Clover Corporation
11—RELENT EXCELLENT GOLD PACT／Compact
　　d.フォルムデザインオフィス、野村るり子、平井宥子
　　cl.日本リレント化粧品／Nippon Relent Cosmetics
12—illume／Skin Care Products
　　d.フォルムデザインオフィス、藤原数基、平井宥子
　　lo.P＆Gマックスファクター
　　cl.プロクター・アンド・ギャンブル・ジャパン／
　　Procter＆Gamble Japan

2

3

4

5

6

7

8

9

10

11

12

Fukushima Yasuhiro
e-mail : fvgg9400@nifty.com

福島康弘

コウベデザインセンター／Kobe Design Center
〒650-0011 兵庫県神戸市中央区下山手通5-5-16
兵庫県印刷会館3F
Tel.078-351-2666　Fax.078-351-2667

1968年8月6日生まれ。

1—香り炒り豆期間限定／Coffee
　　ad.& d.福島康弘
　　il.山田あゆみ
　　cl.UCC上島珈琲／UCC Ueshima Coffee
2—ゴールドスペシャルプレミアム／Coffee
　　ad.上田語三男
　　d.福島康弘
　　cl.UCC上島珈琲／UCC Ueshima Coffee

1

2

1

Fukumoto Koichi
e-mail:fukumoto-de@k4.dion.ne.jp

福本晃一

福本デザイン事務所／Fukumoto Design Office
〒530-0041 大阪府大阪市北区天神橋1-9-6 リリーフ502
Tel.& Fax.06-6358-3945

1968年6月3日京都市生まれ。2002年福本デザイン事務所設立。

1—プチムーンシリーズ／Sake,Liqueur
　　ad.籠谷 隆
　　d.福本晃一
　　il.村上五朗
　　cl.月桂冠／Gekkeikan Sake
2—甘口派、辛口派／Sake
　　ad.籠谷 隆
　　d.福本晃一
　　ca.寺西桃代、景山恵子
　　cl.月桂冠／Gekkeikan Sake
3—すべて米の酒／Sake
　　ad.籠谷 隆
　　d.福本晃一
　　ca.寺西桃代
　　cl.月桂冠／Gekkeikan Sake

2

3

Fujifilm Design Center

富士フイルムデザインセンター

〒106-8620 東京都港区西麻布2-26-30
Tel.03-6418-2912 Fax.03-6418-2321

1— アスタリフト／Skin Care Products
　　ad.富士フイルム
　　d.ハルデザイン
　　cl.富士フイルム／Fujifilm
2— メタバリア、オキシバリア／Supplement
　　ad.富士フイルム
　　d.ミックデザインワークス
　　cl.富士フイルム／Fujifilm
3— FUJICOLOR写ルンです／Single-use Camera
　　ad.富士フイルム
　　d.ブラビス・インターナショナル、
　　富士フイルム デザインセンター
　　cl.富士フイルム／Fujifilm
4— きれい録り デジタルシリーズ、
　　きれい録り ライトシリーズ／DVD
　　ad.富士フイルム
　　d.セルロイド
　　cl.富士フイルム／Fujifilm

1

2

3

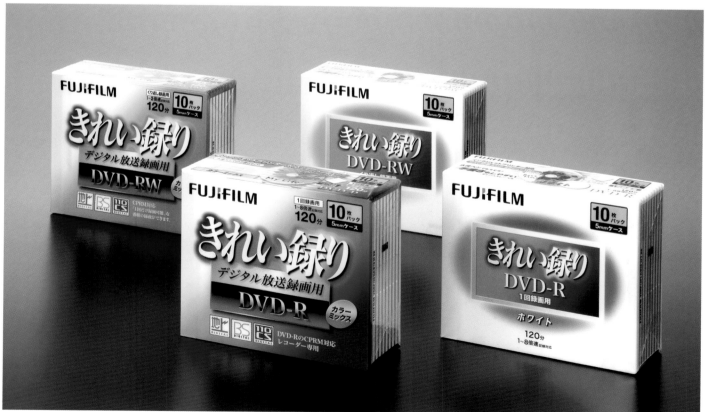

4

Plus-one
e-mail：plus-one@helen.ocn.ne.jp

プラス-ワン

〒541-0052 大阪府大阪市中央区安土町1-6-22 GM606
Tel.06-6266-4183　Fax.06-6266-0244

嵯峨山貴冨實　Sagayama Takafumi

1961年9月20日生まれ。

1—壱／T-Shirt
　　d.& lo.嵯峨山貴冨實
　　cl.屋台「壱」／Yatai・Ichi
2—Pain Wind／T-Shirt
　　d.,lo.& il.嵯峨山貴冨實
　　cl.三茶・PW／Sancha・PW
3—Exhibition Work／Original Package
　　d.嵯峨山貴冨實
4—Exhibition Work／Original Package
　　d.嵯峨山貴冨實

1

2

3

4

1

2

Planta
http://www.planta.jp

プランタ

〒153-0043 東京都目黒区東山1-15-3-21
Tel.03-3711-7299　Fax.03-3711-7360
e-mail:info@planta.jp

桑 和美　Kuwa Kazumi

東京生まれ。多摩美術大学グラフィックデザイン科卒
業。本州製紙パッケージングデザインセンターを経
て、1986年プランタデザイン事務所設立。88年プラ
ンタ設立、現在に至る。

1— 和香り／Spice
　　ad.桑 和美
　　d.髙野樹子
　　cl.ハウス食品／House Foods
2— こだわりのポポロン／Snack
　　ad.桑 和美
　　d.髙野樹子、田中優子
　　cl.明治製菓／Meiji Seika Kaisha
3— AUBE ブロッサムヴェールパウダー、ジュエリーシャ
　　ワーアイズ、ルージュティアラヴェール／Cosmetics
　　ad.桑 和美
　　d.髙野樹子
　　cl.花王／Kao

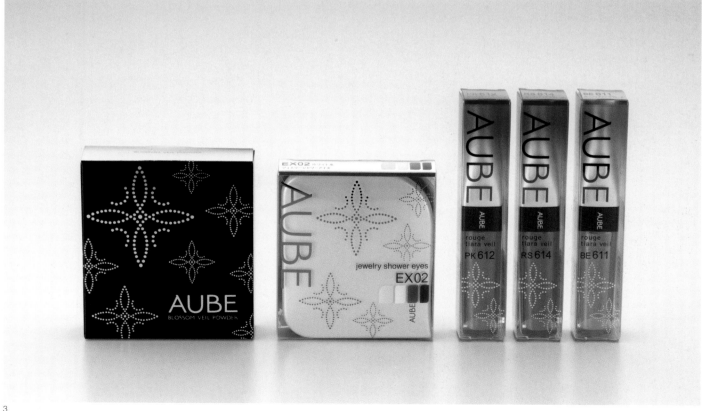

3

Bravis International
http://www.bravis.com

ブラビス・インターナショナル
〒108-0071 東京都港区白金台4-10-8
Tel.03-5789-7601 Fax.03-5789-7602

各種パッケージデザイン、CI、BI、ネーミング開発及びデザインコンサルテーション。戦略的マーケティングデザインの一環としてパッケージデザインを位置づけ、商品販売力の強化をメインテーマとして、食品、飲料、医薬品、トイレタリー、化粧品、工業製品に至るまで広範囲にデザイン活動を行なっています。

フミ・ササダ   Fumi Sasada

高村達夫   Takamura Tatsuo

海野加奈子　Umino Kanako

2

3

4

5

矢野英夫　Yano Hideo

増山晋平　Masuyama Shimpei

6

7

8

9

10

11

12

13

14

15

16

17

18

19

20

21

333

22

23

24

25

26

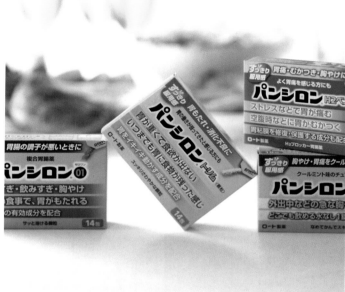

27

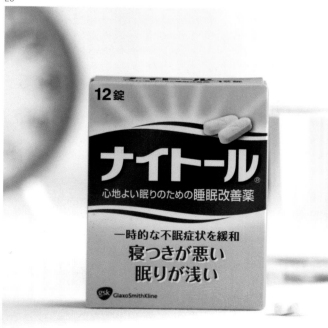

28

29

Blanc Neige
e-mail：b-neige@d9.dion.ne.jp

ブラン・ネージュ

〒151-0051 東京都渋谷区千駄ヶ谷5-21-12
代々木リビン604
Tel.03-3358-5530 Fax.03-3358-5531

玉垣 聡　Tamagaki Satoshi

1956年8月13日生まれ。

1— キシリトールウォーター／Soft Drink
　　ad.ピジョン開発本部
　　d.小磯くみ子
　　cl.ピジョン／Pigeon
2— チョコレート菓子／Chocolate
　　ad.ヤマザキナビスコマーケティング部
　　d.加藤美由紀、吉津 恵、小磯くみ子
　　cl.ヤマザキナビスコ／Yamazaki-Nabisco
3— スナック菓子／Snack
　　ad.ヤマザキナビスコマーケティング部
　　d.加藤美由紀、吉津 恵
　　cl.ヤマザキナビスコ／Yamazaki-Nabisco
4— 冷凍食品／Frozen Food
　　ad.日本製粉食品開発部
　　d.吉津 恵、小磯くみ子
　　cl.日本製粉／Nippon Flour Mills
5— 冷凍食品／Frozen Food
　　ad.ニチロ冷食チルド開発課
　　d.加藤美由紀、吉津 恵
　　cl.ニチロ／Nichiro

1

2

Basic Product
http://www.basic-product.co.jp

ベーシックプロダクト

〒700-0837 岡山県岡山市南中央町4-5
Tel.086-232-5002 Fax.086-231-2851
e-mail:info@basic-product.co.jp

時岡和雄　Tokioka Kazuo

1951年8月24日生まれ。1980年設立。各種商品デザインコンサルテーションをベースに戦略マーケティングのメインにパッケージを位置付け、商品化プランから販促までトータルでMDを手がけ、店舗デザインから商品を取り巻く環境づくりまでプロデュースを行なっている。2002ジャパンパッケージングコンペティション2部門受賞、2006JPDA貢献賞受賞。

1─秋のサングリア／Soft Drink
　　ad.時岡和雄　d.&il.子川さつき
　　d.&p.田原千恵　p.西村知恵
　　cl.オハヨー乳業／Ohayo Dairy Products
2─オレンジマンゴー／Soft Drink
　　ad.時岡和雄　d.,il.&lo.子川さつき　d.田原千恵
　　cl.オハヨー乳業／Ohayo Dairy Products
3─ピーチいちご／Soft Drink
　　ad.時岡和雄　d.,il.&lo.子川さつき　d.田原千恵
　　cl.オハヨー乳業／Ohayo Dairy Products
4─とろけるくちどけプリンシリーズ／Pudding
　　ad.時岡和雄　d.&il.子川さつき、内海千尋
　　cl.オハヨー乳業／Ohayo Dairy Products
5─美作おめかし／Liqueur
　　ad.,d.,il.,lo.&n.時岡和雄　d.重友康全
　　cl.多胡本家酒造場／Tago Brewery
6─姫田流 プレノアール姫田黒鶏／Chicken Dishes
　　ad.,d.,il.,lo.&n.時岡和雄
　　d.重友康全　il.子川さつき
　　cl.シンノウ／Shinnou

1

2

3

4

5

6

7—河口メロン 馨珠／Fruit（Dessert,Liqueur）
　cd.,ad.,d.& n.時岡和雄　d.重友康全
　cl.河口メロン農園／Kouguchi Melon Farm
8—アップルクーヘン／Cake
　ad.,d.,il.& const.時岡和雄　d.& il.西村知恵
　cl.ケーキハウス福屋／Cakehouse Fukuya
9—おかやまロール／Cake
　cd.,ad.,d.,n.& lo.時岡和雄　d.重友康全
　cl.清風庵／Seifuan

7

8

9

Benedict Creations
http://www.benedict.jp

ベネディクト

〒153-0063 東京都目黒区目黒2-11-8 バルビゾン8F
Tel.03-3492-7401　Fax.03-3492-7402
e-mail:info@benedict.jp

田川雅一　Tagawa Masakazu

1955年7月26日東京生まれ。1978年日本大学卒業。97
年4月ベネディクト設立。97年日本パッケージデザイ
ン大賞銀賞、98年日本パッケージデザイン大賞特別
賞、99年ジャパンパッケージングコンペティション
部門賞、2000年日本パッケージコンテストジャパン
スター賞、01年ジャパンパッケージングコンペティシ
ョン経済産業省局長賞、07年第1回Free＆Easyデザ
インオブザイヤー受賞。

小野達也　Ono Tatsuya

1964年1月4日生まれ。1997年4月ベネディクト設立。
95年日本パッケージデザイン大賞特別賞、99年ジャ
パンパッケージングコンペティション部門賞、2000
年日本パッケージコンテストジャパンスター賞、01
年ジャパンパッケージングコンペティション経済産
業省局長賞、07年第1回Free＆Easyデザインオブザ
イヤー受賞。

1

津島智範 Tsushima Tomonori

1975年1月3日生まれ。1996年中国デザイン専門学校卒業。同年イフカンパニー入社。2000年トーキョー鉄腕事務所入社。04年ベネディクト入社、現在に至る。07年第1回Free＆Easyデザインオブザイヤー受賞。

石川久仁雄 Ishikawa Kunio

1979年5月22日生まれ。2002年コンピュータ総合学園HALCG学科卒業。同年ベネディクト入社、現在に至る。

1— WONDA MORNING SHOT 02-07／Coffee
  ad.田川雅一
  d.小野達也、津島智範
  cl.アサヒ飲料／Asahi Soft Drinks
2— CAMEL NUTTY MENTHOL／Cigarette
  cd.都坂政彦
  ad.田川雅一、滝沢文彦
  d.小野達也
  cl.日本たばこ産業／Japan Tabacco
3— CAMEL NUTTY MENTHOL MATCH／Match
  ad.田川雅一
  d.津島智範
  cl.日本たばこ産業／Japan Tabacco

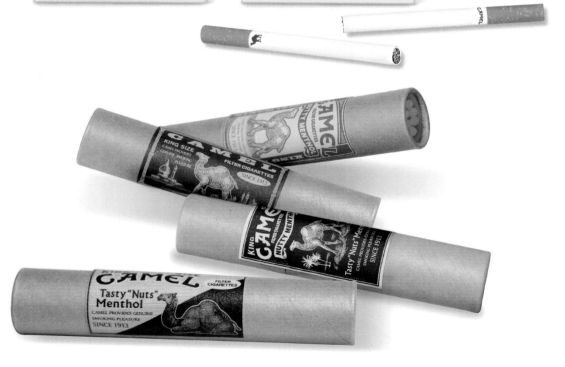

Bireley's **Orange**

5

343

Pola Chemical Industries
http://www.pola-rm.co.jp/

ポーラR&Mデザイン研究所

〒141-8523 東京都品川区西五反田2-2-3
Tel.03-3494-7129　Fax.03-3494-1758

碓井健司　Usui Takeshi

1979年愛知県立芸術大学美術学部卒業後、ポーラ化
粧品本舗宣伝部入社、1985年ポーラ化成工業意匠研
究所（現デザイン研究所）転属。現在に至る。

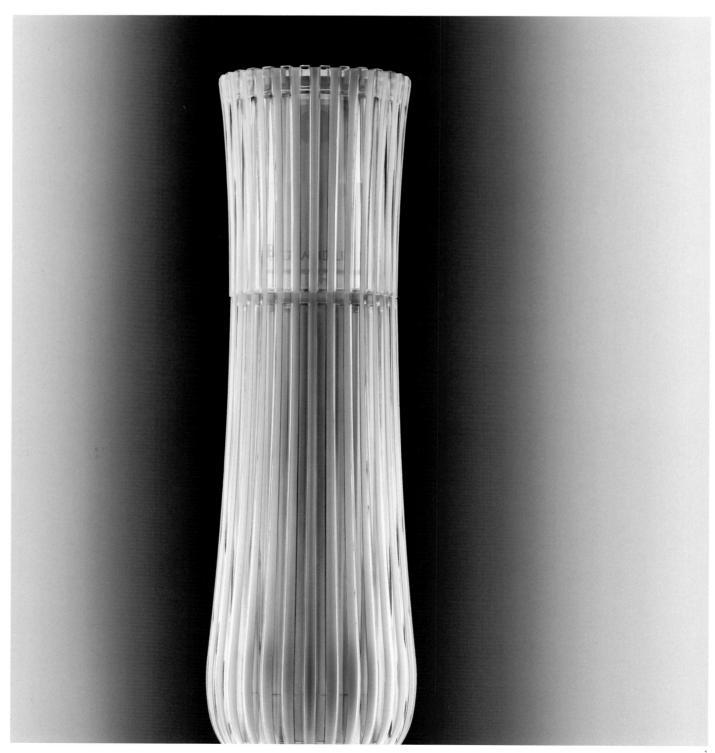

鈴木智晴 Suzuki Chiharu

1986年愛知県立芸術大学卒業。2001年ポーラ化成工業入社、現在に至る。

松井 孝 Matsui Takashi

1992年東京芸術大学美術学部卒業後、ポーラ化成工業入社、現在に至る。

白井信之 Shirai Nobuyuki

1992年多摩美術大学美術学部卒業後、ポーラ化成工業入社、現在に至る。

ポーラR&Mデザイン研究所

原田祐助 Harada Yusuke

1997年多摩美術大学美術学部卒業後、ポーラ化成工業入社、現在に至る。

渡辺有史 Watanabe Yushi

1998年東京芸術大学美術学部卒業後、ポーラ化成工業入社、現在に至る。

丸橋加奈子 Maruhashi Kanako

1999年京都市立芸術大学美術学部卒業後、ポーラ化成工業入社、現在に至る。

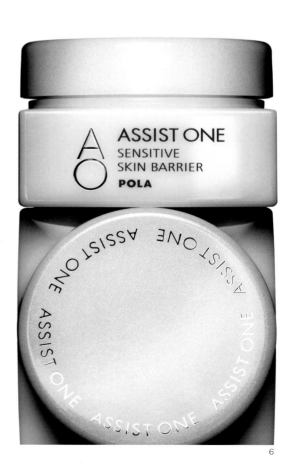

5

6

7

8

ポーラR&Mデザイン研究所

小野太士　Ono Taishi

2000年東京芸術大学美術学部卒業後、ポーラ化成工業入社、現在に至る。

伊藤兼太朗　Ito Kentaro

2002年金沢美術工芸大学大学院修士課程修了後、ポーラ化成工業入社、現在に至る。

江藤晴代　Eto Haruyo

2002年東京芸術大学大学院修士課程修了後、ポーラ化成工業入社、現在に至る。

9

11

10

12

Horii Toshimasa
e-mail:holly@ra2.so-net.ne.jp

堀井敏正

アドアンドハウリー／ADandHOLLY
〒321-0904 栃木県宇都宮市陽東5-13-34
Tel.028-660-7157　Fax.028-660-7167

パッケージは生活者に直接訴えかける大きな力を持って
いることを肝に命じ、与えられた製品の素晴らしさをい
かにアピールし、商品価値を高められ、店頭に並んだとき
に、消費者の目をひき手に取ってもらえるデザインを目
指します。生活に密着した商品のパッケージは、それ自体
が生活者の感性を刺激し、日常生活を豊かに彩れるよう
なデザインをしたいと考えます。

1—アミノレボリューション／Supplement
　　ad.堀井敏正
　　d.篠崎ひろこ
　　cl.ビューティクリエイト21／Beauty Create 21
2—日々是 納豆／Natto
　　ad.& ca.堀井敏正
　　d.篠崎ひろこ
　　cl.ヘルシーフーズワタナベ／
　　Healthy Foods Watanabe
3—大豆乃館 豆腐／Delicatessen
　　ad.堀井敏正
　　d.篠崎ひろこ
　　cl.大豆乃館／Daizu no Yakata
4—ファレール シリーズ／Skin Care Products
　　ad.堀井敏正
　　d.篠崎ひろこ
　　cl.ビューティクリエイト21／Beauty Create 21

Horiguchi Kazunori
e-mail: kazns@mac.com

堀口一則

デザイン工房かずんず／Design-Kobo Kazns
〒135-0044 東京都江東区越中島2-14-11 GPビル401
Tel.03-5621-5070 Fax.03-5621-5071

1958年9月16日生まれ。ミックブレインセンターを経て、1999年デザイン工房かずんず設立。消費者の視線で見たものを、プロの感覚で分析、デザインする事を心がけています。

1—青森 六景楽市／Food
　　ad.& d.堀口一則
　　ca.小迫かをり
　　cl.六景楽市推進委員会／
　　Rokkeirakuichi Promotive Committee
2—ベイクドクラッカーシリーズ／Snack
　　d.堀口一則
　　cl.ギンビス／Ginbis
3—越後楽須来／Rusk
　　d.堀口一則
　　cl.マルシャン／Marcian

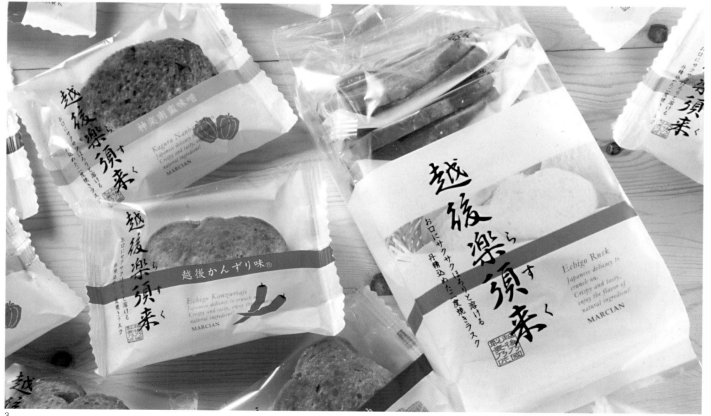

Honda Kazuo
e-mail : email@face-dw.co.jp

本田和男

フェイスデザインワーク／Face Design Work
〒151-0061 東京都渋谷区初台1-29-13
ベルエール加藤104
Tel.03-3379-6923　Fax.03-3379-6297

1952年6月14日東京生まれ。1978年武蔵野美術大学視覚
伝達デザイン学科卒業。王子製紙を経て、88年フェイスデ
ザインワーク設立、現在に至る。99年より、武蔵野美術大
学視覚伝達デザイン学科非常勤講師。

1— AQUA EX／Skin Care Products
　　　ad.,d.& lo.本田和男
　　　d.花輪 彩
　　　cl.カネボウ化粧品／Kanebo Cosmetics
2— サントネージュ有機ワイン／Wine
　　　cd.岡田日出夫
　　　ad.本田和男
　　　d.花輪 彩
　　　cl.アサヒビール／Asahi Breweries
3— トワイニング紅茶／Tea
　　　cd.菊池成基
　　　ad.本田和男
　　　d.大畑しのぶ
　　　cl.片岡物産／Kataoka
4— RJローヤルゼリー／Supplement
　　　cd.足立和彦
　　　ad.本田和男
　　　d.花輪 彩
　　　cl.資生堂／Shiseido
5— パンの実 PA〜N NOMI／Box
　　　ad.,d.& const.本田和男
　　　cl.竹尾／Takeo

1

2

3

4

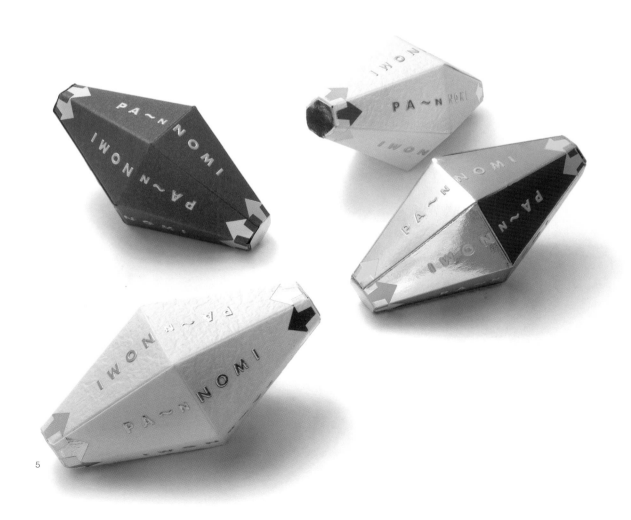

5

Matsui Keizo
http://www.keizomatsui.com

松井桂三
KEIZO matsui

〒540-0034 大阪府大阪市中央区島町2-1-8 6F
Tel.06-6946-7698 Fax.06-6941-6815

人を幸せにする商品開発。デザインには意味がある。

1―肌研 ハダラボ シリーズ／Skin Care Products
　　ad.& d.松井桂三
　　cl.ロート製薬／Rohto Pharmaceutical
2―養潤水／Eye Lotion
　　ad.& d.松井桂三
　　cl.ロート製薬／Rohto Pharmaceutical

1

1

2

Maxradian
http://www.maxradian.co.jp

マックスラジアン

〒141-0021 東京都品川区上大崎3-14-35 山手ビル3F
Tel.03-3449-6231　Fax.03-3449-6232
e-mail:osawa@maxradian.co.jp

マックスラジアンは、パッケージ、CI・BI、セールスプロ
モーション、スペースデザインなど幅広く活動する「ラジ
アン」とマーケティング会社「マーケティング・エージェ
ンツ」が合併することにより、2007年2月に誕生しました。
豊かな感性が生み出す「デザイン力」と時代に対する感度
と洞察を持つ「マーケティング力」を融合させることで、
デザインの「企画」「制作」をトータルに提供いたします。

1— AJINOMOTO®家庭用油／Oil
　　d.& bd.マックスラジアン
　　cl.J-オイルミルズ／J-oil Mills
2— Cook Do®中華合わせ調味料／Seasoning
　　d.マックスラジアン
　　cl.味の素／Ajinomoto

大澤 靖　Osawa Yasushi

武蔵工業大学中退、1993年ラジアン設立、2007年マ
ックスラジアン設立、現在に至る。

佐野文胡　Sano Akiko

多摩美術大学グラフィックデザイン科卒業、1993年
ラジアン（現マックスラジアン）入社、現在に至る。

1

菊地真理子　Kikuchi Mariko

1994年ラジアン（現マックスラジアン）入社、現在に
至る。

高橋弘樹　Takahashi Hiroki

2001年ラジアン（現マックスラジアン）入社、現在に
至る。

2

2

3

4

5

6

7

8

9

10

11

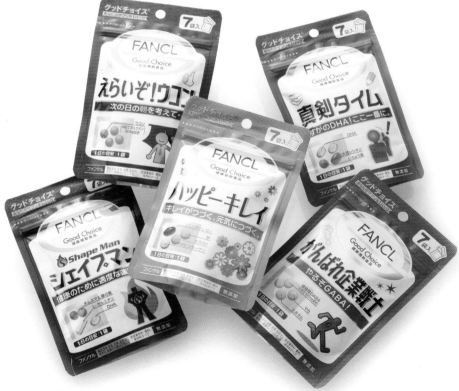

12

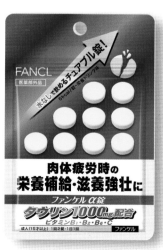

13

363

Matsushita Electric Industrial
http://panasonic.co.jp/design

松下電器産業

松下電器産業パナソニックデザイン社
AVCネットワークデザイン分野
ビジュアルコミュニケーションチーム／
Visual Communication Team, AVC Network Design
Sector, Panasonic Design Company, Matsushita
Electric Industrial
・門真オフィス：〒571-8504 大阪府門真市松生町1-15
　Tel.06-6906-3011 Fax.06-6906-3008
・守口オフィス：〒570-8511 大阪府守口市松下町1-1
　Tel.06-6994-4370 Fax.06-6994-4579

2007年度受賞歴として、ヘッドホン（RP-HTX7）パッケージにおいて、日本パッケージデザイン大賞銀賞、iF Design Award金賞、Industrial Design Excellence Awards銀賞受賞。

1　RP-HTX7／Headphones
　　ad.& d.白沢朋久
　　cl.松下電器産業パナソニックAVCネットワークス社
　　ネットワーク事業グループ／Network Business
　　Group, Panasonic AVC Networks Company,
　　Matsushita Electric Industrial
2　ブルーレイディスク／Blu-ray Disk
　　ad.& d.那須祐子
　　cl.松下電器産業パナソニックAVCネットワークス社
　　メディアビジネスユニット／Media Business Unit,
　　Panasonic AVC Networks Company, Matsushita
　　Electric Industrial
3　LED LIGHT SERIES／LED Light
　　ad.& d.羽室真祐
　　d.上野 亮、冨田忠次（スタジオ ノイエ）
　　cl.松下電池工業一次電池応用機器ビジネスユニッ
　　ト／Battery Appliance Business Unit, Primary
　　Battery Company, Matsushita Battery Industrial

1

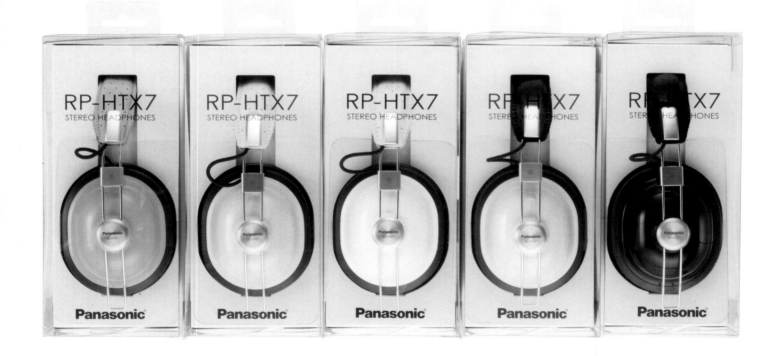

1

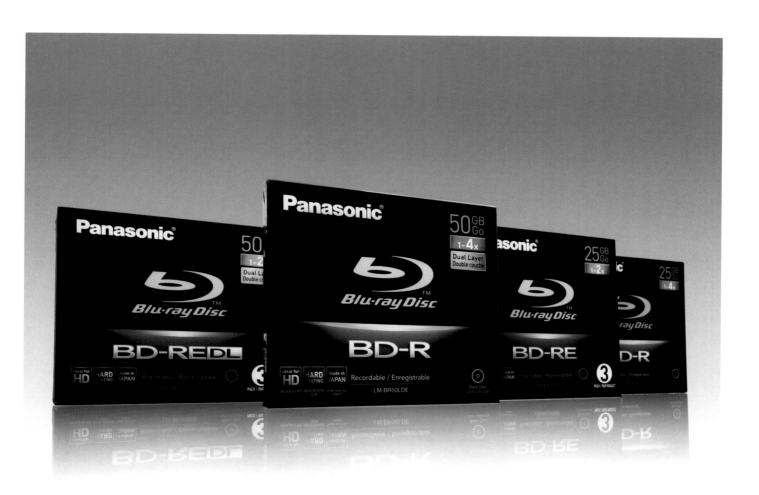

2

3

Matsuda Sumiko
http://www.nakatsuka-inc.com

松田澄子

中塚広告事務所／Nakatsuka & Partners
〒103-0013 東京都中央区日本橋人形町2-33-8
Tel.03-3663-5608 Fax.03-3663-5622
e-mail:matsuda@nakatsuka-inc.com

1972年6月15日兵庫県生まれ。化粧品のグラフィック、パッケージを中心に、デザインとアートディレクションを手がける。受賞歴として、日本パッケージデザイン大賞銀賞、ロンドン国際広告賞入賞ほか。

1―アトリエメイド リペア リフト エッセンス／
　Skin Care Products
　cd.中塚吐夢
　ad.& d.松田澄子
　d.佐々木さつき、佐久間祐子
　ca.中塚純子
　cl.シュウ ウエムラ化粧品／Shu Uemura Cosmetics
2―シュウ ウエムラ エース ベータ ジー サインズ プリベンティング エッセンス／Skin Care Products
　cd.中塚吐夢
　ad.松田澄子
　d.福井隆介
　cl.シュウ ウエムラ化粧品／Shu Uemura Cosmetics
3―シュウ ウエムラ ディプシーT MR エッセンス／
　Skin Care Products
　cd.中塚吐夢
　ad.& d.松田澄子
　cl.シュウ ウエムラ化粧品／Shu Uemura Cosmetics
4―アトリエメイド クレンジング オイル 守破離／
　Skin Care Products
　cd.中塚吐夢
　ad.松田澄子
　d.杉山綾子
　ca.植村 秀、中塚純子
　cl.シュウ ウエムラ化粧品／Shu Uemura Cosmetics
5―シュウ ウエムラ スペシャリスト／Make-up Tool
　cd.中塚吐夢
　ad.松田澄子
　d.宮澤知里
　ca.中塚純子
　cl.シュウ ウエムラ化粧品／Shu Uemura Cosmetics
6―アクアイーズ クリアソープ、アドバンスゲル／
　Skin Care Products
　cd.中塚吐夢
　ad.& d.松田澄子
　d.宮澤知里、佐久間祐子
　cl.イービーエム／EBM
7―RMK ボディケア キット／Skin Care Products
　cd.中塚吐夢
　ad.& d.松田澄子
　d.佐久間祐子
　cl.エキップ／E'quipe
8―シュウ ウエムラ UV アンダーベース、シュウ ウエムラ アンダーベース クリーム／Skin Care Products
　cd.中塚吐夢
　ad.& d.松田澄子
　d.宮澤知里
　cl.シュウ ウエムラ化粧品／Shu Uemura Cosmetics

1

2

3

4

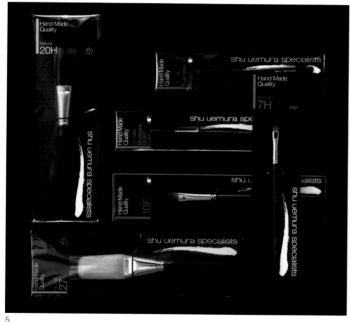

5

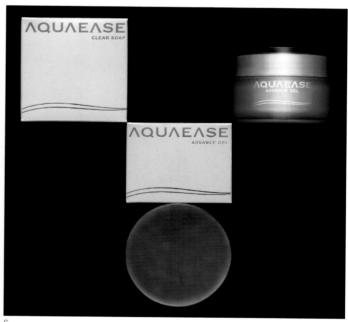

6

7

8

Matsuyama Hiroyuki
http://www.matsu-design.com

杢山博之

マツヤマヒロユキ・デザイン・オフィス／
HIROYUKI MATSUYAMA DESIGN OFFICE
〒150-0001 東京都渋谷区神宮前4-19-8
アロープラザ原宿307
Tel.03-5772-5570 Fax.03-5772-5571
e-mail:hiromats@gd5.so-net.ne.jp

1959年8月19日生まれ。1983年4月〜89年12月ポーラ化成工業意匠研究所に在籍。90年1月〜2001年3月エスティローダーグループオブカンパニーズクリエイティブパッケージング部に在籍。01年7月マツヤマヒロユキ・デザイン・オフィス設立。主に化粧品、トイレタリー製品の容器、ケース及び外装デザインの経験が豊富です。

1— Domohorn Wrinkle Line Up／Skin Care Products
 cd.& d.杢山博之
 d.芹澤恭子、尾関加純
 cl.再春館製薬所／Saishunkan
2— Domohorn Wrinkle Trial Set／Skin Care Products
 cd.& d.杢山博之
 d.芹澤恭子、尾関加純
 cl.再春館製薬所／Saishunkan
3— PILOT HI-TECH-C RICHE／Ball Point Pen
 cd.& d.杢山博之
 d.芹澤恭子、尾関加純
 cl.パイロットインキ／The Pilot Ink
4— d'icilà prédomina Line Up／Skin Care Products
 cd.足立和彦
 ad.& d.杢山博之
 d.芹澤恭子、尾関加純
 cl.ディシラ／d'icilà
5— d'icilà prédomina evolving infuser／
 Skin Care Products
 cd.足立和彦
 ad.& d.杢山博之
 d.芹澤恭子、尾関加純
 cl.ディシラ／d'icilà
6— d'icilà beauty missionary／Perfume
 cd.足立和彦
 ad.& d.杢山博之
 d.芹澤恭子、尾関加純
 cl.ディシラ／d'icilà
7— Ivy Cosmetics formula 30／Skin Care Products
 cd.& d.杢山博之
 d.芹澤恭子、尾関加純
 cl.アイビー化粧品／Ivy Cosmetics
8— iplatina. Skincare Set／Skin Care Products
 cd.& d.杢山博之
 d.芹澤恭子、尾関加純
 cl.アイプラティナ／iplatina.

1

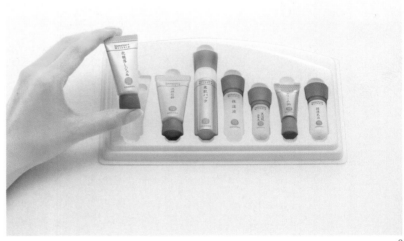

2

3

4

5

6

7

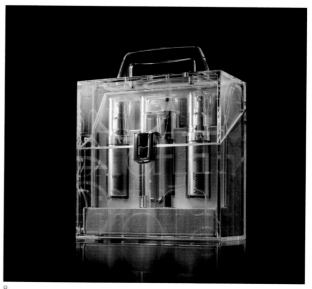

8

MaPa
http://www.mapa.co.jp

マパ

〒224-0066 神奈川県横浜市都筑区見花山4-20
Tel.045-942-5160　Fax.045-942-5126
e-mail:mari@mapa.co.jp

碓井まり　Usui Mari

愛知県立芸術大学美術学部デザイン科卒業。パッケージングディレクション、エージーを経て、1986年マリーパックスタジオとして独立。デザイン活動20年を機に2006年7月MaPa設立。新たな分野にも挑戦していきたいと思っております。

1— 高麗人参ミルクティー／Nutritive Tea
　　ad.& d.碓井まり
　　cl.オルビス／Orbis
2— ハーブフレッシュ／Supplement
　　ad.& d.碓井まり
　　cl.オルビス／Orbis
3— 錠菓シリーズ／Supplement
　　ad.& d.碓井まり
　　cl.オルビス／Orbis

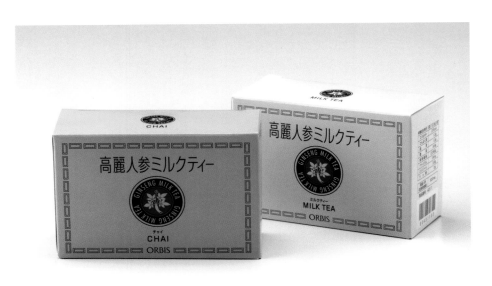

1

2

3

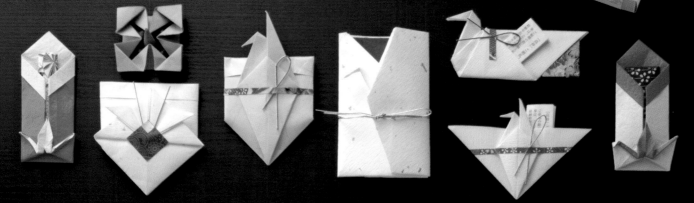

Malhiro Paper Enterprise
e-mail:kikaku@malhiro.co.jp

丸廣紙業
〒581-0025 大阪府八尾市天王寺屋2-115
Tel.072-949-4835 Fax.072-949-1079

横川三希子　Yokogawa Mikico

日本のパッケージの基は、伝統の折形に物を美しく包む事から始まった様に思います。『枕の草子』の中でも書き記され、室町時代より作法としての物の包み方が上層で広まり、文化として伝承されてきたという事です。日本人の慶弔の形を一枚の紙で自在にパッケージしてきた先達に習い、古来の包みをアレンジ及びオリジナルのたとう包みをデザインしました。これは慶びの形です。縁起物という吉を招く兆しの形です。

1一棒寿司シリーズ／Sushi
　　ad.明里秀樹
　　d.& ca.横川三希子
　　p.大野 博
　　cl.柿の葉ずしヤマト／Kakinohazushi Yamato
2一寿箱／Kotobuki Box
　　ad.横川三希子
　　d.& il.河内直美
　　p.大野 博
　　cl.あとりえ希夢／Atelier Kimu
3一初春の香り／Incense
　　d.& ca.横川三希子
　　p.大野 博
　　cl.日本香堂／Nippon Kodo
4一日本の包み／Japanese Traditional Package
　　ad.& d.横川三希子
　　p.大野 博
　　cl.日本香堂／Nippon Kodo
　　　鬼頭天薫堂／Kito-Tenkundo
　　　あとりえ希夢／Atelier Kimu

Mic Design Works
e-mail:mic-dw@yj8.so-net.ne.jp

ミックデザインワークス
〒104-0031 東京都中央区京橋1-4-11 竹本ビル3F
Tel.03-3273-2407 Fax.03-3273-2408

1ー梅酒／Liqueur
　d.ミックデザインワークス
　cl.メルシャン／Mercian
2ーあわ／Sparkling Wine
　d.ミックデザインワークス
　cl.メルシャン／Mercian
3ーベビースキンケア／Baby Skin Care
　d.ミックデザインワークス
　cl.ピジョン／Pigeon
4ー味の素ギフトセット／Gift Set
　d.ミックデザインワークス
　cl.味の素／Ajinomoto
5ーベビーおやつ／Baby Food
　d.ミックデザインワークス
　cl.ピジョン／Pigeon
6ー八代焼酎／Shochu
　d.ミックデザインワークス
　cl.メルシャン／Mercian

三木 学 Miki Manabu

1950年3月3日生まれ。1972年多摩美術大学グラフィックデザイン科卒業。ブランドイメージを高められるデザイン、時代を意識したシンプルで理解しやすいデザインを目指しています。

小麦川直樹 Komugikawa Naoki

1957年6月21日生まれ。

3

4

5

6

Mic Brain Center
http://www.mic-bc.co.jp

ミックブレインセンター

〒106-0031 東京都港区西麻布3-20-16
西麻布アネックス2F
Tel.03-3423-9491　Fax.03-3423-9494
e-mail:makito@mic-bc.co.jp

豊浦牧人　　Toyoura Makito
島村 仁　　Shimamura Hitoshi
杉田祐司　　Sugita Yuji

1— 円果天／Confectionery
　　cd.中村屋
　　ad.& d.ミックブレインセンター
　　cl.中村屋／Nakamuraya
2— LE K（ル・カ）／Confectionery
　　cd.& ad.ミックブレインセンター
　　cl.アンブランシェ／Un Branche
3— Terra Saison（テラ・セゾン）／Confectionery
　　cd.,ad.& d.ミックブレインセンター
　　cl.ラ・テール／La Terre

1

2

3

4— 伊藤園飲料／Tea, Soft Drink
　　cd.伊藤園
　　ad.& d.ミックブレインセンター
　　cl.伊藤園／Ito En
5— コクうま／Mayonnaise
　　cd.味の素
　　ad.& d.ミックブレインセンター
　　cl.味の素／Ajinomoto
6—黒ぼんぼん／Cake
　　cd.ミックブレインセンター
　　cl.東京玉子本舗／Tokyo Tamago Hompo
7—ごまき／Cookie
　　cd.ミックブレインセンター
　　cl.東京玉子本舗／Tokyo Tamago Hompo
8—ブルーレイ・ディスク／Blu-ray Disc
　　ad.富士フイルムデザインセンター
　　d.ミックブレインセンター
　　cl.富士フイルム／Fujifilm
9—エフ キューブ アイ／Supplement
　　ad.富士フイルムデザインセンター
　　d.ミックブレインセンター
　　cl.富士フイルム／Fujifilm

6

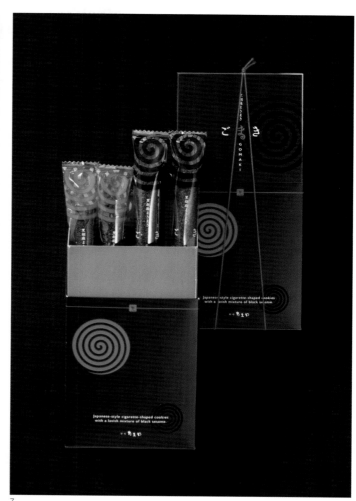

7

8

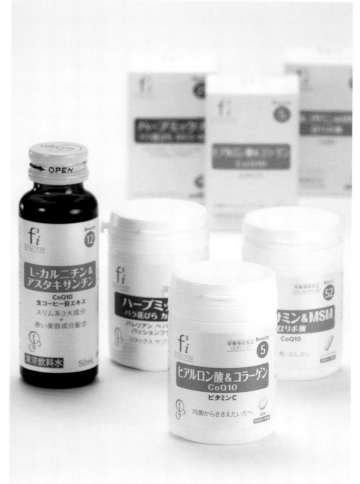

9

Minira Creative
http://www.minira.co.jp

ミニラクリエイティブ

〒107-0062 東京都港区南青山6-12-3
南青山ユニハイツ 903
Tel.03-5468-0878 Fax.03-5468-0898
e-mail:e-nakao@minira.co.jp

中尾英司　Nakao Eiji

平成8年8月8日設立。趣味が高じて、お酒の仕事を多
数やっています。ちなみに社長はSSI認定利酒師です。
お酒の仕事は洋酒、日本酒なんでも来いです。お酒と
切っても切れない食品関係の仕事も得意です。いわゆ
る、「食い道楽な企画・制作会社」を目指しています。

1―Schick Quattro4／Shaving Gelfoam,Gel
　　cd.中尾英司
　　ad.&d.渡邊 亮
　　cl.シック・ジャパン／Schick
2―寿限無／Shochu
　　cd.中尾英司
　　ad.田代早苗
　　d.玉井幸恵
　　cl.メルシャン／Mercian
3―薫る果実のお酒／Liqueur
　　cd.中尾英司
　　ad.田代早苗
　　d.今井幹雄
　　cl.メルシャン／Mercian

1

2

3

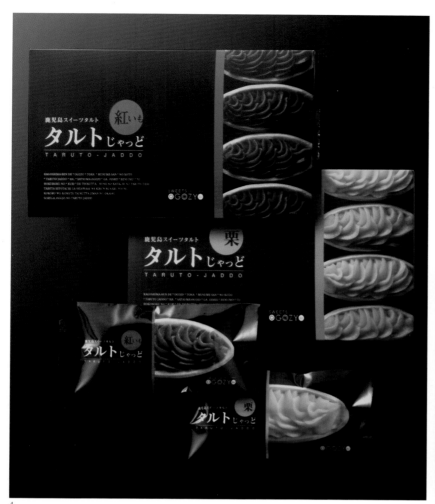

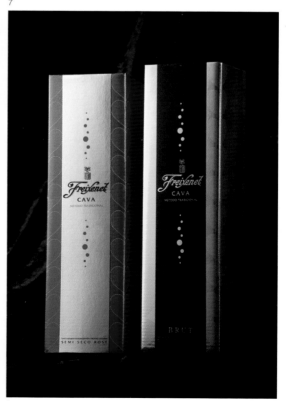

Maruyama Kazumi
e-mail:kazumaru@d3.dion.ne.jp

丸山和巳

丸山デザイン事務所／Maruyama Design Office
〒451-0064 愛知県名古屋市西区名西1-1-2
グランコート名西403
Tel.052-531-3812　Fax.052-531-3814

1960年12月7日生まれ。1986年愛知県立芸術大学美術学
部卒業。99年丸山デザイン事務所設立、現在に至る。

1― 梅チップス／Snack
　　ad.今尾小夜子
　　d.丸山和巳
　　cl.おやつカンパニー／Oyatsu Company
2― 七味チップス／Snack
　　ad.春田良子
　　d.丸山和巳
　　cl.おやつカンパニー／Oyatsu Company
3― ツナチップス／Snack
　　ad.今尾小夜子
　　d.丸山和巳
　　cl.おやつカンパニー／Oyatsu Company

1

2

3

1

2

3

4

Murakami Design Office
e-mail: murakami-design@h4.dion.ne.jp

村上デザイン事務所

〒160-0022 東京都新宿区新宿1-3-7 唐木ビル501

Tel.03-5369-2099 Fax.03-5369-2098

村上和彦　Murakami Kazuhiko

九州産業大学芸術学部デザイン学科卒業。

1ー中華スープ／Soup
　　cl.エム・シーシー食品／Mcc Food Products
2ースチコンDo（ドゥー）／Seasoning
　　cl.味の素／Ajinomoto
3ーザ・フレッシュサーモン／Salmon
　　cl.王子サーモン／Oji Salmon
4ー味噌カップ／Miso
　　cl.丸十大屋／Marujyu Oya

Morix
http://www.morix-pd.com/

モリックス

〒105-0014 東京都港区芝2-18-3 KOビル3F
Tel.03-3769-0345 Fax.03-3769-0346
e-mail:m-morita@morix-pd.com

森田充則　Morita Mitsunori

1952年9月9日生まれ。

西本千奈美　Nishimoto Chinami

1993年モリックス設立。97年ジャパンパッケージングコ
ンペティション洋菓子部門賞、日本パッケージデザイン
大賞特別賞受賞。

1―ムーニー、ムーニーマン／Paper Diaper
　　ad.森田充則
　　d.西本千奈美、渋谷春菜
　　cl.ユニ・チャーム／Unicharm
2―銀のさら／Pet Food
　　ad.森田充則
　　d.細田睦美、川野綾子
　　cl.ユニ・チャーム ペットケア／Unicharm Pet Care
3―デオシート、ZERO-ワン／Toilet Sheets
　　ad.森田充則
　　d.田辺 円、内山奈津恵、高梨正人、渋谷春菜
　　cl.ユニ・チャーム ペットケア／Unicharm Pet Care

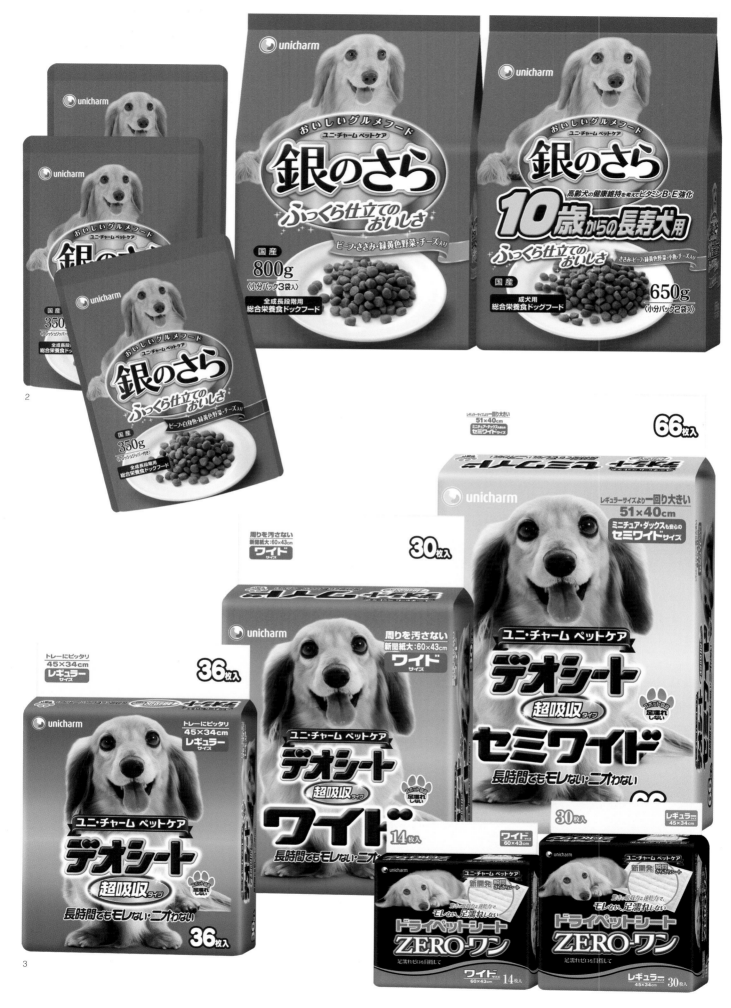

4

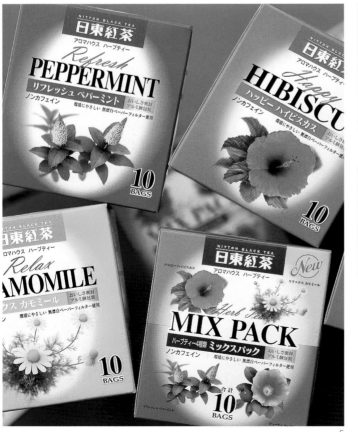

5

6

7

8

9

10

Morinaga
http://www.morinaga.co.jp

森永製菓デザイン室

〒108-8403 東京都港区芝5-33-1
Tel.03-3456-0126 Fax.03-3456-0270

佐藤勝則　Sato Katsunori

1955年7月8日生まれ。

1— WEIDER／Supplement
　ad.& d.佐藤勝則
　d.富永裕子、セルロイド
　p.保澤克行、穂積英治
　cl.森永製菓／Morinaga

塚原郁乃　Tsukahara Ikuno

1960年6月12日生まれ。

2— Angel Pie mini／Cake
　　ad.& d.塚原郁乃
　　p.保澤克行
　　il.脇 庄次
　　cl.森永製菓／Morinaga
3— fruit FRAMBOISE、BLOOD ORANGE／Chocolate
　　ad.& d.塚原郁乃
　　p.保澤克行
　　cl.森永製菓／Morinaga

2

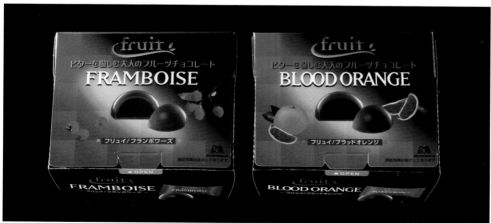

3

Morozoff
http://www.morozoff.co.jp

モロゾフ

モロゾフ マーケティングセンター 商品企画
〒658-0033 兵庫県神戸市東灘区向洋町西5-3
Tel.078-822-9005 Fax.078-822-9012

小松眞一郎　Komatsu Shinichiro

1963年8月31日生まれ。1986年大阪芸術大学デザイ
ン学科卒業。同年モロゾフ入社、現在に至る。受賞歴
としてN.Y.フェスティバル、金賞、銀賞。日本パッケ
ージデザイン大賞銀賞。ジャパンパッケージングコン
ペティション洋菓子部門、贈答品部門、一般飲料部門
賞。「おおさか新名物大賞」大賞、神戸アーバンデザイ
ンコンペティション入賞。

1ープレミアムチョコレートセレクション／Chocolate
　　ad.小松眞一郎
　　d.伊藤利江、graf、New Man
　　pl.高橋麻葉
　　cl.モロゾフ／Morozoff
2ーセピアの宝石／Chocolate
　　ad.小松眞一郎
　　d.New Man、木下正之
　　pl.高橋麻葉
　　cl.モロゾフ／Morozoff

1

2

3

高橋 篤　Takahashi Atsushi

1951年7月12日生まれ。1975年大阪芸術大学デザイン学科卒業。同年モロゾフ入社、現在に至る。83年パッケージング展通商産業大臣賞受賞。97年ニューヨークフェスティバル銅賞、98年、99年同展金賞、同年日本パッケージデザイン大賞銀賞、2000年ニューヨークフェスティバル金賞、01年同展銀賞、03年銅賞、04年ジャパンパッケージングコンペティション洋菓子部門賞、06年同展特別奨励賞受賞。

3─クールドゥ／Chocolate
　　ad.高橋 篤
　　d.山下真理子・李 純伸
　　cl.モロゾフ／Morozoff
4─ヴェルジュール／Chocolate
　　ad.高橋 篤
　　d.山下真理子・吉田健司
　　cl.モロゾフ／Morozoff

4

山下真理子　Yamashita Mariko

1966年8月9日生まれ。1990年モロゾフ入社、現在に
至る。97年ニューヨークフェスティバル銅賞、98年、
99年同展金賞、同年日本パッケージデザイン大賞銀
賞、2000年ニューヨークフェスティバル金賞、01年
同展銀賞、03年銅賞、04年ジャパンパッケージングコ
ンペティション洋菓子部門賞、06年同展特別奨励賞
受賞。

5―A&M ボンニュイ／Chocolate
　　cd.高橋 篤
　　ad.& d.山下真理子
　　d.吉田健司
　　cl.モロゾフ／Morozoff
6―A&M リトルレディーバグ、ウィッティー／
　　Chocolate
　　cd.高橋 篤
　　ad.& d.山下真理子
　　d.吉田健司
　　cl.モロゾフ／Morozoff
7―クリスマス ミニヨンプラリン／Chocolate
　　cd.高橋 篤
　　ad.& d.山下真理子
　　d.吉田健司
　　il.中山尚子
　　cl.モロゾフ／Morozoff

5

6

7

1

Morita Hiroshi
http://www.advance.jp/

森田浩史
アドバンス／ADVANCE
〒103-8354 東京都中央区日本橋小舟町5-7
Tel.03-3667-1814 Fax.03-3662-0082
e-mail:tyo-ad-hm@advance.jp

埼玉県生まれ。名古屋芸術大学美術学部卒業。現在、アドバンス・マーケティング部デザイングループに所属。主に、パッケージ、広告、カタログ等を中心としたデザインワークを行なっております。

1—ブルーベリーオリゴ／Health Food
　　ad.& d.森田浩史
　　　cl.アドバンス／Advance
2—1粒100・100／Health Food
　　ad.& d.森田浩史
　　　cl.アドバンス／Advance
3—善玉菌100兆個／Health Food
　　ad.& d.森田浩史
　　　cl.アドバンス／Advance

2

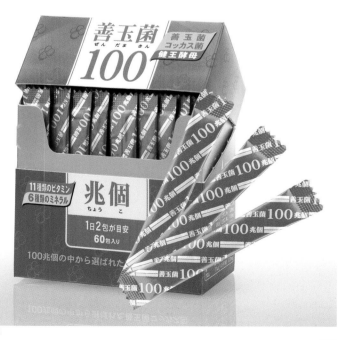

3

Yao Design International
http://www.yao-design.co.jp

YAOデザインインターナショナル

〒160-0003 東京都新宿区本塩町4 祥平舘ビル7F
Tel.03-3357-3668 Fax.03-3353-1546
e-mail:info@yao-design.co.jp

YAOデザインインターナショナル

1962年創業以来、創業者である八尾武郎の「パッケージ
デザインは、マーケティングコンセプトに沿った確かな
コミュニケーションパワーを持つものでなければならな
い」という理念のもと、クライアントのニーズに柔軟かつ
誠実に応えて参りました。個性的で多様なデザインを提
供し、時代に合った価値創造をめざします。

1― 雪印北海道100／Cheese
　　cl.雪印乳業／Snow Brand Milk Products
2― えびグラタン、えびドリア／Frozen Food
　　cl.アクリフーズ／AQLI Foods
3― 創作ミルク工房／Yogurt
　　cl.日本ミルクコミュニティ／
　　Nippon MilkCommunity
4― たっち、ぴゅあ／Dry Milk
　　cl.雪印乳業／Snow Brand Milk Products
5― ネオソフト／Fatspread
　　cl.雪印乳業／Snow Brand Milk Products

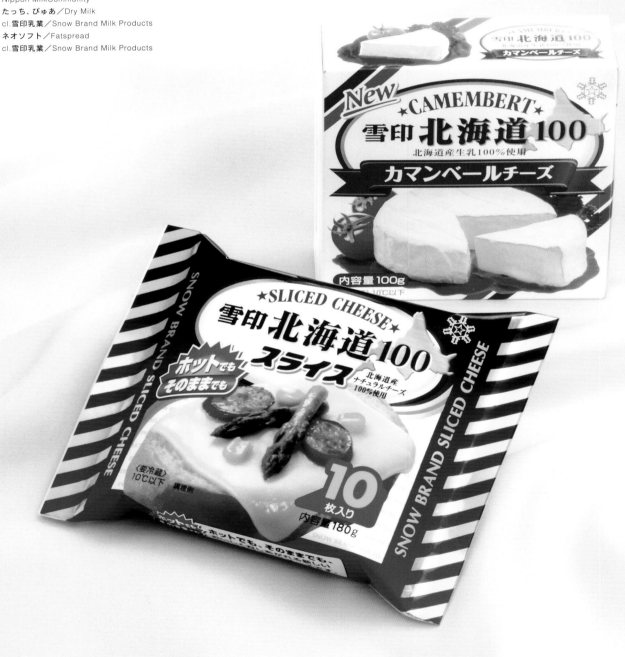

2

丁寧に作りました

えび
グラタン

2個入り
電子レンジ専用

丁寧に作りました

えび
ドリア

3

4

雪印 フォローアップミルク

たっち

ラクトフェリン
DHA 配合

雪印

ぴゅあ

ラクトフェリン
DHA 配合

パンにはやっぱり…♪♪

雪印 ネオソフト

クリーミーさ
アップ

内容量180g

パンにはやっぱり…♪♪

雪印 ネオソフト

クリーミーさ
アップ

内容量450g

5

natori チャック付

種ぬき梅すっきり 甘ずっぱい
35kcal 1袋

種ぬき梅すっきり
素材のこころ
きゅんとすっぱい、梅の後引くおいしさ
34kcal 1袋

カリカリ梅
素材のこころ
カリッと歯ごたえ、酸味さわやか
21kcal 1袋(可食部) 4個入り

焼き梅
素材のこころ
こんがり焼き上げた、ふっくら梅の味わい
33kcal 1袋(可食部)

S&B 旬の香り 生産者指定 鷹の爪

S&B 旬の香り 生産者指定 輪切り唐辛子

S&B 旬の香り 厳選素材使用 くちなしの実

S&B 旬の香り 産地指定（愛媛県産ゆず） きざみゆず

S&B 旬の香り 産地指定（紀州有田産山椒） 山椒の粉

S&B 旬の香り 有機JAS認定 有機あさつき

NiPPN オーマイ PREMIUM オーマイプレミアム
227kcal トレーごと電子レンジへ
かぼちゃときのこのクリームリゾット
RISOTT ふっくらお米とこだわりの本格ソース
要冷凍 1人前(280g)

NiPPN オーマイ PREMIUM オーマイプレミアム
211kcal トレーごと電子レンジへ
魚介と野菜のトマトリゾット
RISOTT ふっくらお米とこだわりの本格ソース
要冷凍 1人前(280g)

New EXTRAMINT エクストミント
BREATH CARE ブレスケア
ミントオイル パセリオイル
おなかの中から息リフレッシュ
ニンニク料理・アルコールの後に
BREATH CARE 50粒
小林製薬

New MINT ミント味
BREATH CARE ブレスケア
ミントオイル パセリオイル
おなかの中から息リフレッシュ
ニンニク料理・アルコールの後に
BREATH CARE 50粒
小林製薬

New LEMON レモン味
BREATH CARE ブレスケア
レモンオイル パセリオイル
おなかの中から息リフレッシュ
ニンニク料理・アルコールの後に
BREATH CARE 50粒
小林製薬

New PEACH ピーチ味
BREATH CARE ブレスケア
ピーチオイル パセリオイル
おなかの中から息リフレッシュ
ニンニク料理・アルコールの後に
BREATH CARE 50粒
小林製薬

矢沢デザインスタジオ

Yazawa Design Studio
http://www.yazawds.com

矢沢デザインスタジオ

〒150-0001 東京都渋谷区神宮前6-35-3
コープオリンピア403
Tel.03-5467-6883 Fax.03-5467-6884
e-mail:t_yazawa@yazawds.com

矢沢孝嗣 Yazawa Takatsugu

1950年3月11日生まれ。1970年名古屋造形芸術短期
大学V.D.科卒業。増田正デザイン研究所を経て、83年
スタジオ設立。商品コンセプトを踏まえ、Flexible&
Aggressive（柔軟かつ積極的）なデザインプレゼンテー
ションを心がけています。

酒井裕之 Sakai Hiroyuki

1960年8月7日生まれ。

1

1─ロッテクーリッシュ／Ice Cream
　　cd.ロッテ商品開発部
　　ad.渡辺多賀子
　　d.酒井裕之
　　p.安部博文
　　il.佐藤忠雄
　　cl.ロッテ／Lotte
2─ロッテクーリッシュ／Ice Cream
　　cd.ロッテ商品開発部
　　ad.渡辺多賀子
　　d.酒井裕之
　　cl.ロッテ／Lotte

2

3

4

5

矢沢デザインスタジオ

6—ムースみたいな！くちどけカレー／Curry
　cd.エスビー食品商品本部
　ad.矢沢孝嗣
　d.松尾玲子
　cl.エスビー食品／S&B Foods
7—タイムトリップカレー／Curry
　cd.エスビー食品商品本部
　ad.矢沢孝嗣
　d.酒井裕之
　il.芝 安治
　cl.エスビー食品／S&B Foods

8

9

10

11

Yamauchi Rie
http://www.aloins.co.jp

山内理恵

アロインス化粧品／Aloins

〒558-0011 大阪府大阪市住吉区苅田3-6-8
Tel.06-6690-3131　Fax.06-6696-2092
e-mail:yamauchi@aloins.co.jp

1976年2月29日生まれ。京都精華大学美術学部デザイン
学科卒業。大阪宣伝研究所を経て、現在に至る。人との関
わりを大切に思うように、商品と向き合い、満足や信頼、
期待感を演出するパッケージ制作を心がけてゆきたい。

1—DOCTOR ALOE／Skin Care Products
　　d.山内理恵
　　il.石田尊司
　　cl.アロインス化粧品／Aloins
2—NURSE FRIEND FOOT cream／Foot Cream
　　d.山内理恵
　　cl.アロインス化粧品／Aloins
3—Body Gel／Body Care Products
　　d.山内理恵
　　cl.高陽社／Koyo-sha
4—MASTIC／Dental Gel
　　d.山内理恵
　　cl.高陽社／Koyo-sha

1

2

3

4

1

2

Yamaguchi Tetsuo
http://www.nicks.co.jp/

山口哲雄

デザインスタジオニック／Design Studio Nick
〒106-0044 東京都港区東麻布3-5-12 麻布CCビル
Tel.03-3568-2229　Fax.03-3568-1299
e-mail: t-yamaguchi@nicks.co.jp

1949年3月20日生まれ。グラフィック・SP・パッケージ・CI・BIシステムなどのアートディレクション。ニッククリエイティブグループとして1972年デザインスタジオニック設立。85年ジャパンパッケージングコンペティション会長賞受賞。毎日アイデアソースを創造しています。

1─ジェンガ／Game Goods
　　cd.山口哲雄　ad.徳丸健一　d.喜多源内
　　cl.タカラトミー／Takara Tomy
2─トミックスNゲージ車両セット／N-gauge Model
　　cd.山口哲雄　　ad.秋山三千王
　　cl.トミーテック／Tomytec
3─蒸しケーキ／Cake, Bread
　　cd.山口哲雄　ad.田代俊吾　d.相馬絵里
　　cl.山崎製パン／Yamazaki Baking
4─クールガール／Doll
　　cd.山口哲雄　ad.徳丸健一　d.今泉伸幸
　　cl.タカラトミー／Takara Tomy

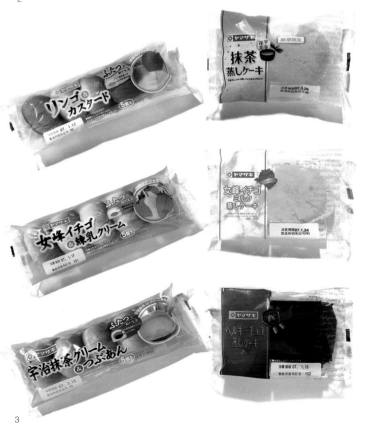

3

4

Yamaji Yoshiko
e-mail：yoshiko@yamaji-design.com

山地良子

山地デザインオフィス／Yamaji Design Office
〒530-0047 大阪府大阪市北区西天満3-5-18
第三新興ビル3F
Tel.06-6362-3175　Fax.06-6362-3176

1964年2月28日生まれ。印刷会社デザイン企画室、前田デ
ザインアソシエーツを経て、山地デザインオフィス設立。
ニューヨークADC、グラフィックデザインUSA入賞。日本
パッケージデザイン大賞入選。京都デザイン優品選定。大
阪観光コンベンション協会大阪観光PR7連ポスター大賞。
プラスティック製容器包装リサイクル推進協議会「プラ」
マークコンペ採用。

1― 笹づる最中 小倉、柚子／Japanese Confectionery
　　　cd.池田公平
　　　ad.& d.山地良子
　　　cl.総本家駿河屋／Souhonke Surugaya
2― 栗万十／Japanese Confectionery
　　　cd.池田公平
　　　ad.& d.山地良子
　　　cl.総本家駿河屋／Souhonke Surugaya
3― 葛々 あずきくずくず、まっちゃくずくず／
　　　Japanese Confectionery
　　　ad.& d.山地良子
　　　cl.総本家駿河屋／Souhonke Surugaya

1

2

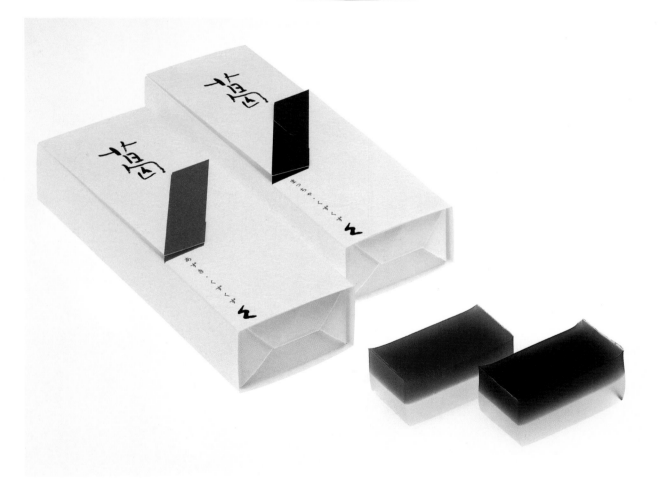

3

1

2

Yamamoto Hiroko
e-mail:info@grafdepot.com

山本浩子

グラフデポ／graf depot.
〒569-0071 大阪府高槻市城北町2-7-16 モジュール305
Tel.072-672-2333　Fax.072-672-2424

1974年7月31日生まれ。街中が楽しいデザインであふれることを夢見て、制作しつづけたいと思います。

1ー あかすり屋／Bath Products
　　 ad.& d.山本浩子
　　 cl.バイソン／Bison
2ー 泡とろ湯艶色肌入浴料／Bath Products
　　 ad.& d.山本浩子
　　 cl.牛乳石鹸共進社／Cow Brand Soap Kyoshinsha
3ー nudy／Condoms
　　 ad.& d.山本浩子
　　 cl.ジェクス／Jex
4ー ワキララ／Skin Care Products
　　 ad.,d.& il.山本浩子
　　 cl.バイソン／Bison

3

4

Lion
http://www.lion.co.jp

ライオン

〒130-8544 東京都墨田区横網1-2-22
Tel.03-3621-6645 Fax.03-3621-6659

3

4

5

6

rice design
http://www.rice-design.net

ライスデザイン

〒157-0072 東京都世田谷区祖師谷1-22-25-N204

Tel.& Fax.03-6317-1937

e-mail:rice.d@w5.dion.ne.jp

内山淳子　Uchiyama Junko

1976年12月2日大阪生まれ。2005年10月よりrice
designとして活動。手にとって、買って、毎日目にし
て嬉しいデザインを心がけています。

1ー バローレ グレープシードオイル／Oil
　　ad.鈴木栄之
　　d.内山淳子
　　cl.キッコーマン／Kikkoman
2ー エリエール Cute／Tissue
　　ad.有澤眞太郎
　　d.内山淳子
　　cl.大王製紙／Daio Paper
3ー 鎌倉小町／Rogo, Poster, Tofu, Bread
　　ad.& d.内山淳子
　　cl.鎌倉小町／Kamakura Komachi

1

2

Kamakura ● Komachi

甘豆富

特濃 豆乳入りソフトクリーム

豆乳あんぱん

Kamakura ● Komachi

鎌倉小町の豆乳スイーツ

A gem of the Komachi who used soybean milk for an adzuki bean anddough of Hokkaido product, a soybean milk bean-jam bun. The soybean milk soft ice cream which a fragrance of rich tofu can taste with refreshingsweetness. KANDOUFU to have "silk and a feeling of appetite of two cotton" toward. Please have is with salt!

甘豆富 甘豆富

絹 木綿

3

Rengo
http://www.rengo.co.jp

レンゴー デザイン・マーケティングセンター

〒108-0075 東京都港区港南2-16-1
品川イーストワンタワー
Tel.03-6716-7534 Fax.03-6716-7540

商品特徴の訴求、売り場でのインパクト、商品が持つストーリー表現など、商品が売れるためのパッケージデザインは何かをお客様と一緒に考え、競争力のある商品を目指したデザインを追求しています。

1— わたしのしふく／Confectionery
　　ad.& d.レンゴーデザイン・マーケティングセンター
　　cl.プレシア／Plecia
2— ばかうけ チーズ、ごま揚／Rice Cracker
　　ad.& d.レンゴーデザイン・マーケティングセンター
　　cl.栗山米菓／Kuriyamabeika
3— チロルチョコ／Chocolate
　　ad.チロルチョコ
　　d.レンゴーデザイン・マーケティングセンター
　　cl.チロルチョコ／Tirol-Choco
4— GIOTTO バレンタイン／Chocolate
　　ad.& d.レンゴーデザイン・マーケティングセンター
　　cl.プレジール／Plaisir
5— 海鮮チゲうどん、にぎわい肉うどん、
　　黒豚チャーシュー麺、海鮮塩ラーメン／Noodles
　　ad.& d.レンゴーデザイン・マーケティングセンター
　　cl.キンレイ／Kinrei
6— イタリアンスパゲティ、ペペロンチーノスパゲティ、
　　たらこスパゲティ／Spaghetti
　　ad.& d.レンゴーデザイン・マーケティングセンター
　　cl.寿がきや食品／Sugakiya Foods
7— ギャバンポテトチップス イタリアンピザ味、
　　ジャーマンポテト味／Potato Chips
　　ad.ハウス食品
　　d.レンゴーデザイン・マーケティングセンター
　　cl.ハウス食品／House Foods

1

2

3

4

5

6

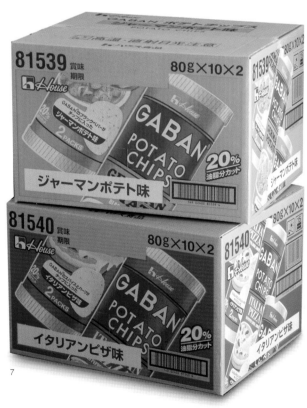

7

Wakutsu Yasuhiro
e-mail: wakutsu@work-fabric.com

和久津康弘

ワークファブリック／Work Fabric
〒151-0051 東京都渋谷区千駄ヶ谷2-34-8
テラス外苑203
Tel.03-5772-8895 Fax.03-5772-8896

1939年7月25日生まれ。

1— サカムケア／Ointment
　　cd.,ad.& d.ワークファブリック
　　cl.小林製薬／Kobayashi Pharmaceutical
2— のどぬ～る ぬれマスク／Medical Wet Mask
　　cd.,ad.& d.ワークファブリック
　　cl.小林製薬／Kobayashi Pharmaceutical
3— エアフラン／Air Freshener
　　cd.,ad.,pd.& d.ワークファブリック
　　cl.小林製薬／Kobayashi Pharmaceutical
4— 花水美肌／Nutritive Drink
　　ad.& d.ワークファブリック
　　cl.セフィーヌ／Cefine
5— エディケア／Supplement
　　cd.,ad.& d.ワークファブリック
　　cl.小林製薬／Kobayashi Pharmaceutical
6— ブルーレットセレクト／Toilet Cleaner
　　cd.,ad.,pd.& d.ワークファブリック
　　cl.小林製薬／Kobayashi Pharmaceutical

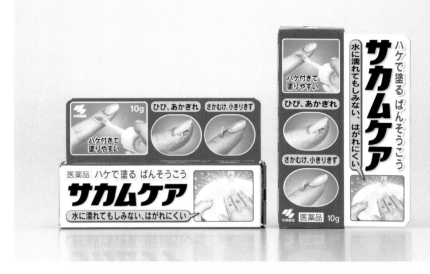

1

2

3

4

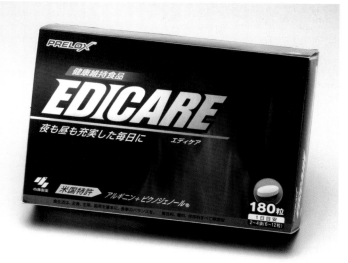

5

6

6

Watanabe Yoshiichi
e-mail: woms@topaz.plala.or.jp

渡邊義一

ワムズ・クリエイト／Woms Create

〒616-8255 京都府京都市右京区鳴滝音戸山町4-47

Tel.075-467-8360　Fax.075-467-8370

1947年8月21日生まれ。

1— 梅芯庵ギフト／Japanese Confectionery
　　ad.& d.渡邊義一
　　cl.麻布十番 梅芯庵／Baishinan
2— SACCAIギフト／Japanese Confectionery
　　ad.& d.渡邊義一
　　cl.向新／Mukashin
3— 山椒ちりめん／Seasoning Food
　　ad.& d.渡邊義一
　　cl.大和屋／Yamatoya

1

2

3

Member's Addresses
会 員 名 簿

法人会員（東日本）

株式会社アイ・コーポレーション
i-corporation Ltd.
代表取締役社長 小川 亮
153-0043 東京都目黒区東山1-6-1
エスビル7F
tel.03-3711-2094／fax.03-3791-5410
http://www.i-corpo.jp

株式会社アイディーエイ
IDA Inc.
常務取締役 吉村和雄
104-0032 東京都中央区八丁堀3-4-10
京橋北見ビル東館6F
tel.03-3552-0194／fax.03-3552-1935
http://www.ida-web.com

株式会社アクセルコーポレーション
Accel Co.,Ltd.
代表取締役 野沢広志
105-0004 東京都港区新橋3-5-2
新橋OWKビル6F
tel.03-6413-0823／fax.03-6413-0824
http://www.accel-corp.jp

朝日印刷株式会社
Asahi Printing Co.,Ltd.
企画開発室 室長 古川憲一
111-0041 東京都台東区元浅草4-7-11
tel.03-3845-6631／fax.03-3845-6647
http://www.asahi-pp.co.jp

旭化成ホームプロダクツ株式会社
Asahi Kasei Home Products
Corporation
マーケティング部 マーケティング部長 坪木卓哉
100-8440 東京都千代田区有楽町1-1-2
日比谷三井ビル
tel.03-3507-2869／fax.03-3507-2965
http://www.asahi-kasei.co.jp/saran

アサヒビール株式会社
Asahi Breweries,Ltd.
酒類事業本部 担当部長 森田 健
130-8602 東京都墨田区吾妻橋1-23-1
tel.03-5608-5339／fax.03-5608-5436
http://www.asahibeer.co.jp

味の素株式会社
Ajinomoto Co.,Inc.
広告部 佐藤信彦
104-8315 東京都中央区京橋1-15-1
tel.03-5250-8231／fax.03-5250-8337
http://www.ajinomoto.co.jp

株式会社アスパックス
Aspax Co.,Ltd.
企画製作部 仲野和美
103-0024 東京都中央区日本橋小舟町11-8
中西ビル4F
tel.03-3663-6621／fax.03-3663-6626

アドビシステムズ株式会社
Adobe Systems Incorporated

株式会社アペックス
Apex Corporation
営業部 課長 水村栄一
192-0024 東京都八王子市宇津木町537-1
tel.042-646-3504／fax.042-646-4588
http://www.apex-tokyo.co.jp

アルジョウィギンス株式会社
Arjowiggins K.K.
マーケット・マネージャー 大内容美
151-0051 東京都渋谷区千駄ヶ谷5-26-5
代々木シティホームズ301
tel.03-5360-1203／fax.03-5360-1820

株式会社アルテ
Arte Co.,Ltd.
代表取締役 伊藤全一
162-0808 東京都新宿区天神町77
ラスティックビル3F
tel.03-3260-6251／fax.03-3260-6252

株式会社アルビオン
Albion Co.,Ltd.
マーケティング本部 デザイン室
課長 野田徳雄
104-0061 東京都中央区銀座1-16-7
友泉銀座ビル6F
tel.03-5159-1610／fax.03-5159-1615
http://www.albion.co.jp

アンリュウデザイン有限会社
Anryu Design
代表取締役 クリエイティブディレクター
安立イサム
101-0052 東京都千代田区神田小川町3-1
地球堂ビル
tel.03-5281-1603／fax.03-5281-1600
http://www.anryu.com

株式会社エイアイエム
AIM Co.,Ltd.
代表取締役 古瀬貞利
103-0016 東京都中央区日本橋小網町1-4
淳和ビル9F
tel.03-3667-7500／fax.03-3667-7501

エイボン・プロダクツ株式会社
Avon Products Co.,Ltd.
デザイン部 部長 梅沢一徳
163-1430 東京都新宿区西新宿3-20-2
東京オペラシティタワー29F
tel.03-5353-9450／fax.03-5353-9041
http://www.AVON.co.jp

エスエス製薬株式会社
SSP Co.,Ltd.
代表取締役社長 羽鳥成一郎
107-8589 東京都港区赤坂4-2-6
tel.03-5549-0555／fax.03-5549-0666
http://www.ssp.co.jp

エスコグラフィックス株式会社
Esko-Graphics Co.,Ltd.
業務／サポート本部マーケティング部
統括部長 中尾議一
163-1307 東京都新宿区西新宿6-5-1
新宿アイランドタワー7F
tel.03-5909-7631／fax.03-5909-7641
http://www.esko.jp

エスビー食品株式会社
S&B Foods Inc.
代表取締役社長 山崎 勝
174-8651 東京都板橋区宮本町38-8
tel.03-3558-5531／fax.03-3558-8981
http://www.sbfoods.co.jp

株式会社エム・エー
MA Co.,Ltd.
代表取締役社長 有松敏樹
105-0014 東京都港区芝3-3-15
芝MONTビル3F
tel.03-3453-7740／fax.03-3454-3494
http://www.ma-tel.co.jp

株式会社エムオー・クリエイティブ
MO Creative Co.,Ltd.
代表取締役 折井佑樹
150-0011 東京都渋谷区東1-12-2
UIW 10 渋谷東3F
tel.03-5464-1939／fax.03-5464-1940
http://www.mo-creative.jp

株式会社エルアンドシーデザイン
L&Cdesign
代表取締役 安田昌宏
107-0062 東京都港区南青山2-6-8
南青山桝田ビル
tel.03-5474-7474／fax.03-5410-5915
http://www.lc-design.co.jp

王子特殊紙株式会社
Oji Specialty Paper Co.,Ltd.
高級特殊紙営業部 部長 相馬太郎
104-0061 東京都中央区銀座5-12-8
王子製紙1号館3F
tel.03-5550-3041／fax.03-5550-3047
http://www.ojigroup.net/company/opt

王子パッケージング株式会社
Oji Packaging Co.,Ltd.
製品設計室 デザイン担当 主査 河野利明
133-0063 東京都江戸川区東篠崎2-3-2
tel.03-3670-4440／fax.03-5243-7372
http://www.oji-pkg.co.jp

有限会社オグラプリント
Ogura Print Corp.
代表取締役社長 小椋國雄
160-0015 東京都新宿区大京町4-9
実務教育ビル1F
tel.03-5379-0901／fax.03-5379-0902

花王株式会社
Kao Corporation
パッケージ作成部 シニアクリエイティブ
ディレクター 野末俊作
103-8210
東京都中央区日本橋茅場町1-14-10
tel.03-3660-7341／fax.03-3660-7272
http://www.kao.co.jp

カゴメ株式会社 東京本社
Kagome Co.,Ltd.
CB戦略室 コーポレート・ブランド部
パッケージグループ 課長 清水隆夫
103-8461 東京都中央区日本橋浜町
3-21-1 日本橋浜町Fタワー
tel.03-5623-8508／fax.03-5623-2250
http://www.kagome.co.jp

カシオ計算機株式会社
Casio Computer Co.,Ltd.
デザインセンター
デザインセンター長 桜井秀紀
151-8543 東京都渋谷区本町1-6-2
tel.03-5334-4813／fax.03-5334-4849
http://www.casio.co.jp

株式会社カネボウ化粧品
Kanebo Cosmetics Inc.
フィールド1商品開発グループ 林 洋二
105-8085 東京都港区虎ノ門5-11-2
オランダヒルズ23F
tel.03-6430-5145／fax.03-6430-5221
http://kcs.kanebo.co.jp

カルピス株式会社
Calpis Co.,Ltd.

KISCO株式会社
Kishimoto Sangyo Co.,Ltd.
常務取締役 包材事業部長 丹羽征男
103-8410 東京都中央区日本橋本町4-11-2
tel.03-3663-0376／fax.03-3661-8960
http://www.kisco-net.com

共同印刷株式会社
Kyodo Printing Co.,Ltd.
包装事業部 包装企画部 担当部長 嶌村 忍
112-8501 東京都文京区小石川4-14-12
tel.03-3817-2249／fax.03-3817-6710
http://www.kyodoprinting.co.jp

キリンビール株式会社
Kirin Brewery Company, Limited
マーケティング部 商品開発研究所
デザイングループ 主査 今井雅也
104-8288 東京都中央区新川2-10-1
tel.03-5540-3483／fax.03-5540-3535
http://www.kirin.co.jp

株式会社クラウンパッケージ
東京本社
Crown Package Co.,Ltd.
デザイン課 主任 加藤友季子
110-0006 東京都台東区秋葉原2-1
tel.03-3526-7115／fax.03-3526-7134
http://www.crown-grp.co.jp

株式会社絃デザイン研究所
Gen Design Co.,Ltd.
総合デザイン室 ディレクター 唐沢道明
141-0021 東京都品川区上大崎2-24-18
ストークマンション目黒804
tel.03-5437-6623／fax.03-5437-6624
http://www.gen-d.co.jp

株式会社コーセー
Kosé Corporation
商品デザイン部 デザイン室 室長 塙 冨士雄
104-0032 東京都中央区八丁堀1-9-9
第八重洲ビル
tel.03-3555-9199／fax.03-3555-9184
http://www.kose.co.jp

寿精版印刷株式会社
Kotobuki Seihan Printing Co.,Ltd.
取締役社長 鷲谷和彦
105-0004 東京都港区新橋1-7-6
美スズビル3F
tel.03-5568-8288／fax.03-5568-8281
http://www.rex.co.jp

コニカミノルタテクノロジーセンター
株式会社
Konica Minolta Holdings, Inc.

サッポロビール株式会社
Sapporo Breweries Ltd.
マーケティング本部 ブランド戦略部
宣伝室 チーフデザイナー 柴野邦彦
150-8522 東京都渋谷区恵比寿4-20-1
tel.03-5423-7242／fax.03-5423-2078
http://www.sapporobeer.jp

株式会社ザ・デザイン・アソシエイツ
The Design Associates Co.,Ltd.
代表取締役 佐藤忠敏
106-0046 東京都港区元麻布3-2-9
tel.03-3404-0328／fax.03-3404-0254
http://www.thedesignassoc.com

株式会社サトー
Sato Corporation
シール・ラベル本部 業務推進部デザイン
グループ 大阪チーム ディレクター 飯田秀次
150-0013 東京都渋谷区恵比寿1-21-3
tel.03-5789-2500／fax.03-5420-5500
http://www.sato.co.jp

株式会社サンクディレクションズ
Cinq Directions Inc.
クリエイティブディレクター 細島雄一
107-0062 東京都港区南青山1-3-1
パークアクシス青山一丁目タワー812
tel.03-5772-2755／fax.03-5411-0849
http://www.39d.co.jp

サントリー株式会社
Suntory Limited
デザイン部長 加藤芳夫
135-8631 東京都港区台場2-3-3
tel.03-5579-1145／fax.03-5579-1718
http://www.suntory.co.jp

株式会社シィクリエイティブ
C.Creative Inc.
代表取締役 久住芳男
107-0062 東京都港区南青山4-15-5
東京インテリア青山ビル北館202
tel.03-5771-7200／fax.03-5771-7222

株式会社GKグラフィックス
GK Graphics Inc.
取締役社長 村井大三郎
161-0033 東京都新宿区下落合2-1-15
tel.03-5952-6831／fax.03-5952-6832
http://www.gk-design.co.jp

株式会社資生堂
Shiseido Co.,Ltd.
宣伝制作部 デザイン制作室
課長 CD 松本 泉
105-8310 東京都港区東新橋1-6-2
資生堂汐留オフィス11F
tel.03-6218-6292／fax.03-6218-6260
http://www.shiseido.co.jp

清水印刷紙工株式会社
Shimizu Printing Inc.
プランナー 山口晃世
112-0013 東京都文京区音羽2-1-20
tel.03-3941-7171／fax.03-3941-7125
http://www.shzpp.co.jp

株式会社志水匡デザイン研究所
Shimizu Tadashi Design Inc.
代表取締役 石井 現
107-0062 東京都港区南青山6-11-3
神通ビル405
tel.03-3406-7250／fax.03-3406-7260

株式会社シャーク・ジャパン
Schawk Japan
代表取締役 中村玲子
107-0062 東京都港区南青山1-20-2
tel.03-5785-1890／fax.03-5785-1891
http://www.schawk.com

新生紙パルプ商事株式会社
Shinsei Pulp & Paper Company
Limited
代表取締役社長 西村武雄
101-8451 東京都千代田区神田錦町1-8
tel.03-3259-5080／fax.03-3233-0991
http://www.sppcl.co.jp

株式会社スーパースタジオ
Super Studio Inc.
代表取締役 齋藤芳弘
151-0051 東京都渋谷区千駄ヶ谷3-54-2
tel.03-3408-9439／fax.03-3479-6386

株式会社鈴竹
Suzutake Co.,Ltd.
代表取締役社長 鈴木竹敏
136-0071 東京都江東区亀戸5-23-15
tel.03-3638-7560／fax.03-3638-7559
http://www.suzutake.co.jp

有限会社スタジオエムジー
Studio MG

精英堂印刷株式会社
Seieido Printing Co.,Ltd.
代表取締役社長 鈴木高明
992-1128 山形県米沢市八幡原1-1-16
tel.0238-28-2211／fax.0238-28-2210
http://www.seieido.co.jp

株式会社精好堂
Seikodo Co.,Ltd.
代表取締役社長 島崎憲治
103-0024 東京都中央区日本橋小舟町11-8
tel.03-5695-7007／fax.03-5695-1033
http://www.seikodo.com

セイコーエプソン株式会社
Seiko Epson Corporation
機器デザインセンター 清水裕之
392-8502 長野県諏訪市大和3-3-5
tel.0266-52-3131
http://www.epson.jp

株式会社セルロイド
Selloid Co.,Ltd.
取締役 森 明子
107-0062 東京都港区南青山5-4-26
FJB南青山ビル9F
tel.03-3400-9918／fax.03-3400-9948
http://www.selloid.com

相互印刷紙器株式会社
Sogo Printing & Packaging Co.,Ltd.
代表取締役社長 村岡万巧
135-0033 東京都江東区深川2-5-6
tel.03-5646-4151／fax.03-5646-4161
http://www.sogo-pp.co.jp

ソニークリエイティブワークス
株式会社
Sony Creativeworks Corporation
ビジュアルコミュニケーションデザイン
部 取締役 兼 ビジュアルコミュニケー
ションデザイン部長 市川 徹
108-0074 東京都港区高輪4-10-18 14F
tel.03-5792-3008／fax.03-5792-3002
http://www.sonycreativeworks.co.jp/

大王製紙株式会社
Daio Paper Corporation

大正製薬株式会社
Taisho Pharmaceutical Co.,Ltd.

大日本印刷株式会社
Dai Nippon Printing Co.,Ltd.

大和紙工株式会社
Daiwa Shiko Co.,Ltd.
デザイン企画室パピエ 横田善行
104-0031 東京都中央区京橋3-1-3
京橋3丁目ビル3F
tel.03-3275-3113／fax.03-3275-0386

株式会社タカラ
Takara Pac Ltd.
TAKARA DESIGN WORKS 井上 学
158-8628 東京都世田谷区用賀4-32-25
tel.03-3707-5194／fax.03-3707-5147
http://www.takarapac.com

竹内工業株式会社
Takeuchi Package Co.,Ltd.
技術部 設計課 主任 平川昌志
131-0041 東京都墨田区八広2-59-2
tel.03-3617-5721／fax.03-3619-5929

株式会社竹尾
Takeo Co.,Ltd.
販売促進本部 製品企画グループ
部長 林 治雄
101-0054 東京都千代田区神田錦町3-12-6
tel.03-3292-3619／fax.03-3219-9060

竹本容器株式会社
Takemoto Yohki Co.,Ltd.
代表取締役社長 竹本笑子
111-0036 東京都台東区松が谷2-21-5
tel.03-3845-6101／fax.03-3842-0899
http://www.takemotokk.co.jp

ツジカワ株式会社
Tujikawa Co.,Ltd.
東京営業所 所長 森口民雄
112-0002 東京都文京区小石川5-5-1
tel.03-3942-0173／fax.03-3942-0174
http://www.tsujikawa.co.jp

TDKデザイン株式会社
TDK Corporation

DICカラーデザイン株式会社
DIC Color & Design, Inc.
取締役会長 山口正幸
101-0021 東京都千代田区外神田2-16-2
第2ディックビル
tel.03-5256-3246／fax.03-5256-3245
http://www.dic-color.com

デグリップゴーベグループ株式会社
Desgrippes Gobe
森岡秀士
108-0073 東京都港区三田1-11-19
Komiya Building 3F
tel.03-5427-8001／fax.03-5427-8003
http://www.dga.com

株式会社デザインメイト
Design Mate Co.,Ltd.
代表取締役 菅原裕介
110-0015 東京都台東区東上野2-13-8
アルカディア上野5F
tel.03-3834-7771／fax.03-3834-7779
http://www.designmate.co.jp

株式会社電通
Dentsu Inc.
クリエーティブ・マネジメント局 シニア
プロジェクトマネージャー 田中康之
105-7001 東京都港区東新橋1-8-1
tel.03-6216-8365／fax.03-6217-5914
http://www.dentsu.co.jp

東亜紙巧業株式会社
Toa Shikogyo Co.,Ltd.

統一印刷株式会社
Toitsu Printing Co.,Ltd.
代表取締役 伏屋友里加
140-0013 東京都品川区南大井1-2-9
tel.03-3763-8631／fax.03-3765-2550

統一超商株式会社 東京事務所
President Chain Store Corp.
東京事務所所長 周 昭呈
104-0045 東京都中央区築地4-1-12
ビューロー銀座502
tel.03-6226-6789／fax.03-3545-5755
http://www.7-11.com.tw

東海パルプ株式会社
Tokai-Pulp&Paper Co.,Ltd.
特殊紙事業部 部長代理 池谷 修
100-0028 東京都中央区八重洲2-4-1
常和八重洲ビル9F
tel.03-3273-8287／fax.03-3281-4754
http://www.tokai-pulp.co.jp

東京製紙株式会社
Tokyo Paper Mfg.Co.,Ltd.
代表取締役社長 佐野賢治
418-0022 静岡県富士宮市小泉866
tel.0544-26-3121／fax.0544-23-6678
http://www.tk-paper.com

株式会社東芝
Toshiba Corporation
デザインセンター センター長 廣井幹也
105-8001 東京都港区芝浦1-1-1
東芝ビル23F
tel.03-3457-4020／fax.03-5444-9291
http://www.toshiba.co.jp/design/pr

東芝ライテック株式会社
Toshiba Lighting & Technology
Corporation
技術統括部 デザインセンター
デザインセンター部長 高橋尊道
237-8510 神奈川県横須賀市船越町1-201-
1
tel.046-862-2023／fax.046-860-1205
http://www.tlt.co.jp

東洋インキ製造株式会社
Toyo Ink Mfg. Co.,Ltd.
CNK事業部 マーケティング部
担当課長 高田知之
104-8377 東京都中央区京橋2-3-13
tel.03-3272-5719／fax.03-3272-0658
http://www.toyoink.co.jp

東洋製罐株式会社
Toyo Seikan Kaisha, Ltd.
営業本部 マーケティング部 部長 駒村秀一
100-8522 東京都千代田区内幸町1-3-1
tel.03-3508-4639／fax.03-3508-2268
http://www.toyo-seikan.co.jp

トーイン株式会社
Toin Corporation
営業管理部 デザイン企画グループ
GL 雨宮一朗
136-0071 東京都江東区亀戸1-4-2
tel.03-5627-9145／fax.03-3638-1133
http://www.toin.co.jp

株式会社トキワ
Tokiwa Corporation
化粧品カンパニー 製品開発部 部長 谷 仁
一
332-0017 埼玉県川口市栄町1-19-26
tel.048-241-1120／fax.048-241-1126
http://www.tokiwa-corp.com

特種製紙株式会社
Tokushu Paper Mfg. Co.,Ltd.
執行役員 営業本部長 松田裕司
101-0047 東京都千代田区内神田2-12-5
tel.03-5209-3114／fax.03-5209-3115
http://www.tt-paper.co.jp

株式会社トス・クリエイティブ
Toss Creative, Inc.
代表取締役 田中秀二
102-0082 東京都千代田区一番町6-3
ライオンズマンション一番町105
tel.03-3265-2051／fax.03-3265-2053
http://www.tosscreative.co.jp

株式会社トッパンプロスプリント
Toppan Prosprint Co.,Ltd.
事業戦略本部 企画部長 岡田壮司
114-0004 東京都北区堀船2-20-46
tel.03-5390-4173／fax.03-5390-2853
http://www.toppan-pp.co.jp

凸版印刷株式会社
Toppan Printing Co.,Ltd.
パッケージ事業本部 TPC事業部
企画本部 企画部 時田秀久
110-8560 東京都台東区台東1-5-1
tel.03-3835-6518／fax.03-3835-7628
http://www.toppan.co.jp

株式会社TOMOE
Tomoe Incorporated
プロモーション本部 AD 清水久司
104-0028 東京都中央区八重洲2-11-4
tel.03-3272-9831／fax.03-3272-9845
http://www.tomoe-ad.co.jp

株式会社中島董商店
Nakashimato Co.,Ltd.

株式会社ナナミ
Nanami.Co.,Ltd.
代表取締役社長 名波久司郎
422-8501 静岡県静岡市駿河区豊田1-6-33
tel.054-283-0773／fax.054-283-1606

ニッセー工業株式会社
Nissey Kougyo Co.,Ltd.
開発部 デザイナー 伊藤美久
101-0021 東京都千代田区外神田4-5-4
tel.03-3255-1120／fax.03-3255-6394
http://www.nisse-ind.co.jp

日本製粉株式会社
Nippon Flour Mills Co.,Ltd.

株式会社日本香堂
Nippon Kodo Co.,Ltd.
マーケティング本部 本部長 土屋義幸
104-8135 東京都中央区銀座4-9-1
tel.03-3541-3401／fax.03-3541-3402
http://www.nipponkodo.co.jp

日本コカ・コーラ株式会社
Coca-Cola (Japan) Company, Limited

日本山村硝子株式会社
Nihon Yamamura Glass Co.,Ltd.

ハウス食品株式会社
House Foods Corporation
東京本社 マーケティング室
デザイン企画課長 山下秀俊
102-8560 東京都千代田区紀尾井町6-3
tel.03-5211-6034／fax.03-5211-6044
http://www.housefoods.co.jp

株式会社博報堂
Hakuhodo Incorporated
ブランドソリューションマーケティング
センター 店頭マーケティング部
部長 長谷川 宏
108-8088 東京都港区芝浦3-4-1
tel.03-5446-8366／fax.03-5446-8209
http://www.hakuhodo.co.jp

株式会社ハルデザイン
Hal Design
代表 田中秀樹
158-0094 東京都世田谷区玉川2-14-7
ツインシティ・S 2F
tel.03-5491-2912／fax.03-5491-2913
http://www.hal.co.jp

有限会社ビジュアルポスト
Visual Post
代表取締役 色摩光弘
992-1125 山形県米沢市万世町片子4382-4
tel.0238-26-1160／fax.0238-26-1135

株式会社フジシール
Fuji Seal, Inc.
営業本部 常務取締役営業本部長 澁谷修一
100-0005 東京都千代田区丸の内1-9-1
tel.03-5208-5900／fax.03-5208-5914
http://www.fujiseal.co.jp

富士フイルム株式会社
Fujifilm Corporation
デザインセンター センター長 亀山信行
106-8620 東京都港区西麻布2-26-30
tel.03-6418-2912／fax.03-6418-2321
http://fujifilm.jp

富士フイルムプレゼンテック
株式会社
Fujifilm Presentec Co.,Ltd.
クリエイティブセンター 野坂麻美
107-0062 東京都港区南青山7-8-1
南青山ファーストビル6F
tel.03-3406-9677／fax.03-3406-2195
http://fpt.fujifilm.co.jp

株式会社ブランドワークス
Brandworx, Inc.
デザインユニット マネージャー 葛原路子
106-0045 東京都港区麻布十番1-5-30
tel.03-3402-5661／fax.03-3402-5669
http://www.brandworx.co.jp

古林紙工株式会社
Furubayashi Shiko Co.,Ltd.
東京営業部 統括部長 (MDセンター兼任)
取締役部長 川田真寛
245-0053
神奈川県横浜市戸塚区上矢部町337
tel.045-812-0051／fax.045-812-0194
http://www.furubayashi-shiko.co.jp

株式会社ブルボン
Bourbon Corporation
製品開発部 商品デザイン室 室長 関矢一隆
945-0114 新潟県柏崎市大字藤井1358番地1
tel.0257-23-3028／fax.0257-24-9067
http://www.bourbon.co.jp

HOYA株式会社
Hoya Corporation
PENTAXイメージングシステム事業本部
開発統括部 デザイン部 濃沼雅弘
107-0062 東京都港区南青山6-11-1
スリーエフ南青山ビルディング4F
tel.03-3407-2092／fax.03-3407-2094
http://www.pentax.co.jp

ポーラ化成工業株式会社
Pola Chemical Industries, Inc.
デザイン研究所 所長 碓井健司
141-8523 東京都品川区西五反田2-2-3
tel.03-3494-7128／fax.03-3494-1758
http://www.pola-rm.co.jp

ミードウェストベーコ株式会社
Meadwestvaco K.K.
代表取締役 ジョナサン・コール
105-0012 東京都港区芝大門2-12-7
tel.03-5401-5811／fax.03-5401-5832
http://www.meadwestvaco.com

株式会社ミックブレインセンター
MIC Brain Center
小林孝次
106-0031 東京都港区西麻布3-20-16
西麻布アネックスビル2F
tel.03-3423-9491／fax.03-3423-9494
http://www.mic-bc.co.jp

三菱鉛筆株式会社
Mitsubishi Pencil Co.,Ltd.
商品開発部 デザインG 村山節男
140-0011 東京都品川区東大井5-23
tel.03-3458-6288／fax.03-3458-2031
http://www.mpuni.co.jp

三菱電機株式会社 デザイン研究所
Mitsubishi Electric Corporation
ホームシステムデザイン部 第2グループ
マネージャー 菊田俊成
247-8501 神奈川県鎌倉市大船5-1-1
tel.0467-41-2352／fax.0467-41-2390

株式会社ミニラ クリエイティブ
Minira Creative Inc.
代表取締役 中尾英司
107-0062 東京都港区南青山6-12-3
南青山ユニハイツ903
tel.03-5468-0878／fax.03-5468-0898
http://www.minira.co.jp

株式会社村田金箔
Murata Kimpaku Co.,Ltd.
常務取締役 松村利夫
112-8634 東京都文京区大塚3-21-4
tel.03-3947-6111／fax.03-3947-6723
http://www.murata-kimpaku.com

メルク株式会社
Merck Ltd.

森永製菓株式会社
Morinaga & Co.,Ltd.
デザイン室 室長 大塚 隆
108-8403 東京都港区芝5-33-1
tel.03-3456-0126／fax.03-3456-0270
http://www.morinaga.co.jp

株式会社
YAOデザインインターナショナル
Yao Design International
代表取締役 八尾戴子
160-0003 東京都新宿区本塩町4
祥平館ビル7F
tel.03-3357-3668／fax.03-3353-1546
http://www.yao-design.co.jp

ユニ・チャーム株式会社
Unicharm Corporation
グローバルマーケティング本部 制作部
部長 野口 優
108-8575 東京都港区三田3-5-27
住友不動産三田ツインビル西館
tel.03-3447-5111／fax.03-6722-1026
http://www.unicharm.co.jp

株式会社ユポ・コーポレーション
Yupo Corporation
営業本部 本部長代行 営業1グループグル
ープマネージャー 森 昌樹
101-0062 東京都千代田区神田駿河台4-3
新お茶の水ビル15F
tel.03-5281-6652／fax.03-5281-0819
http://japan.yupo.com

株式会社ヨックモック
Yoku Moku Corporation
営業推進部 部長 山田 洋
102-0073 東京都千代田区九段北1-8-10
住友不動産九段ビル
tel.03-6327-3115／fax.03-3237-3886
http://www.yokumoku.co.jp

ライオン株式会社
Lion Corporation
広告制作部デザイン室 室長 戸田武雄
130-8544 東京都墨田区横網1-2-22
tel.03-3621-6646／fax.03-3621-6659
http://www.lion.co.jp

ランドーアソシエイツ
インターナショナル リミテッド
Landor Associates
シニア・ブランド・コンサルタント 細谷正人
102-0093 東京都千代田区平河町1-4-12
KDX平河町ビル2F
tel.03-3263-2291／fax.03-3263-2292
http://www.landor.com/tokyo

理研ビタミン株式会社
Riken Vitamin Co.,Ltd.
パッケージングチーム リーダー 齋藤郁夫
160-0004 東京都新宿区四谷1-22-5
KDX四谷ビル2F
tel.03-5363-6082／fax.03-5363-6091
http://www.rikenvitamin.jp

レンゴー株式会社
Rengo Co.,Ltd.
デザイン・マーケティングセンター
課長 縄田幸男
108-0075 東京都港区港南2-16-1
品川イーストワンタワー15F
tel.03-6716-7534／fax.03-6716-7540
http://www.rengo.co.jp

株式会社ロッテ
Lotte Co.,Ltd.
商品開発部 課長 宗則洋之
160-0023 東京都新宿区西新宿3-20-1
tel.03-5388-5260／fax.03-3379-6807

法人（中日本）

昭和企画株式会社
Showakikaku Co.,Ltd.
クリエイティブセンター 所長 松原繁隆
509-0103 岐阜県各務原市各務東町1-47
tel.058-370-5011／fax.058-370-5755

ダイナパック株式会社
Dynapac Co.,Ltd.

大和グラビヤ株式会社
Daiwa Gravure Co.,Ltd.
企画デザイン室
アートディレクター 足立ゆうじ
462-0847 愛知県名古屋市北区金城1-7-23
tel.052-911-2243／fax.052-911-2105
http://www.daiwagravure.co.jp

凸版印刷株式会社
Toppan Printing Co.,Ltd.
中部事業部 営業本部 課長 岩越昌文
452-0847 愛知県名古屋市西区野南町19
tel.052-503-5188／fax.052-503-7904
http://www.toppan.co.jp

富山スガキ株式会社
Toyama Sugaki Co.,Ltd.
企画制作部 部長 牛島勝徳
939-8585 富山県富山市塚原23-1
tel.076-429-3229／fax.076-429-8351
http://www.sugaki.co.jp

日本メナード化粧品株式会社
Nippon Menard Cosmetic Co.,Ltd.

富士特殊紙業株式会社
Akatsuki Design Office Co.,Ltd.
株式会社暁デザイン事務所 課長 舟橋鉱三
489-0071 愛知県瀬戸市暁町3-143
tel.0561-86-8518／fax.0561-86-8539
http://www.akatsuki-d.com

名糖産業株式会社
Meito Sangyo Co.,Ltd.
食品開発部 係長 伊藤俊信
451-8520 愛知県名古屋市西区笹塚町2-41
tel.052-521-7117／fax.052-521-7121
http://www.meito-sangyo.co.jp

株式会社八木
Yagi Co.,Ltd.
専務取締役営業部長 八木勇達
486-0953 愛知県春日井市御幸町2-6-23
tel.0568-31-9048／fax.0568-31-9096

法人（西日本）

アイ企画株式会社
Eye Corporate Planning Co.,Ltd.

伊藤ハム株式会社
Itoham Foods Inc.
商品政策ディビジョン マーケティング企画
デパートメント 天津 学
663-8586 兵庫県西宮市高畑町4-27
tel.0798-64-8621／fax.0798-65-5286
http://www.itoham.co.jp

岩倉印刷紙業株式会社
Iwakura Printing Co.,Ltd.
代表取締役 岩倉 巧
543-0026 大阪府大阪市天王寺区東上町2-25
tel.06-6771-5676／fax.06-6771-9693
http://www.ip-c.co.jp

上六印刷株式会社
Ueroku Printing Co.,Ltd.
代表取締役社長 澤 洋
543-0002 大阪府大阪市天王寺区上汐3-2-16
tel.06-6772-1361／fax.06-6772-3040

オカハシ株式会社
Okahashi Co.,Ltd.
代表取締役 岡橋勢美男
634-8510 奈良県橿原市中曽司町555-1
tel.0744-24-0001／fax.0744-24-4611
http://www.okahashi-co.co.jp

紀伊産業株式会社
Keytrading Co.,Ltd.
代表取締役社長 片山 勉
541-0053 大阪府大阪市中央区本町1-3-20
tel.06-6271-5171／fax.06-6264-0034
http://www.keytrading.co.jp

九州パッケージ株式会社
Kyushu Packaging Co.,Ltd.
クリエイティブスペース クレスト
部長 松嶋幸治
811-3121 福岡県古賀市筵内642-2
tel.092-944-5311／fax.092-944-5312

京セラミタ株式会社
Kyocera Mita Corporation
第1技術本部 第1統括技術部
第13技術部 MD4課 責任者 瀬戸上 裕
540-8585 大阪府大阪市中央区玉造1-2-28
tel.06-6764-3432／fax.06-6764-3758
http://www.kyoceramita.co.jp

株式会社クラブコスメチックス
Club Cosmetics Co.,Ltd.
代表取締役社長 中山ユカリ
550-0005 大阪府大阪市西区西本町2-6-11
tel.06-6531-2990／fax.06-6543-2012
http://www.clubcosmetics.co.jp

サラヤ株式会社
Saraya Co.,Ltd.
コミュニケーションデザイン部
次長 濱口慎治
546-0013 大阪府大阪市東住吉区湯里2-2-8
tel.06-6797-2469／fax.06-6702-6062
http://www.saraya.com

株式会社ジイケイ京都
GK Kyoto Inc.
取締役 井上 聡
602-0898
京都府京都市上京区相国寺東門前町657
tel.075-211-2277／fax.075-231-1047
http://www.gk-kyoto.com

株式会社ジャックス
Jacks Co.,Ltd.
商品開発部 部長 米田隆文
581-0038 大阪府八尾市若林町2-58
tel.072-920-6076／fax.072-920-6075
http://www.jacks.co.jp

株式会社スタジオ・ビーム
Studio Beam Co.,Ltd.
代表取締役社長 前田浩貴
541-0056 大阪府大阪市中央区久太郎町1-2-16 三星中央別館6F
tel.06-6264-1145／fax.06-6264-1504
http://www.beam-inc.co.jp

株式会社創美
Sobi, Inc.
代表取締役 須藤英一郎
816-0912 福岡県大野城市御笠川4-2-10
tel.092-513-9300／fax.092-513-9640
http://sobi.biz

大商硝子株式会社
Daisho Glass Co.,Ltd.
取締役社長 井垣俊行
536-0014 大阪府大阪市城東区鴫野西2-6-5
tel.06-6961-4855／fax.06-6968-5881
http://www.daisho-g.co.jp

大日本印刷株式会社
Dai Nippon Printing Co.,Ltd.
包装総合開発センター 商品企画本部
商品企画部 部長 北山晃一
550-8508 大阪府大阪市西区
南堀江1-17-28 なんばSSビル5F
tel.06-6110-4901／fax.06-6110-4924
http://www.dnp.co.jp

大和印刷株式会社
Daiwa Printing Co.,Ltd.

宝酒造株式会社
Takara Shuzo Co.,Ltd.
酒類事業本部 商品部
デザイニングループ長 樋野健一
600-8688
京都府京都市下京区四条通烏丸東入
tel.075-241-5165／fax.075-241-5164
http://www.takarashuzo.co.jp

株式会社竹尾 大阪支店
Takeo Co.,Ltd.
取締役 大阪支店長 渡邉正明
577-0065 大阪府東大阪市高井田中1-1-3
tel.06-6785-2221／fax.06-6785-2227
http://www.takeo.co.jp

株式会社タマヤ
Tamaya Co.,Ltd.
代表取締役社長 畑崎智弘
601-8111 京都府京都市南区
上鳥羽苗代町19-8 第2ビル
tel.075-692-2250／fax.075-692-2234
http://www.tamaya-net.co.jp

株式会社TCD
Tcd Corporation
執行役員・デザインディレクター 山崎晴司
659-0021 兵庫県芦屋市春日町7-19
tel.0797-34-4310／fax.0797-34-4312
http://www.tcd.jp

株式会社デザイン フォース
Design Force Co.,Ltd.
代表取締役 森 孝幹
541-0046 大阪府大阪市中央区
平野町1-8-8 平野町安井ビル6F
tel.06-6231-1800／fax.06-6231-1808
http://www.group-force.com

凸版印刷株式会社
Toppan Printing Co.,Ltd.
パッケージ事業部 関西事業部 企画部
江頭郁夫
553-8580
大阪府大阪市福島区海老江3-22-61
tel.06-6454-3115／fax.06-6454-3458
http://www.toppan.co.jp

株式会社ナリス化粧品
Nariscosmetics Co.,Ltd.
マーケティング部 デザイン課
課長 横谷泰美
553-0001 大阪府大阪市福島区海老江1-11-17
tel.06-6346-6573／fax.06-6346-6578
http://www.naris.co.jp

富士包装紙器株式会社
Fuji Hoso Shiki Co.,Ltd.

プロクター&ギャンブル・ジャパン
株式会社
Procter & Gamble Far East, Inc.
デザイン部 デザインマネージャー 松村 聡
658-0032 兵庫県神戸市東灘区向洋町中1-17
tel.078-845-5254／fax.078-845-6931
http://jp.pg.com

株式会社ベーシックプロダクト
Basic Product Inc.
代表取締役 時岡和雄
700-0837 岡山県岡山市南中央町4-5
tel.086-232-5002／fax.086-231-2851
http://www.basic-product.co.jp

松下電器産業株式会社
パナソニックデザイン社
Matsushita Electric Industrial Co.,Ltd.
社長 根岸 豊
571-8504 大阪府門真市松生町1-15
tel.06-6905-4328／fax.06-6905-4342
http://www.panasonic.co.jp/design

松下電工株式会社
Matsushita Electric Works, Ltd.
デザイン開発センター パッケージデザイン
チーム 主担当 溝畑義夫
571-8686 大阪府門真市大字門真1048
tel.06-6908-0684／fax.06-6908-3712
http://www.mew.co.jp

松下電池工業株式会社 一次電池社
Matsushita Battery Industrial Co.,Ltd.
営業ビジネスユニット 商品グループ
第2チーム チームリーダー 山田泰夫
570-8511 大阪府守口市松下町1-1
tel.06-6994-9964／fax.06-6994-0101
http://www.panasonic.co.jp/mbi

丸昌化学工業株式会社
Marusho Chemical Industry Co.,Ltd.
代表取締役社長 水谷隆彦
540-0012 大阪市大阪市中央区谷町4-5-9
tel.06-6942-2380／fax.06-6942-2385

丸廣紙業株式会社
Malhiro Paper Enterprise
代表取締役社長 前川禎廣
581-0025 大阪府八尾市天王寺屋2-115
tel.072-949-5638／fax.072-949-1079

株式会社明成孝橋美術
Meisei Takahashi Art Printing Co.,Ltd.
企画営業部 専務取締役 孝橋悦達
543-0011
大阪府大阪市天王寺区清水谷町12-7
tel.06-6761-7657／fax.06-6765-2630
http://www.ideapot.co.jp

モロゾフ株式会社
Morozoff Co.,Ltd.
代表取締役社長
マーケティングセンター長 川喜多佑一
658-0033 兵庫県神戸市東灘区
向洋町西5-3 六甲アイランドオフィス
tel.078-822-5000／fax.078-851-1458
http://www.morozoff.co.jp

株式会社リョウエイ
Ryoei Co.,Ltd.
代表取締役社長 坂井淳晃
567-0057 大阪府茨木市豊川3-2-43
tel.072-641-7979／fax.072-641-8005

個人会員（東日本）

青木茂吉
Aoki Shigeyoshi
215-0013 神奈川県川崎市麻生区
王禅寺2531-11
tel.044-955-3975／fax.044-955-3975

青山明輝
Aoyama Akiteru
花王株式会社 パッケージ作成部3室
103-8210 東京都中央区日本橋茅場町1-14-10
tel.03-3660-7382／fax.03-3660-9877
http://www.kao.co.jp

秋葉英雄
Akiba Hideo
花王株式会社 パッケージ作成部
103-8210 東京都中央区日本橋茅場町1-14-10
tel.03-3660-7340／fax.03-3660-7272
akiba.hideo@kao.co.jp
http://www.kao.co.jp

秋山香代子
Akiyama Kayoko
株式会社石川源事務所
153-0061 東京都目黒区中目黒4-12-7
松風園ハイツ503
tel.03-3760-7591／fax.03-3760-7588
akiyama@minatoishikawa.com
http://www.minatoishikawa.com

浅倉 正
Asakura Tadashi
サントリー株式会社 デザイン部
135-8631 東京都港区台場2-3-3
tel.03-5579-1145／fax.03-5579-1718
Tadashi_Asakura@suntory.co.jp
http://www.suntory.co.jp

浅野サト子
Asano Satoko
株式会社デザイン バス
101-0051 東京都千代田区神田神保町
1-48-1 興生堂ビル4F
tel.03-5282-2720／fax.03-5282-0112
asano@designbus.co.jp
http://www.designbus.co.jp

足立和彦
Adachi Kazuhiko
134-0013 東京都江戸川区江戸川6-31-99
tel.03-3804-4862

阿部 優
Abe Masaru
有限会社バナナムーン
176-0001 東京都練馬区練馬4-22-12-901
tel.03-5984-5863／fax.03-5984-5863
banana_mxxx@yahoo.co.jp

荒井 聡
Arai Satoshi
有限会社あんてなスタジオ
107-0062 東京都港区南青山4-15-4
パークヒルズ南青山101
tel.03-5772-2342／fax.03-5772-2343
arai@antenna-studio.com
http://www.antenna-studio.com

新井 猛
Arai Takeshi
有限会社新井猛デザイン事務所
代表取締役 アートディレクター
377-0008 群馬県渋川市渋川1771-8
tel.0279-23-4208／fax.0279-23-4265

有澤眞太郎
Arisawa Shintaro
有限会社ヘルベチカ
107-0062 東京都港区南青山5-15-9
フラット青山301
tel.03-5778-4804／fax.03-5778-4808
arisawa@helvetica.co.jp

安藤京子
Ando Kyoko

飯尾明彦
Iio Akihiko

井口益利
Iguchi Yoshitoshi
いぐちデザイン
123-0872 東京都足立区江北4-30-3
ソフィア西新井204
tel.03-3898-6193／fax.03-3898-6193

井口佳己
Iguchi Yoshimi
株式会社コーセー 商品デザイン部 デザイン
室
104-0032 東京都中央区八丁堀1-9-9
第3八重洲ビル2F
tel.03-3555-9199／fax.03-3555-9184
y-iguchi@kose.co.jp
http://www.kose.co.jp

池上真夫
Ikegami Masao
イケガミ デザイン スタジオ 代表
104-0061 東京都中央区銀座3-8-10
銀座朝日ビル5F 射水紙器印刷内
tel.03-3563-5360／fax.03-3563-5360
ikegami@art.email.ne.jp

池田昭代
Ikeda Akiyo
235-0016 神奈川県横浜市磯子区磯子
7-15-1 ステージ21磯子B-119
tel.045-753-0513／fax.045-753-0513

池田修一
Ikeda Shuichi
エフ クリエイション株式会社
プロダクツデザイングループ
クリエイティブディレクター
105-0021 東京都港区東新橋1-1-16
汐留FSビル12F
tel.03-6253-1760／fax.03-5537-6022
s.ikeda@fcreation.co.jp

井澤初美
Izawa Hatsumi
株式会社ハイ・アンド・パートナーズ
キャロンデザインネットワーク東京
代表取締役
170-0003 東京都豊島区駒込4-3-20
ブラウド駒込356
tel.03-5961-6081／fax.03-5961-6082
izawa@hi-and-p.com

石井浩一
Ishii Koichi
有限会社平本勝彦デザイン室
173-0004 東京都板橋区板橋1-53-15
メゾン新板橋1103
tel.03-3962-4438／fax.03-3962-4481
hira-p@air.linkclub.or.jp

石浦弘幸
Ishiura Hiroyuki
サントリー株式会社 デザイン部
アートディレクター
135-8631 東京都港区台場2-3-3
tel.03-5579-1145／fax.03-5579-1718
ishiura@suntorydesign.com
http://www.suntory.co.jp

石川久仁雄
Ishikawa Kunio
株式会社ベネディクト
153-0063 東京都目黒区目黒2-11-8
バルビゾン8F
tel.03-3492-7401／fax.03-3492-7402
info@benedict.jp
http://www.benedict.jp

石川 源
Ishikawa Minato
株式会社石川源事務所
153-0061 東京都目黒区中目黒4-12-7
松風園ハイツ503
tel.03-3760-7591／fax.03-3760-7588
minato@minatoishikawa.com
http://www.minatoishikawa.com

石崎洋之
Ishizaki Hiroyuki
178-0061 東京都練馬区大泉学園町5-22-18
tel.03-3923-8826

石原敬子
Ishihara Keiko
株式会社メディック デザイン室
950-0916 新潟県新潟市米山3-19-19-1F
tel.025-364-2925／fax.025-364-2870
keiko.ishihara@medc-medc.com
http://www.medc-medc.com

石原雅彦
Ishihara Masahiko
有限会社タモン
113-0021 東京都文京区本駒込6-14-14-814
tel.03-3942-7930／fax.03-3942-7940
http://www.odamame.com

礒﨑奈津江
Isozaki Natsue
サントリー株式会社 デザイン部
135-8631 東京都港区台場2-3-3
tel.03-5579-1145／fax.03-5579-1718
Natsue_Isozaki@suntory.co.jp
http://www.suntory.co.jp

一森孔明
Ichimori Komei
有限会社ファンダメントデザイン 代表
101-0021 東京都千代田区外神田5-5-12
高樹ビル3F
tel.03-5807-6881／fax.03-5807-6882
fmd@gol.com
http://www.fmd-web.com

伊藤恵子
Ito Keiko
コーセーコスメポート株式会社
商品開発部 デザイン室
104-0032 東京都中央区八丁堀1-9-9
tel.03-3551-3549／fax.03-3553-5950
k-ito@kosecosmeport.co.jp
http://www.kosecosmeport.co.jp

伊藤兼太朗
Ito Kentaro
ポーラ化成工業株式会社 デザイン研究所
141-8523 東京都品川区西五反田2-2-3
tel.03-3494-7129／fax.03-3494-1758
ken-itou@pola.co.jp
http://www.pola-rm.co.jp/

伊藤鷹也
Ito Takaya
株式会社伊藤鷹也デザイン事務所
103-0022 東京都中央区日本橋室町1-6-1
トミービル3F・7F
tel.03-3279-0213／fax.03-3279-0214
ito-d2@titan.ocn.ne.jp

伊東 保
Ito Tamotsu

伊藤 透
Ito Toru
TORU ITO DESIGN
160-0012 東京都新宿区南元町4
ブリリア外苑出羽坂403
tel.03-3350-9779／fax.03-3350-9795
email@toruitodesign.com
http://www.toruitodesign.com

伊藤 稔
Ito Minoru
102-0072 東京都千代田区飯田橋2-13-5
文栄ビル4F
tel.03-3234-4677／fax.03-3234-4677
minosan@violin.ocn.ne.jp

伊藤理恵
Ito Rie

稲垣 順
Inagaki Jun
株式会社セルロイド
107-0062 東京都港区南青山5-4-26
FJB南青山ビル9F
tel.03-3400-9918／fax.03-3400-9948
inagaki@selloid.com
http://www.selloid.com

稲澤美穂子
Inazawa Mihoko
稲沢デザイン室
256-0802 神奈川県小田原市小竹586-36
tel.0465-43-4370／fax.0465-43-3536
mihoko@ina-d.jp
http://www.ina-d.jp

犬塚達美
Inuzuka Tatsumi
株式会社犬塚デザイン事務所
113-0034 東京都文京区湯島3-3-4
高柳ビル4F
tel.03-3839-1386／fax.03-3839-1387
inuzuka@box.email.ne.jp

井上 直
Inoue Tadashi
有限会社バウス
162-0824 東京都新宿区揚場町2-12
セントラルコーポラス310
tel.03-3235-6109／fax.03-3235-0447
b-a-u-s@zc4.so-net.ne.jp
http://www.baus.jp

井上幸春
Inoue Yukiharu
有限会社井上幸春デザイン事務所
151-0071 東京都渋谷区本町1-7-16-606
tel.03-3379-5714／fax.03-3379-5714
ino-y@sea.plala.or.jp

今村朔郎
Imamura Sakuro
413-0102 静岡県熱海市下多賀1714-211
グリーンヒル
tel.0557-68-5520／fax.0557-68-5520

入江あずさ
Irie Azusa
花王株式会社 パッケージ作成部
103-8210 東京都中央区日本橋茅場町1-14-10
tel.03-3660-7393／fax.03-3660-7272
irie.azusa@kao.co.jp
http://www.kao.co.jp

岩田文代
Iwata Fumiyo
株式会社プロポーション シーツー
141-0032 東京都品川区大崎1-17-17
tel.03-5436-1012／fax.03-5436-0039
p-c2@iris.dti.ne.jp
http://www.p-c2.com

岩本伸二
Iwamoto Shinji
味の素株式会社 広告部 制作企画グループ
104-8315 東京都中央区京橋1-15-1
tel.03-5250-8232／fax.03-5250-8337
shinji_iwamoto@ajinomoto.com
http://www.ajinomoto.co.jp

牛島志津子
Ushijima Shizuko
サントリー株式会社 デザイン部
クリエイティブディレクター
135-8631 東京都港区台場2-3-3
tel.03-5579-1145／fax.03-5579-1718
Shizuko_Ushijima@suntory.co.jp
http://www.suntory.co.jp

氏原文子
Ujihara Ayako
エイ・デザイン
085-1144 北海道阿寒郡鶴居村下幌呂
tel.0154-65-4100／fax.0154-65-4100
fwiv9804@nifty.com

碓井まり
Usui Mari
株式会社MaPa 代表取締役
224-0066 神奈川県横浜市都筑区見花山4-20
tel.045-942-5160／fax.045-942-5126
aquabox@wine.ocn.ne.jp
http://www.mapa.co.jp

内田 篤
Uchida Atsushi
東洋製罐株式会社 営業本部
マーケティング部 デザイングループ 係長
100-0011 東京都千代田区内幸町1-3-1
tel.03-3508-0139／fax.03-3508-2076
atsushi_uchida@toyo-seikan.co.jp
http://www.toyo-seikan.co.jp

内田真由美
Uchida Mayumi
株式会社シィ クリエイティブ
107-0062 東京都港区南青山4-15-5
東京インテリア青山ビル北館202
tel.03-5771-7200／fax.03-5771-7222

内山淳子
Uchiyama Junko
rice design
157-0072 東京都世田谷区祖師谷1-22-25
グリーンハウスN204
tel.03-6317-1937／fax.03-6317-1937
rice.d@w5.dion.ne.jp
http://www.rice-design.net

宇塚 智
Uzuka Satoshi
株式会社ビステージ 取締役 デザイナー
321-0942 栃木県宇都宮市峰3-28-19
tel.028-635-0304／fax.028-635-0304

畝野裕司
Uneno Yuji
株式会社資生堂
宣伝制作部 デザイン制作室
105-8310 東京都港区東新橋1-6-2
資生堂汐留オフィス10F
tel.03-6218-6274／fax.03-6218-6260
yuji.uneno@mac-shiseido.com
http://www.shiseido.co.jp

海野加奈子
Umino Kanako
株式会社ブラビス・インターナショナル
デザイン ディレクター
108-0071 東京都港区白金台4-10-8
tel.03-5789-7601／fax.03-5789-7602
umino@bravis.com
http://www.bravis.com

江木 裕
Egi Yu
クリエイティブルーム ドゥアン
106-0032 東京都港区六本木7-12-22
片山ビル1F
tel.03-5411-0805／fax.03-5411-5706
egi@deux-un.jp

江口 收
Eguchi Osamu
有限会社江口デザイン研究所 代表取締役
153-0042 東京都目黒区青葉台1-6-54
tel.03-5459-6630／fax.03-5459-6620
eggeo@g01.itscom.ne.jp

江藤晴代
Eto Haruyo
ポーラ化成工業株式会社 デザイン研究所
141-8523 東京都品川区西五反田2-2-3
tel.03-3494-7129／fax.03-3494-1758
h-etou@pola.co.jp
http://www.pola-rm.co.jp/

江藤正典
Eto Masanori
株式会社アドブレーン パッケージディビジョン チーフディレクター
105-0004 東京都港区新橋1-9-6
COI新橋ビル8F
tel.03-5568-5771／fax.03-5568-5781
eto@adbrain.co.jp
http://www.adbrain.co.jp

榎村真澄
Enomura Masumi
株式会社コーセー 商品デザイン部
デザイン室 開発担当 アートディレクター
104-0032 東京都中央区八丁堀1-9-9
第3八重洲ビル2F
tel.03-3206-7671／fax.03-3555-1419
m-enomura@kose.co.jp
http://www.kose.co.jp

エンドウクミコ
Endo Kumiko
有限会社オフィスキュー
107-0062 東京都港区南青山6-7-5-308
tel.03-3400-4114／fax.03-3400-4144
gumiko@office-q.com
http://www.office-q.com

遠藤紀雄
Endo Norio
有限会社ハンドファスト 代表取締役
150-0001 東京都渋谷区神宮前1-19-8
原宿ファミリー301
tel.03-3405-6369／fax.03-3405-6501
handfast@zb3.so-net.ne.jp

遠藤真由美
Endo Mayumi
有限会社川路ヨウセイデザインオフィス
107-0062 東京都港区南青山5-11-14
H&M EAST 206
tel.03-3400-4421／fax.03-3486-0856
endo@k-do.com

大石恭一
Oishi Kyoichi
有限会社リンデン・コーポレーション 制作
184-0003 東京都小金井市緑町5-12-11-405
tel.042-387-6440／fax.042-387-6440
k.oishi0711@jcom.home.ne.jp

大石眞里
Oishi Mari
151-0061 東京都渋谷区初台2-13-15-204
tel.03-5350-4155／fax.03-5350-4155
marizo@s7.dion.ne.jp

大久保尚子
Okubo Naoko
花王株式会社 パッケージ作成部
クリエイティブ・ディレクター
103-8210 東京都中央区日本橋茅場町1-14-10
http://www.kao.co.jp

大蔵 侊
Okura Shin
有限会社ジェイズデザインスペース
107-0062 東京都港区南青山2-2-6
ラ・セーナ南青山503
tel.03-5771-2205／fax.03-5771-2245
oh-4shin@qa2.so-net.ne.jp
http://www.ohjs.com

大澤 靖
Osawa Yasushi
株式会社マックスラジアン
代表取締役副社長
141-0021 東京都品川区上大崎3-14-35
山手ビル3F
tel.03-3449-6231／fax.03-3449-6232
osawa@maxradian.co.jp
http://www.maxradian.co.jp

大城久幸
Oshiro Hisayuki
株式会社アド・クリエーター
150-0001 東京都渋谷区神宮前6-33-18
ハイツ原宿102
tel.03-3400-7366／fax.03-3400-7027
oshiro@adcreator.co.jp

大住裕一
Osumi Yuichi
サントリー株式会社 デザイン部
135-8631 東京都港区台場2-3-3
tel.03-5579-1145／fax.03-5579-1718
Yuichi_Osumi@suntory.co.jp
http://www.suntory.co.jp

大地康子
Ochi Yasuko
株式会社コム・ピー
253-0054 神奈川県茅ヶ崎市東海岸南5-3-61 6-1
tel.0467-88-0785／fax.0467-88-0785
mz8s-ooc@asahi-net.or.jp
http://www.ne.jp/asahi/comp/design

大西モリヒロ
Onishi Morihiro
株式会社大西デザイン
150-0002 東京都渋谷区渋谷1-1-6
エムエフ青山604
tel.03-3499-2182／fax.03-3499-2193
onishixe@atlas.plala.or.jp
http://art-mania.info

大森幸代
Omori Yukiyo
株式会社ヴァンケット
150-0001 東京都渋谷区神宮前2-9-9
tel.03-3408-7020／fax.03-3408-6110
omori@banquet.co.jp

岡澤 元
Okazawa Gen
株式会社豪デザイン
182-0024 東京都調布市布田3-1-7
池田ビル205
tel.042-439-6826／fax.042-481-9658
go-okazawa@co.email.ne.jp

岡田宏三
Okada Kozo
株式会社オーディ 代表取締役
107-0052 東京都港区赤坂6-19-11
メゾン赤坂407
tel.03-3505-0301／fax.03-3505-0302
1@o-design.co.jp

オカダジュンイチ
Okada Junichi
norishiro
064-0802 北海道札幌市中央区南2条西22-1-40-601
tel.011-613-6004／fax.011-613-6004
junjun@kk.iij4u.or.jp

岡野邦彦
Okano Kunihiko
Shotype Design
177-0035 東京都練馬区南田中5-3-23-101
http://www.shotype.com

岡部真紀
Okabe Maki
株式会社GKグラフィックス
第1デザイン部 副部長
161-0033 東京都新宿区下落合2-1-15
tel.03-5952-6831／fax.03-5952-6832
m-okabe@gk-design.co.jp
http://www.gk-design.co.jp/gra

小川裕子
Ogawa Hiroko
有限会社小川裕子デザイン 代表取締役
107-0062 東京都港区南青山3-4-8
トレディカーサ南青山208
tel.03-5474-4171／fax.03-5474-4442
hiro@ogawa-design.com
http://www.intecdtp.co.jp/ogawa

小黒 元
Oguro Hajime
株式会社アルビオン デザイン室
104-0061 東京都中央区銀座1-16-7
友泉銀座ビル6F
tel.03-5159-1610／fax.03-5159-1615
http://www.albion.co.jp

落合佳代
Ochiai Kayo
215-0034 神奈川県川崎市麻生区南黒川10-10-704
tel.044-986-5785／fax.044-986-5785
kayo1101ochiai.dsg@tea.ocn.ne.jp

小野太士
Ono Taishi
ポーラ化成工業株式会社 デザイン研究所
141-8523 東京都品川区西五反田2-2-3
tel.03-3494-7129／fax.03-3494-1758
ta-ono@pola.co.jp
http://www.pola-rm.co.jp/

小野達也
Ono Tatsuya
株式会社ベネディクト
153-0063 東京都目黒区目黒2-11-8
バルビゾン8F
tel.03-3492-7401／fax.03-3492-7402
info@benedict.jp
http://www.benedict.jp

小野村悦宏
Onomura Yoshihiro
小野村デザイン事務所
203-0044 東京都東久留米市柳窪4-11-32
tel.042-473-3330／fax.042-473-3330

海津博美
Kaizu Hiromi
海津デザイン事務所
151-0053 東京都渋谷区代々木5-28-10
ヴィラハイツ参宮橋403
tel.03-5454-1961／fax.03-5454-1961
hi.kaizu@nifty.com

垣内貞夫
Kakiuchi Sadao
Kakiuchi's Workshop of Design
194-0004 東京都町田市鶴間1-4-11
tel.042-799-1697／fax.042-799-1697
kakiuchi@dw.catv.ne.jp

柿木 栄
Kakigi Sakae
144-0056 東京都大田区西六郷4-19-4
tel.03-5744-3600／fax.03-5744-3601
s-kakigi@nifty.com

角本大弘
Kakumoto Ohiro
有限会社パディック
060-0010 北海道札幌市中央区北10条西20-2-22
tel.011-642-2035／fax.011-642-2093
o-kakumoto@mb.infosnow.ne.jp

加地賢太郎
Kaji Kentaro
株式会社アサツーディ・ケイ SAD-1
部長 クリエイティブデザイナー
104-8172 東京都中央区築地1-13-1
tel.03-3547-2105／fax.03-3547-2886
n77002@adk.jp

鹿島朱實
Kashima Akemi
カシマデザイン
179-0072 東京都練馬区光が丘3-3-4-718
tel.03-3939-3264／fax.03-3939-3264
akemik@mac.com

梶山明子
Kajiyama Akiko
165-0022 東京都中野区江古田2-11-14
ローゼンハイム106
tel.03-5343-3748／fax.03-5343-3748
kajiyama@kca.biglobe.ne.jp

片桐敏雄
Katagiri Toshio
株式会社ベーシッククリエイティブ
代表取締役
106-0047 東京都港区南麻布4-11-35
インペリアル広尾415
tel.03-3447-3341／fax.03-3447-3024
katagiri@basic-cr.co.jp
http://www.basic-cr.co.jp

片平直人
Katahira Naoto
花王株式会社 パッケージ作成部
103-8210 東京都中央区日本橋茅場町1-14-10
tel.03-3660-7394／fax.03-3660-7272
katahira.naoto@kao.co.jp
http://www.kao.co.jp

加藤妙子
Kato Taeko
加藤妙子デザイン事務所
211-0066 神奈川県川崎市中原区
今井西町203-1 レジオン武蔵小杉C-202
tel.044-711-3145／fax.044-711-3145
taracyan@cl.bb4u.ne.jp
http://www.cl.bb4u.ne.jp/~taracyan

加藤貴穂
Kato Mizuho
株式会社デザインマック
162-0052 東京都新宿区戸山1-8-5
tel.03-3204-0951／fax.03-3204-0965
kato@design-mac.co.jp
http://www.design-mac.co.jp

加藤良枝
Kato Yoshie
有限会社バウス
162-0824 東京都新宿区揚場町2-12
セントラルコーポラス310
tel.03-3235-6109／fax.03-3235-0447
b-a-u-s@zc4.so-net.ne.jp
http://www.baus.jp

金澤一興
Kanazawa Kazuoki
カナザワ・グラフィックス有限会社

金澤和彦
Kanazawa Kazuhiko
デザイン工房・金澤
089-1353 北海道河西郡中札内村西戸蔦
東3線166-18
tel.0155-67-2707／fax.0155-67-2707
VZQ13302@nifty.ne.jp

金子修也
Kaneko Shuya
株式会社GKグラフィックス 取締役相談役
161-0033 東京都新宿区下落合2-1-15
tel.03-5952-6831／fax.03-5952-6832
http://www.gk-design.co.jp/gra

金子 節
Kaneko Takashi
株式会社ケイズ 代表取締役
105-0021 東京都港区東新橋1-10-1-1201
tel.03-5568-2224／fax.03-5568-2224
keizu@hh.iij4u.or.jp

金子直通
Kaneko Naomichi
株式会社デザイン・タクト 代表取締役社長
210-0808 神奈川県川崎市川崎区旭町2-1-
9
tel.044-233-8153／fax.044-233-0765
d-tact@calls.ne.jp

狩野浩之
Kano Hiroyuki
有限会社カノウデザインオフィス
162-0808 東京都新宿区天神町37-2
フリーディオ神楽坂204
tel.03-3269-4900／fax.03-3269-4903
kano-do@themis.ocn.ne.jp

鹿目尚志
Kanome Takashi
有限会社鹿目デザイン事務所
150-0001 東京都渋谷区神宮前5-46-10-201
tel.03-3409-6680／fax.03-3409-6678
takashi@kanome-d.com

鴨下宜訓
Kamoshita Takanori
スタジオ・7有限会社
150-0001 東京都渋谷区神宮前4-1-23
オフィス・イワタNO.2-203
tel.03-3470-6019／fax.03-3470-6045
kamosita@takanori.co.jp
http://www.takanori.co.jp

川合鉄也
Kawai Tetsuya
川合デザイン有限会社
106-0031 東京都港区西麻布3-18-4
セルヴェ西麻布M1
tel.03-5785-0798／fax.03-3423-0908
kawai@kawai-design.com
http://www.kawai-design.com

河北秀也
Kawakita Hideya
株式会社日本ベリエールアートセンター
アートディレクター
104-0061 東京都中央区銀座5-13-14
銀座オリオルビル
tel.03-5565-5641／fax.03-5565-5563
kawakita@belier.co.jp
http://www.belier.co.jp

川口三千雄
Kawaguchi Michio
デザインスプーン
143-0023 東京都大田区仲池上2-26-8
ベルシャトーウ仲池上404
tel.03-3752-7129／fax.03-3752-7129

川﨑裕司
Kawasaki Hiroshi
カワサキデザインオフィス
270-0004 千葉県松戸市殿平賀212-1
トーカンマンション北小金407
tel.047-348-5865／fax.047-348-5870
dokawa@nifty.com

川路欣也
Kawaji Kinya
有限会社佐藤昭夫デザイン室
150-0002 東京都渋谷区渋谷1-19-1
ハウスワン2F
tel.03-3406-9491／fax.03-3406-9492
kintaya@sa2.so-net.ne.jp

川路ヨウセイ
Kawaji Yosei
有限会社川路ヨウセイデザインオフィス
代表取締役
107-0062 東京都港区南青山5-11-14
H&M EAST 206
tel.03-3400-4421／fax.03-3486-0856
kawaji@k-do.com

川島英芳
Kawashima Hideyoshi
株式会社吉野工業所 開発部デザイン課
136-0072 東京都江東区大島3-2-6
tel.03-3682-1141／fax.03-3636-5250
http://www.yoshinokogyosho.co.jp

河鍋春恵
Kawanabe Harue
株式会社スタジオ・マッス 代表取締役社長
107-0052 東京都港区赤坂8-4-7
カームビル6C
tel.03-3401-4928／fax.03-3470-3271
studio@mass-inc.co.jp
http://www.mass-inc.co.jp

川西 明
Kawanishi Akira
サントリー株式会社 デザイン部
135-8631 東京都港区台場2-3-3
tel.03-5579-1145／fax.03-5579-1718
kawanishi@suntorydesign.com
http://www.suntory.com

川又 徹
Kawamata Toru
花王株式会社 パッケージ作成部
プロダクトデザイン室
103-8210 東京都中央区日本橋茅場町1-14-10
tel.03-3660-7573／fax.03-3660-7272
kawamata.toru@kao.co.jp
http://www.kao.co.jp

川村 亘
Kawamura Wataru
朝日印刷株式会社 製品企画グループ
111-0041 東京都台東区元浅草4-7-11
tel.03-3845-6631／fax.03-3845-6647
http://www.asahi-pp.co.jp

川本雄一
Kawamoto Yuichi
株式会社サムシングアーツ
107-0062 東京都港区南青山2-20-1
第2直樹ビル5F
tel.03-3470-5471／fax.03-3470-5474
sarts@ce.mbn.or.jp

菊地泰輔
Kikuchi Taisuke
株式会社資生堂
宣伝制作部 デザイン制作室
105-8310 東京都港区東新橋1-6-2
資生堂汐留オフィス10F
tel.03-6218-6290／fax.03-6218-6260
taisuke.kikuchi@to.shiseido.co.jp
http://www.shiseido.co.jp

菊地真理子
Kikuchi Mariko
株式会社マックスラジアン
パッケージデザインチーム
チームリーダー
141-0021 東京都品川区上大崎3-14-35
山手ビル3F
tel.03-3449-6251／fax.03-3449-6232
kiku@maxradian.co.jp
http://www.maxradian.co.jp

北見勝之
Kitami Masayuki

木通いづみ
Kidoshi Izumi
有限会社アクアス 代表取締役
171-0014 東京都豊島区池袋3-1-11
セレクトガーデン池袋701
tel.03-3590-3137／fax.03-3590-3138
webmaster@e-aquas.com
http://www.e-aquas.com

清田雅子
Kiyota Masako
清田デザインルーム
155-0031 東京都世田谷区北沢2-26-17
TSKビル 有限会社ディーアンドエー内
tel.03-3415-8662／fax.03-3467-2741
daido2msty@y4.dion.ne.jp

桐元晶子
Kirimoto Akiko
サントリー株式会社 デザイン部
135-8631 東京都港区台場2-3-3
Akiko_Kirimoto@suntory.co.jp
http://www.suntory.co.jp

桐山智博
Kiriyama Tomohiro
有限会社桐山デザインスタジオ
150-0043 東京都渋谷区道玄坂1-16-6
二葉ビル10-D
tel.03-5456-7140／fax.03-5456-7147
kds.tk@kiriyama.com
http://www.kiriyama.com

楠本哲也
Kusumoto Tetsuya
株式会社YAOデザインインターナショナル
160-0003 東京都新宿区本塩町4-7
祥平舘ビル7F
tel.03-3357-3668／fax.03-3353-1546
info@yao-design.co.jp
http://www.yao-design.co.jp

工藤青石
Kudo Aoshi
株式会社コミュニケーションデザイン研
究所 代表
103-0014 東京都中央区日本橋蛎殻町
1-33-10 ミカビル3F
tel.03-3668-9777／fax.03-3668-4777
info@cdlab.jp
http://www.cdlab.jp

國吉英二郎
Kuniyoshi Eijiro
寿精版印刷株式会社 台場オフィス
包材事業部 デザイン室
135-0091 東京都港区台場2-3-1
トレードピアお台場22F
tel.03-3529-3205／fax.03-3529-3213
eijiro_kuniyoshi@rex.co.jp
http://www.rex.co.jp

窪田哲也
Kubota Tetsuya
有限会社デザインケイ 代表取締役
107-0052 東京都港区赤坂9-5-26
パレ乃木坂601
tel.03-5786-0370／fax.03-5786-0371
designk@crux.ocn.ne.jp

窪田仁志
Kubota Hitoshi
株式会社ニュー・シンク 制作部
代表取締役社長
160-0011 東京都新宿区若葉1-10
若葉110ビル3F
tel.03-3353-1831／fax.03-3353-1892
kubota@newthink.co.jp
http://www.newthink.co.jp

熊井保亥
Kumai Yasui
363-0016 埼玉県桶川市寿2-1-27
tel.048-772-3049／fax.048-772-3049

熊谷桂子
Kumagai Keiko
155-0033 東京都世田谷区代田3-21-9
ヴィラ86-102
tel.03-3412-5302

熊崎純一
Kumazaki Junichi
株式会社イフカンパニー
107-0062 東京都港区南青山6-8-11
tel.03-3406-0731／fax.03-3406-0738

黒川且枝
Kurokawa Katsue
デザインオフィス Kuu（空）
208-0013 東京都武蔵村山市大南1-71-25
tel.042-561-1786／fax.042-561-1786
kuroyamame303@nexyzbb.ne.jp

桑 和美
Kuwa Kazumi
株式会社プランタ 代表取締役
153-0043 東京都目黒区東山1-15-3. 3-21
tel.03-3711-7299／fax.03-3711-7360
info@planta.jp
http://www.planta.jp

毛塚七重
Kezuka Nanae
151-0051 東京都渋谷区千駄ヶ谷2-10-5
アヴァンセ原宿102
tel.03-3402-5753／fax.03-3402-5753
unknown@n-kezuka.com

小泉陽一
Koizumi Yoichi
株式会社アルビオン デザイン室
104-0061 東京都中央区銀座1-16-7
友泉銀座ビル6F
tel.03-5159-1610／fax.03-5159-1615
http://www.albion.co.jp

古賀 彩
Koga Aya
王子製紙株式会社 デザインセンター
104-0061 東京都中央区銀座5-12-8
王子製紙1号館
tel.03-5550-3065／fax.03-5550-2945
http://www.ojipaper.co.jp

古賀龍平
Koga Ryuhei
株式会社デザイン バス
101-0051 東京都千代田区神田神保町
1-48-1 興生堂ビル4F
tel.03-5282-2720／fax.03-5282-0112
koga@designbus.co.jp
http://www.designbus.co.jp

古久保 剛
Kokubo Takeshi
244-0004 神奈川県横浜市戸塚区小雀町
1861-25
tel.045-861-6236

小嶋哲成
Kojima Norishige

小嶋佳子
Kojima Yoshiko
art et vin HAP アール・エ・ヴァン ハプ
オーナー
162-0825 東京都新宿区神楽坂6-24
tel.03-3268-8225／fax.03-3268-8226
yoshiko.kojima@nifty.com
http://www.a-hap.jp

小杉博俊
Kosugi Hirotoshi
株式会社システムクリエイツ
DMM研究室 代表取締役
102-0093 東京都千代田区平河町2-16-15
キタノ・アームス313
tel.03-3264-0701／fax.03-3264-0201
cosugi@systemcreates.co.jp
http://www.systemcreates.co.jp

小玉章文
Kodama Akifumi
株式会社デザインマック
162-0052 東京都新宿区戸山1-8-5
tel.03-3204-0951／fax.03-3204-0965
kodama@design-mac.co.jp
http://www.design-mac.co.jp

小宮 茂
Komiya Shigeru
オニオンスープスタジオ
141-0031 東京都品川区西五反田8-10-14
イトーピア五反田405
tel.03-3494-0660／fax.03-3494-0939

小宮麻美子
Komiya Mamiko
オニオンスープスタジオ
141-0031 東京都品川区西五反田8-10-14
イトーピア五反田405
tel.03-3494-0660／fax.03-3494-0939

小麦川直樹
Komugikawa Naoki
株式会社ミックデザインワークス
104-0031 東京都中央区京橋1-4-11
竹本ビル3F
tel.03-3273-2407／fax.03-3273-2408

近藤和磨
Kondo Kazuma
有限会社川路ヨウセイデザインオフィス
107-0062 東京都港区南青山5-11-14
H&M EAST 206
tel.03-3400-4421／fax.03-3486-0856
kondo@k-do.com

近藤芳久
Kondo Yoshihisa
+K 代表
108-0073 東京都港区三田2-10-6
レオマビルB1F
tel.03-5476-8377／fax.0296-71-0031
plusk@khaki.plala.or.jp
http://www15.plala.or.jp/plus-k

佐井国夫
Sai Kunio
静岡文化芸術大学 デザイン学部
生産造形学科 准教授
430-8533 静岡県浜松市中野口町1794-1
tel.053-457-6111／fax.053-457-6203
sai@suac.ac.jp

斉藤純一
Saito Junichi
ライオン株式会社 広告制作部 デザイン室
130-8544 東京都墨田区横網1-2-22
tel.03-3621-6644／fax.03-3621-6659
jun1@lion.co.jp
http://www.lion.co.jp

酒井裕之
Sakai Hiroyuki
有限会社矢沢デザインスタジオ
150-0001 東京都渋谷区神宮前6-35-3
コープオリンピア403
tel.03-5467-6883／fax.03-5467-6884
sakai@yazawads.com
http://www.yazawads.co.jp

坂本 功
Sakamoto Isao
朝日印刷株式会社 製品企画グループ
111-0041 東京都台東区元浅草4-7-11
tel.03-3845-6631／fax.03-3845-6647
app-dsn@galaxy.ocn.ne.jp
http://www.asahi-pp.co.jp

フミ・ササダ
Sasada Fumi
株式会社ブラビス・インターナショナル
代表取締役社長
108-0071 東京都港区白金台4-10-8
tel.03-5789-7601／fax.03-5789-7602
sasada@bravis.com
http://www.bravis.com

笹原浩造
Sasahara Kozo
株式会社資生堂 宣伝制作部
デザイン制作室 参事 CD
105-8310 東京都港区東新橋1-6-2
資生堂汐留オフィス11F
tel.03-6218-6287／fax.03-6218-6260
kouzo.sasahara@to.shiseido.co.jp
http://www.shiseido.co.jp

佐塚崇子
Satsuka Takako
株式会社B&Cラボラトリーズ
企画本部 企画1部 アートディレクター
140-0002 東京都品川区東品川2-2-4
天王洲ファーストタワー
tel.03-5462-1851／fax.03-5462-1832
takako.satsuka@bacl.co.jp
http://www.bacl.co.jp

佐藤昭夫
Sato Akio
有限会社佐藤昭夫デザイン室
150-0002 東京都渋谷区渋谷1-19-1
ハウスワン2F
tel.03-3406-9491／fax.03-3406-9492
akios@sa2.so-net.ne.jp

佐藤勝則
Sato Katsunori
森永製菓株式会社 デザイン室
108-8403 東京都港区芝5-33-1
tel.03-3456-0126／fax.03-3456-0270
http://www.morinaga.co.jp

佐藤尚夫
Sato Takao

佐藤奈穂美
Sato Nahomi
340-0055 埼玉県草加市清門町70-2
tel.048-942-9975／fax.048-942-9975
isshi-s@nexyzbb.ne.jp

佐藤 文
Sato Bun
株式会社スタジオ・マッス
107-0052 東京都港区赤坂8-4-7
カームビル6C
tel.03-3401-4928／fax.03-3470-3271
studio@mass-inc.co.jp
http://www.mass-inc.co.jp

佐藤雅洋
Sato Masahiro
株式会社GKグラフィックス
第2デザイン部 第5制作室 室長
161-0033 東京都新宿区下落合2-1-15
tel.03-5952-6831／fax.03-5952-6832
m-sato@gk-design.co.jp
http://www.gk-design.co.jp/gra

佐藤 稔
Sato Minoru
株式会社アド・ハウス
151-0053 東京都渋谷区代々木1-15-7
キャッスル代々木202
tel.03-3370-8245／fax.03-3320-1057
sato@adhouseinc.co.jp
http://www.adhouseinc.co.jp

里中麻穂
Satonaka Maho
株式会社サトナカデザインオフィス
181-0003 東京都三鷹市北野3-4-9
tel.0422-49-0403／fax.0422-49-0403
satonaka@oboe.ocn.ne.jp

佐野文胡
Sano Akiko
株式会社マックスラジアン クリエイティ
ブ1 インクルーシブ クリエイティブチー
ム アートディレクター
141-0021 東京都品川区上大崎3-14-35
山手ビル3F
tel.03-3449-6231／fax.03-3449-6232
sano@maxradian.co.jp
http://www.maxradian.co.jp

澤井すみ子
Sawai Sumiko
株式会社エクシーズ
135-8073 東京都江東区青海2-45
タイム24ビル11F
tel.03-3527-8230／fax.03-3527-8215
sumiko_sawai@excite.co.jp

椎木一郎
Shiiki Ichiro
花王株式会社 パッケージ作成部
ディレクター
103-8210 東京都中央区日本橋茅場町1-14-10
tel.03-3660-7349／fax.03-3660-7272
shiiki.ichiro@kao.co.jp
http://www.kao.co.jp

塩川 穣
Shiokawa Minoru
塩川 穣デザイン事務所
105-0011 東京都港区芝公園2-2-1
プレミアステージ303
tel.03-3431-0788／fax.03-3431-0788
minoru-shio.0924@orion.ocn.ne.jp

塩崎杏澄
Shiozaki Asumi
有限会社クリップスファクトリー 代表
112-0015 東京都文京区目白台
1-24-8-201
tel.03-5978-4540／fax.03-5978-4540
clipsfactory@ybb.ne.jp

塩澤圭子
Shiozawa Keiko
スタジオミント
215-0006 神奈川県川崎市麻生区金程
1-13-31
tel.044-954-1996／fax.044-951-4995
kds@mint.gr.jp
http://www.mint.gr.jp

塩澤大一
Shiozawa Daiichi
スタジオミント
215-0006 神奈川県川崎市麻生区金程
1-13-31
tel.044-954-1996／fax.044-951-4995
kds@mint.gr.jp
http://www.mint.gr.jp

塩澤大典
Shiozawa Daisuke
スタジオミント
クリエイティブディレクター
215-0006 神奈川県川崎市麻生区金程
1-13-31
tel.044-954-1996／fax.044-951-4995
daisuke@mint.gr.jp
http://www.mint.gr.jp

塩沢正秀
Shiozawa Masahide
花王株式会社 パッケージ作成部
103-8210 東京都中央区日本橋茅場町1-14-10

塩沢喜徳
Shiozawa Yoshinori
有限会社SiO DESIGN（シオデザイン）
代表
150-0001 東京都渋谷区神宮前5-46-24
tel.03-5774-0645／fax.03-5774-0646
shiozawa@sio-design.co.jp
http://www.sio-design.co.jp

塩田 愛
Shiota Ai
AI DESIGN
162-0827 東京都新宿区若宮町27
SAKIYAMA Bld. 203
tel.03-5228-5697／fax.03-5228-5697
ai@shiota.biz

信貴 渉
Shigi Wataru
株式会社クリエイティブ アソシエイツ
106-0031 東京都港区西麻布4-15-2
APARTMENTS西麻布801
tel.03-3406-0696／fax.03-3406-0697
wshigi@creative-a.co.jp
http://www.creative-a.co.jp

重田元恵
Shigeta Motoe
株式会社エイブルデザイン企画
160-0004 東京都新宿区四谷2-14-37
嶋ビル3F
tel.03-3353-2686／fax.03-3358-6513
shige-m@abox23.so-net.ne.jp
http://www.able-d.com

茂野裕子
Shigeno Yuko
Moiwa Grafic Studio
005-0832 北海道札幌市南区北ノ沢
2-14-12
tel.011-572-2988／fax.011-572-2988
inkopi@nifty.com

篠崎雅子
Shinozaki Masako
株式会社アルビオン デザイン室
104-0061 東京都中央区銀座1-16-7
友泉銀座ビル6F
tel.03-5159-1610／fax.03-5159-1615
masako@albion-pd.com
http://www.albion.co.jp

芝 伸子
Shiba Shinko
株式会社デザイン バス
101-0051 東京都千代田区神田神保町
1-48-1 興生堂ビル4F
tel.03-5282-2720／fax.03-5282-0112
shiba@designbus.co.jp

シバサキエミコ
Shibasaki Emiko
有限会社あんてなスタジオ
107-0062 東京都港区南青山4-15-4
パークヒルズ南青山101
tel.03-5772-2342／fax.03-5772-2343
emiko@antenna-studio.com
http://www.antenna-studio.com

柴戸由岐子
Shibato Yukiko
サントリー株式会社 デザイン部
135-8631 東京都港区台場2-3-3
tel.03-5579-1145／fax.03-5579-1718
Yukiko_Shibato@suntory.co.jp
http://www.suntory.co.jp

島 英紀
Shima Hideki
ツバメヤ合同会社 代表社員
158-0093 東京都世田谷区上野毛
2-21-9-103
tel.03-6410-8481／fax.03-6410-8482
h.shima@tsubameya.jp
http://www.tsubameya.jp

島村 仁
Shimamura Hitoshi
株式会社ミックブレインセンター
106-0031 東京都港区西麻布3-20-16
西麻布アネックス2F
tel.03-3423-9491／fax.03-3423-9494
shimamura@mic-bc.co.jp
http://www.mic-bc.co.jp

嶋村眞佐子
Shimamura Masako
倉田包装株式会社 企画室
111-0043 東京都台東区駒形1-2-5
tel.03-3845-0026／fax.03-3843-5530
shimamura@kurapack.co.jp
http://www.kurapack.co.jp

清水直明
Shimizu Naoaki
有限会社シヴァデザイン事務所
060-0061 北海道札幌市中央区南1条西
1-13-1 マナー白鳥ビル10F
tel.011-210-5929／fax.011-210-5930
siva-design@k9.dion.ne.jp

清水充子
Shimizu Mitsuko
株式会社絃デザイン研究所
141-0021 東京都品川区上大崎2-24-18
ストークマンション目黒804
tel.03-5437-6623／fax.03-5437-6624
info@gen-d.co.jp
http://www.gen-d.co.jp

志村興一
Shimura Koichi
シグマ・インダストリーズ株式会社
107-0052 東京都港区赤坂8-5-9
秀和新坂町レジデンス206
tel.03-3403-5050／fax.03-3403-5868

首藤玲子
Shudo Reiko
有限会社川路ヨウセイデザインオフィス
107-0062 東京都港区南青山5-11-14
H&M EAST 206
tel.03-3400-4421／fax.03-3486-0856
shudo@k-do.com

生源寺寛幸
Shogenji Hiroyuki
株式会社ゼネラルビューイング
エスデザイン研究室
146-0082 東京都大田区池上6-27-2
信州池上マンション301
tel.03-3755-8398／fax.03-3755-9118
info@esdesign.jp
http://www.esdesign.jp

正躰 博
Shotai Hiroshi
有限会社正躰デザインスタジオ 取締役
150-0002 東京都渋谷区渋谷1-20-21
パセオ青山602
tel.03-3486-1814／fax.03-3486-1277
budding@msc.biglobe.ne.jp

松竹 潔
Shochiku Kiyoshi
有限会社エビスデザイン事務所 代表取締役
150-0021 東京都渋谷区恵比寿西
1-17-2-307
tel.03-3463-7250／fax.03-5428-1900
edo@zb3.so-net.ne.jp

白井信之
Shirai Nobuyuki
ポーラ化成工業株式会社 デザイン研究所
141-8523 東京都品川区西五反田2-2-3
tel.03-3494-7129／fax.03-3494-1758
n-shirai@pola.co.jp
http://www.pola-rm.co.jp/

城出栄子
Shirode Eiko
有限会社パコ 代表
150-0002 東京都渋谷区渋谷1-3-18
ビラ・モデルナC-706
tel.03-5485-0858／fax.03-5485-0857
pacco@ce.mbn.or.jp

新谷秀実
Shingai Hidemi
株式会社圖庵
104-0041 東京都中央区新富1-13-19
櫻正宗ビル2F
tel.03-3537-0845／fax.03-3537-0846
zuan-ym@neo.famille.ne.jp
http://www.zu-an.co.jp

進藤明日香
Shindo Asuka
株式会社パドラム
106-0031 東京都港区西麻布3-2-40
麻布タウンハウス402
tel.03-3470-6884／fax.03-3470-6093
padrum@za2.so-net.ne.jp

陣内昭子
Jinnai Akiko
株式会社資生堂 宣伝制作部
デザイン制作室
105-8310 東京都港区東新橋1-6-2
資生堂汐留オフィス10F
tel.03-6218-7658／fax.03-6218-6260
akiko.jinnai@to.shiseido.co.jp
http://www.shiseido.co.jp

杉浦俊作
Sugiura Shunsaku
155-0031 東京都世田谷区北沢5-7-9
tel.03-3460-3781／fax.03-3460-3781

杉田祐司
Sugita Yuji
株式会社ミックブレインセンター
106-0031 東京都港区西麻布3-20-16
西麻布アネックス2F
tel.03-3423-9491／fax.03-3423-9494
http://www.mic-bc.co.jp

杉村敏男
Sugimura Toshio
株式会社ニュートラル デザイン室
112-0002 東京都文京区小石川5-18-12
NKビル2F
tel.03-5356-6601／fax.03-5356-6602
sugisan@n-designing.com

杉山 礼
Sugiyama Rei
株式会社イフカンパニー
107-0062 東京都港区南青山6-8-11
tel.03-3406-0731／fax.03-3406-0738

鈴木勝男
Suzuki Katsuo
063-0821 北海道札幌市西区発寒1条
2-1-26 発寒パークホームズ602
tel.011-826-5651／fax.011-826-5651
suzuki-k@s5.dion.ne.jp

鈴木智晴
Suzuki Chiharu
ポーラ化成工業株式会社 デザイン研究所
141-8523 東京都品川区西五反田2-2-3
tel.03-3494-7129／fax.03-3494-1758
c-suzuki@pola.co.jp
http://www.pola-rm.co.jp/

鈴木良彦
Suzuki Yoshihiko
株式会社デザインマック
162-0052 東京都新宿区戸山1-8-5
tel.03-3204-0951／fax.03-3204-0965
s@design-mac.co.jp
http://www.design-mac.co.jp

須永優花
Sunaga Yuka
株式会社ハナオカデザインアソシエイツ
160-0004 東京都新宿区四谷1-20-2
佳林ビル6F
tel.03-3356-4770／fax.03-3356-4773
yuuka@hanaokadesign.com
http://www.hanaokadesign.com

関口 順
Sekiguchi Jun
株式会社スペースマンスタジオ
150-0031 東京都渋谷区桜丘町29-17
さくらマンション201
tel.03-3770-5252／fax.03-3770-5251
secky@abox22.so-net.ne.jp

添田幸史
Soeda Koshi
株式会社デザイニングボード
107-0062 東京都港区南青山4-1-5-505
tel.03-3401-0586／fax.03-3401-6540
dbi@mnet.ne.jp
http://www.mnet.ne.jp/~dbi

曽根原悦夫
Sonehara Etsuo
有限会社曽根原デザイン事務所 代表取締役
162-0063 東京都新宿区市谷薬王寺町70
ベネヴィータ市ヶ谷銀杏坂101
tel.03-5225-6057／fax.03-5225-6058
sonehara@withe.ne.jp

染谷信子
Someya Nobuko
寿精版印刷株式会社 台場オフィス
包材事業部 デザインセンター
135-0091 東京都港区台場2-3-1
トレードピアお台場22F
tel.03-3529-3205／fax.03-3529-3213
nobuko_someya@rex.co.jp
http://www.rex.co.jp

高倉正二郎
Takakura Shojiro
有限会社スタジオ・ノア
164-0001 東京都中野区中野2-29-15
サンハイツ中野401
tel.03-3382-1641／fax.03-3382-1640
dsnoah@m08.alpha-net.ne.jp

高田修自
Takada Shuji
ソーラースタジオ
354-0031 埼玉県富士見市勝瀬3369
アイムふじみ野南三番館502
tel.0492-67-3605／fax.0492-67-3605

高田春樹
Takada Haruki
株式会社イフカンパニー
107-0062 東京都港区南青山6-8-11
tel.03-3406-0731／fax.03-3406-0738

高田弘美
Takada Hiromi
有限会社シー・クレフ
151-0051 東京都渋谷区千駄ヶ谷2-37-2
メゾン千駄ヶ谷402
tel.03-5775-5414／fax.03-5775-5416
h-takada@c-cref.co.jp

高田光雄
Takada Mitsuo
ポストグラフィックス
359-1122 埼玉県所沢市寿町14-5
tel.04-2923-8317／fax.04-2928-8434
m-takada@aioros.ocn.ne.jp

高橋朋子
Takahashi Tomoko
213-0005 神奈川県川崎市高津区北見方
2-15-2-301
tel.044-844-0362

高橋宏明
Takahashi Hiroaki
ユニットAT
226-0025 神奈川県横浜市緑区
十日市場町1676
tel.045-983-1385／fax.045-981-3296
unitat@mac.com

高橋弘樹
Takahashi Hiroki
株式会社マックスラジアン
パッケージ開発部
141-0021 東京都品川区上大崎3-14-35
山手ビル3F
tel.03-3449-6231／fax.03-3449-6232
takahashi@maxradian.co.jp
http://www.maxradian.co.jp

高橋 敏
Takahashi Ving
株式会社イフカンパニー 代表取締役
107-0062 東京都港区南青山6-8-11
tel.03-3406-0731／fax.03-3406-0738
info@iff-com.co.jp
http://www.iff-com.co.jp

高見裕一
Takami Yuichi
有限会社ザッソ クリエイティブ
代表取締役 グラフィックデザイナー
160-0022 東京都新宿区新宿2-13-10-603
tel.03-5363-0027／fax.03-5363-0028
you@zasso.co.jp
http://www.zasso.co.jp

高村達夫
Takamura Tatsuo
株式会社ブラビス・インターナショナル
取締役 クリエイティブ・ディレクター
108-0071 東京都港区白金台4-10-8
tel.03-5789-7601／fax.03-5789-7602
takamura@bravis.com
http://www.bravis.com

田川雅一
Tagawa Masakazu
株式会社ベネディクト 代表取締役
153-0063 東京都目黒区目黒2-11-8
バルビゾン8F
tel.03-3492-7401／fax.03-3492-7402
info@benedict.jp
http://www.benedict.jp

竹内二朗
Takeuchi Jiro
有限会社ミッキーハウス 代表取締役
060-0004 北海道札幌市中央区北四条西
15丁目
tel.011-644-2543／fax.011-644-2549
micky-h@soleil.ocn.ne.jp

武田優子
Takeda Yuko
株式会社イフカンパニー
107-0062 東京都港区南青山6-8-11
tel.03-3406-0731／fax.03-3406-0738
y-takeda@iff-com.co.jp
http://www.iff-com.co.jp

竹田良雄
Takeda Yoshio
株式会社バンブーデザイン企画室 代表
171-0022 東京都豊島区南池袋3-9-2
池袋ハイツ701
tel.03-5955-7730／fax.03-5955-7731
take@bamboo-d.co.jp
http://www.bamboo-d.co.jp

竹中 淨
Takenaka Kiyoshi
株式会社電通 IMCプランニング・センター
プロジェクト・マネージャー
105-7001 東京都港区東新橋1-8-1
tel.03-6216-6462／fax.03-6217-5821
jo-takenaka@dentsu.co.jp
http://www.dentsu.co.jp

竹広光春
Takehiro Mitsuharu
寿精版印刷株式会社 台場オフィス
包材事業部 デザインセンター 部長
135-0091 東京都港区台場2-3-1
トレードピアお台場22F
tel.03-3529-3205／fax.03-3529-3213
mitsuharu_takehiro@rex.co.jp
http://www.rex.co.jp

田代嘉宏
Tashiro Yoshihiro
株式会社ゴースト
150-0013 東京都渋谷区恵比寿4-20-2
恵比寿ガーデンテラス弐番館1015
tel.03-5447-1251／fax.03-5447-1252
tashiro@GOEST.co.jp
http://www.GOEST.co.jp

館 享子
Tachi Kyoko

田中春雄
Tanaka Haruo
有限会社スタッフビー・シー 代表取締役
107-0062 東京都港区南青山4-15-4
パークヒルズ南青山107
tel.03-3479-8070／fax.03-3479-8074

田中秀樹
Tanaka Hideki
株式会社ハルデザイン 代表
158-0094 東京都世田谷区玉川2-14-7
ツインシティ・S 2F
tel.03-5491-2912／fax.03-5491-2913
tanaka@hal.co.jp
http://www.hal.co.jp

田中基美
Tanaka Motomi

田辺慎二
Tanabe Shinji
株式会社サン・スタジオ
105-0012 東京都港区芝大門2-5-8
芝大門牧田ビル8F
tel.03-5425-2437／fax.03-5425-2439
s-tanabe@SUNSTUDIO.co.jp
http://www.SUNSTUDIO.co.jp

谷井郁美
Tanii Yubi
株式会社日本ベリエールアートセンター
104-0061 東京都中央区銀座5-13-14
銀座オリオルビル
tel.03-5565-5641／fax.03-5565-5563
tanii@belier.co.jp
http://www.belier.co.jp

谷口哲也
Taniguchi Tetsuya
156-0052 東京都世田谷区経堂4-24-11
ベルハイツ201
tel.03-3706-1662／fax.03-3706-1662
tetsu@office.email.ne.jp

田淵こうじ
Tabuchi Koji
株式会社アートピア
104-0061 東京都中央区銀座1-18-2
タツビル5F
tel.03-3535-3508／fax.03-3535-3509
tabuchi@midorimura.net

玉垣 聡
Tamagaki Satoshi
有限会社ブラン・ネージュ 取締役
151-0051 東京都渋谷区千駄ヶ谷5-21-12
代々木リビン604
tel.03-3358-5530／fax.03-3358-5531
b-neige@d9.dion.ne.jp

田村孝治
Tamura Koji
田村デザインスタジオ
168-0063 東京都杉並区和泉3-59-9　B棟
tel.03-5355-3881／fax.03-5355-3881
info@tamura-d.com

千裝洋之
Chigira Hiroyuki
千裝デザイン
140-0013 東京都品川区南大井6-21-3
三恵大森ハイツ302
tel.03-3768-2556／fax.03-3768-2556
chigiraya@ybb.ne.jp

千田建一
Chida Kenichi
株式会社協進印刷
154-0017 東京都世田谷区世田谷1-46-17
tel.03-3428-8887

千葉和夫
Chiba Kazuo
株式会社ロフト 代表取締役
107-0061 東京都港区北青山2-9-16
AAビル3F
tel.03-5412-7560／fax.03-5412-7561
chiba@loft-inc.co.jp

千葉公一
Chiba Koichi
デザインオフィスノーチラス 代表
194-0203 東京都町田市図師町3476-8
tel.042-789-0223／fax.042-789-0223
ko_chi@nifty.com

塚原郁乃
Tsukahara Ikuno
森永製菓株式会社 デザイン室
108-8403 東京都港区芝5-33-1
tel.03-3456-0126／fax.03-3456-0270
http://www.morinaga.co.jp

津島智範
Tsushima Tomonori
株式会社ベネディクト
153-0063 東京都目黒区目黒2-11-8
バルビゾン8F
tel.03-3492-7401／fax.03-3492-7402
info@benedict.jp
http://www.benedict.jp

坪井 猛
Tsuboi Takeshi
シーオーツー
162-0837 東京都新宿区納戸町35
パール明石ビル4F
tel.03-3269-2495／fax.03-3269-2595
co2@k7.dion.ne.jp

坪谷一利
Tsuboya Kazutoshi
株式会社プラムナッツ
150-0001 東京都渋谷区神宮前4-3-21
アプリール表参道301
tel.03-3479-7827／fax.03-3479-7920
plumnuts@waltz.ocn.ne.jp
http://www.plumnuts-design.com

鶴田 誠
Tsuruta Makoto
つるスタジオ
240-0004 神奈川県横浜市保土ヶ谷区
岩間町1-6-8 プレアデス305
tel.045-335-7067／fax.045-335-7067
tsuru22@nyc.odn.ne.jp

出口利春
Deguchi Toshiharu
有限会社オーチャードハウス
407-0301 山梨県北杜市高根町清里
3545-2995
tel.0551-48-2929／fax.0551-48-3885

任田進一
Toda Shinichi
大日本印刷株式会社 包装事業部
162-8001 東京都新宿区市谷加賀町1-1-1
tel.03-5225-5964／fax.03-5225-5955
Touda-S@mail.dnp.co.jp
http://www.dnp.co.jp

時田秀久
Tokita Hidehisa
凸版印刷株式会社 パッケージ事業本部
TPC事業本部 企画本部 企画部 部長
110-8560 東京都台東区台東1-5-1
tel.03-3835-6518／fax.03-3835-7628
hidehisa.tokita@toppan.co.jp
http://www.toppan.co.jp

徳岡 健
Tokuoka Ken
株式会社YAOデザインインターナショナル
160-0003 東京都新宿区本塩町4-7
祥平館ビル7F
tel.03-3357-3668／fax.03-3353-1546
info@yao-design.co.jp
http://www.yao-design.co.jp

徳留一郎
Tokudome Ichiro
有限会社鹿目デザイン事務所
150-0001 東京都渋谷区神宮前
5-46-10-201
tel.03-3409-6680／fax.03-3409-6678
Ichiro@kanome-d.com

十倉論敦
Tokura London
有限会社SiO DESIGN（シオデザイン）
150-0001 東京都渋谷区神宮前5-46-24
tel.03-5774-0645／fax.03-5774-0646
london-t@sio-design.co.jp
http://www.sio-design.co.jp

歳弘和歌子
Toshihiro Wakako
153-0061 東京都目黒区中目黒1-1-26
秀和恵比寿レジデンス517
tel.03-5721-4880／fax.03-5721-4880
wk-toshi@image.ocn.ne.jp

鳥羽泰弘
Toba Yasuhiro
株式会社カラーインク 代表取締役
106-0041 東京都港区麻布台1-9-5
麻布台徳井ビル602
tel.03-5549-8771／fax.03-5549-8772
toba@colorinc.jp
http://www.colorinc.jp

飛山京子
Tobiyama Kyoko
有限会社トビオプラン
113-0034 東京都文京区湯島2-31-15
和光湯島ビル9F
tel.03-3811-6279／fax.03-3811-6489
tobio@air.linkclub.or.jp

豊浦牧人
Toyoura Makito
株式会社ミックブレインセンター
106-0031 東京都港区西麻布3-20-16
西麻布アネックス2F
tel.03-3423-9491／fax.03-3423-9494
http://www.mic-bc.co.jp

永井孝子
Nagai Takako
株式会社プランタ・クリエイション 代表
取締役
154-0001 東京都世田谷区池尻2-9-8
エンドウビル201
tel.03-3419-9331／fax.03-3419-9334
c-planta@mvd.biglobe.ne.jp

永井 満
Nagai Mitsuru
花王株式会社 パッケージ作成部4室
クリエイティブ ディレクター
103-8210 東京都中央区日本橋茅場町1-14-10
nagai.mitsuru@kao.co.jp

中越 出
Nakagoshi Izuru
大日本印刷株式会社 包装事業部 企画本部
企画第1部
162-8001 東京都新宿区市谷加賀町1-1-1
tel.03-5225-5861／fax.03-5225-5955
http://www.dnp.co.jp

長澤 学
Nagasawa Gaku
株式会社クリエイティブ アソシエイツ
106-0031 東京都港区西麻布4-15-2
APARTMENTS西麻布801
tel.03-3406-0696／fax.03-3406-0697
gnagasawa@creative-a.co.jp
http://www.creative-a.co.jp

中島洋一
Nakajima Yoichi
株式会社須田製版 CPC
063-8603 北海道札幌市西区二十四軒2条
6-1-8
tel.011-621-1000／fax.011-621-3519
nakajima@suda.co.jp

長瀬正英
Nagase Masahide
223-0061 神奈川県横浜市港北区日吉
3-12-10-304
tel.045-562-4422／fax.045-562-4422
nagase@kb3.so-net.ne.jp

永田麻美
Nagata Asami
サントリー株式会社 デザイン部
135-8631 東京都港区台場2-3-3
asami@suntorydesign.com
tel.03-5579-1145／fax.03-5579-1718
http://www.suntory.co.jp

中塚大輔
Nakatsuka Daisuke
株式会社中塚大輔広告事務所 取締役会長
103-0013 東京都中央区日本橋人形町
2-33-8
tel.03-3663-5608／fax.03-3663-5622
info@nakatsuka-inc.com
http://www.nakatsuka-inc.com

中西朱美
Nakanishi Akemi
アトリエ・ドア
168-0073 東京都杉並区下高井戸5-5-21
tel.03-3290-2081／fax.03-3290-1619
alphatrs@air.linkclub.or.jp

中根俊成
Nakane Toshinari
エスエス製薬株式会社 宣伝部 デザイン課
課長
107-8589 東京都港区赤坂4-2-6
tel.03-5549-0665／fax.03-5549-0679
t-nakane@dp.u-netsurf.ne.jp
http://www.ssp.co.jp

中野 恵
Nakano Megumi
株式会社アルビオン デザイン室
104-0061 東京都中央区銀座1-16-7
友泉銀座ビル6F
tel.03-5159-1610／fax.03-5159-1615
mnakano@albion-pd.com
http://www.albion.co.jp

長野友紀
Nagano Yuki
寿精版印刷株式会社 台場オフィス
包材事業部 デザインセンター
135-0091 東京都港区台場2-3-1
トレードピアお台場22F
tel.03-3529-3205／fax.03-3529-3213
yuki_nagano@rex.co.jp
http://www.rex.co.jp

仲間典子
Nakama Noriko
花王株式会社 パッケージ作成部
103-8210 東京都中央区日本橋茅場町1-14-10
tel.03-3660-7394／fax.03-3660-7272
nakama.noriko@kao.co.jp
http://www.kao.co.jp

中村直行
Nakamura Naoyuki
株式会社パドラム 代表取締役
106-0031 東京都港区西麻布3-2-40
麻布タウンハウス402
tel.03-3470-6884／fax.03-3470-6093
padrum@za2.so-net.ne.jp

中村 超
Nakamura Masaru
有限会社ラウンドテーブル
146-0082 東京都大田区池上8-9-2-1F
tel.03-6323-6881／fax.03-6323-6881
nakamura.masaru@mac.com

中山英子
Nakayama Eiko
中山デザイン室
153-0062 東京都目黒区三田2-10-9-107
tel.03-3719-6634／fax.03-3719-6634
nkym2@tiara.ocn.ne.jp

中山紀子
Nakayama Michiko

永山元明
Nagayama Motoaki
株式会社絃デザイン研究所
141-0021 東京都品川区上大崎2-24-18
ストークマンション目黒804
tel.03-5437-6623／fax.03-5437-6624
info@gen-d.co.jp
http://www.gen-d.co.jp

中山祐香
Nakayama Yuka
株式会社ゴースト
150-0013 東京都渋谷区恵比寿4-20-2
恵比寿ガーデンテラス弐番館1015
tel.03-5447-1251／fax.03-5447-1252
nakayama@GOEST.co.jp
http://www.GOEST.co.jp

名久井貴信
Nakui Takanobu
味の素株式会社 広告部 部長
104-8315 東京都中央区京橋1-15-1
tel.03-5250-8232／fax.03-5250-8337
http://www.ajinomoto.co.jp

那波多目雅也
Nabatame Kaya
株式会社那波多目デザイン事務所
102-0084 東京都千代田区二番町8-7
二番町パークフォレスト1104
tel.03-5215-3381／fax.03-5215-3386
kaya@nabatame-d.co.jp

那波多目康子
Nabatame Koko
株式会社那波多目デザイン事務所
代表取締役社長
102-0084 東京都千代田区二番町8-7
二番町パークフォレスト1104
tel.03-5215-3381／fax.03-5215-3386
koko@nabatame-d.co.jp

新鞍一裕
Niikura Kazuhiro
株式会社コーセー 商品デザイン部 デザイン
室
104-0032 東京都中央区八丁堀1-9-9
tel.03-3555-9199／fax.03-3555-9184
k-niikura@kose.co.jp
http://www.kose.co.jp

新見英典
Niimi Hidenori
株式会社シーボン 製品開発課
216-8556 神奈川県川崎市宮前区菅生
1-20-8
tel.044-979-1397／fax.044-979-1885
h_niimi@cbon.co.jp
http://www.cbon.co.jp

錦織章三
Nishigori Shozo
有限会社スタジオエック 代表
171-0051 東京都豊島区長崎5-1-31-713
tel.03-3466-2972／fax.03-3955-6640
shozo-n@eqq.co.jp

西澤明洋
Nishizawa Akihiro
株式会社エイト 代表取締役
デザインディレクター デザイナー
104-0042 東京都中央区入船3-9-5
第2松本ビル3F
tel.03-6906-6333／fax.03-6906-6334
info@8design.jp
http://www.8design.jp

西島幸子
Nishijima Sachiko
カラーワークス
152-0035 東京都目黒区自由が丘1-21-7
ガーデンビュウ自由が丘105
tel.03-3724-4100／fax.03-3724-4127
cw-sachi@a02.itscom.net

西村英明
Nishimura Hideaki
有限会社西村デザインオフィス
162-0824 東京都新宿区揚場町2-12
セントラルコーポラス501
tel.03-5228-3935／fax.03-3269-5351
nishimura-2@ndo.co.jp
http://www.ndo.co.jp

西本千奈美
Nishimoto Chinami
株式会社モリックス
105-0014 東京都港区芝2-18-3
KOビル3F
tel.03-3769-0345／fax.03-3769-0346
morix@bb.mbn.or.jp
http://www.morix-pd.com

二宮昌世
Ninomiya Shosei
株式会社GKグラフィックス
第4デザイン部 部長
161-0033 東京都新宿区下落合2-1-15
tel.03-5952-6831／fax.03-5952-6832
s-nino@gk-design.co.jp
http://www.gk-design.co.jp/gra

丹羽達雄
Niwa Tatsuo
美裕デザインオフィス
160-0023 東京都新宿区西新宿4-32-6
パークグレース新宿903
tel.03-5334-6340／fax.03-5334-6341
viyu@apricot.ocn.ne.jp

沼田九里馬
Numata Kurima
花王株式会社 パッケージ作成部
103-8210 東京都中央区日本橋茅場町1-14-10
tel.03-3660-7320／fax.03-3660-7272
numata.kurima@kao.co.jp
http://www.kao.co.jp

根上真理子
Negami Mariko
株式会社アルビオン デザイン室
104-0061 東京都中央区銀座1-16-7
友泉銀座ビル6F
tel.03-5159-1610／fax.03-5159-1615
mnegami@albion-pd.com
http://www.albion.co.jp

野末俊作
Nozue Shunsaku
花王株式会社 パッケージ作成部
シニアクリエイティブディレクター
103-8210 東京都中央区日本橋茅場町1-14-10
tel.03-3660-7341／fax.03-3660-7272
nozue.shunsaku@kao.co.jp
http://www.kao.co.jp

信藤洋二
Nobuto Yoji
株式会社資生堂
宣伝制作部 デザイン制作室
105-8310 東京都港区東新橋1-6-2
資生堂汐留オフィス11F
tel.03-6218-6275／fax.03-6218-6260
yoji.nobuto@mac-shiseido.com
http://www.shiseido.co.jp

野村 岳
Nomura Takashi
東洋製罐株式会社 マーケティング部
100-8522 東京都千代田区内幸町1-3-1
幸ビル
tel.03-3508-0139／fax.03-3508-2076
TAKASHI_NOMURA@toyo-seikan.co.jp
http://www.toyo-seikan.co.jp

野村みどり
Nomura Midori
Green room
244-0802 神奈川県横浜市戸塚区平戸
3-13-18
tel.090-4075-0598／fax.045-823-7209
yokohama_greenroom@ybb.ne.jp

芳賀雅丈
Haga Masatake
株式会社YAOデザインインターナショナル
160-0003 東京都新宿区本塩町4-7
祥平舘ビル7F
tel.03-3357-3668／fax.03-3353-1546
info@yao-design.co.jp
http://www.yao-design.co.jp

萩原弘美
Hagiwara Hiromi
株式会社インターブランドジャパン
102-0082 東京都千代田区一番町18
川喜多メモリアルビル
tel.03-3230-1445／fax.03-3230-1278
h.hagiwara@interbrand.co.jp
http://www.interbrand.co.jp

長谷川日出夫
Hasegawa Hideo
株式会社エーティーピー（A.T.P）
151-0064 東京都渋谷区上原2-38-11
ヴィラ代々木上原1F
tel.03-3468-0055／fax.03-3468-2277

畑 直宜
Hata Naoyoshi
株式会社プランタ・クリエイション
154-0001 東京都世田谷区池尻2-9-8
エンドウビル201
tel.03-3419-9331／fax.03-3419-9334
c-planta@mvd.biglobe.ne.jp

畠中昭子
Hatanaka Akiko
株式会社プロポーション シーツー
141-0032 東京都品川区大崎1-17-17
tel.03-5436-1012／fax.03-5436-0039
http://www.p-c2.com

花岡 学
Hanaoka Manabu
株式会社ハナオカデザインアソシエイツ
代表取締役
160-0004 東京都新宿区四谷1-20-2
佳作ビル6F
tel.03-3356-4770／fax.03-3356-4773
hana@hanaokadesign.com
http://www.hanaokadesign.com

花村賢二
Hanamura Kenji
株式会社エイブルデザイン企画 代表取締役
160-0004 東京都新宿区四谷2-14-37
嶋ビル3F
tel.03-3353-2686／fax.03-3358-6513
http://www.able-d.com

羽深貴士
Habuka Takashi
倉田包装株式会社
111-0043 東京都台東区駒形1-2-5
tel.03-3843-5531／fax.03-3843-5530
http://www.kurapack.co.jp

浜 英男
Hama Hideo
浜デザイン事務所
270-0013 千葉県松戸市小金原2-9-66
tel.047-344-7049／fax.047-344-7049
CQA05562@nifty.com

林 要年
Hayashi Kanatoshi
株式会社アルビオン デザイン室
104-0061 東京都中央区銀座1-16-7
友泉銀座ビル6F
tel.03-5159-1610／fax.03-5159-1615
khayashi@albion-pd.com
http://www.albion.co.jp

林 千博
Hayashi Chihiro
株式会社コーセー 商品デザイン部
カウンセリング外装開発グループ
104-0032 東京都中央区八丁堀1-9-9
第3八重洲ビル2F
tel.03-3555-9199／fax.03-3555-9184
http://www.kose.co.jp

原 拓哉
Hara Takuya
寿精版印刷株式会社 台場オフィス
包材事業部 デザインセンター
135-0091 東京都港区台場2-3-1
トレードピアお台場22F
tel.03-3529-3205／fax.03-3529-3213
hara@rex.co.jp
http://www.rex.co.jp

原 雅明
Hara Masaaki
大日本印刷株式会社 包装事業部
企画本部 企画第2部 グループリーダー
162-8001 東京都新宿区市谷加賀町1-1-1
tel.03-5225-5863／fax.03-5225-5955
Hara-M@mail.dnp.co.jp
http://www.dnp.co.jp

原 洋介
Hara Yosuke
原洋介デザイン室
110-0001 東京都台東区谷中3-24-4
Kハウス306
tel.03-5814-5256／fax.03-5814-5256
hararoom@air.linkclub.or.jp

原田みのり
Harada Minori
272-0814 千葉県市川市高石神28-7
三番館203
tel.047-336-9583／fax.047-336-9583

原田祐助
Harada Yusuke
ポーラ化成工業株式会社 デザイン研究所
141-8523 東京都品川区西五反田2-2-3
tel.03-3494-7129／fax.03-3494-1758
y-harada@pola.co.jp
http://www.pola-rm.co.jp/

半田広喜
Handa Hiroki
有限会社半田デザイン事務所
107-0062 東京都港区南青山5-12-28
メゾン南青山502
tel.03-5464-6363／fax.03-5464-6364

久野哲郎
Hisano Tetsuro
大日本印刷株式会社 包装総合開発センター エリア・ソリューション本部
162-8001 東京都新宿区市谷加賀町1-1-1
tel.03-5225-5910／fax.03-3266-4899
Hisano-T@mail.dnp.co.jp
http://www.dnp.co.jp

平尾朋子
Hirao Tomoko
スタジオ月組
112-0003 東京都文京区春日1-3-1-709
tel.03-3812-7608／fax.03-3812-7608
studio_tsukigumi@za.pial.jp

平澤雅子
Hirasawa Masako
花王株式会社 パッケージ作成部
103-8210 東京都中央区日本橋茅場町1-14-10
tel.03-3660-7392／fax.03-3660-7272
hirasawa.masako@kao.co.jp
http://www.kao.co.jp

平田 宙
Hirata Oki
サントリー株式会社 デザイン部
アートディレクター
135-8631 東京都港区台場2-3-3
tel.03-5579-1145／fax.03-5579-1718
hirata@suntorydesign.com
http://www.suntory.co.jp

平田克己
Hirata Katsumi
株式会社クリオス 代表取締役
103-0005 東京都中央区日本橋久松町
13-4 トスパビル6F
tel.03-3668-2731／fax.03-3668-2732
k-hirata@creohs.co.jp
http://www.creohs.co.jp

平戸絵里子
Hirato Eriko
株式会社資生堂 宣伝制作部
デザイン制作室 課長
105-8310 東京都港区東新橋1-6-2
資生堂汐留オフィス11F
tel.03-6218-6273／fax.03-6218-6264
eriko.hirato@to.shiseido.co.jp
http://www.shiseido.co.jp

平野吉雄
Hirano Yoshio
イブス・デザインズ 代表
113-0022 東京都文京区千駄木
3-28-7-205
tel.03-3827-5239／fax.03-3827-5329
ipce-net@db3.so-net.ne.jp

平間仁志
Hirama Hitoshi
有限会社バウス
162-0824 東京都新宿区揚場町2-12
セントラルコーポラス310
tel.03-3235-0446／fax.03-3235-0447
b-a-u-s@zc4.so-net.ne.jp
http://www.baus.jp

平本勝彦
Hiramoto Katsuhiko
有限会社平本勝彦デザイン室
173-0004 東京都板橋区板橋1-53-15
メゾン新板橋1103
tel.03-3962-4438／fax.03-3962-4481

広橋桂子
Hirohashi Keiko
ヒロハシデザイン
107-0062 東京都港区南青山6-1-32-704
tel.03-3407-4948／fax.03-3407-4948
keiko-h@rb4.so-net.ne.jp

福岡直子
Fukuoka Naoko
大日本印刷株式会社 包装事業部 企画本部
第2部 第2グループ
162-8001 東京都新宿区市谷加賀町1-1-1
tel.03-5225-5863／fax.03-5225-5955
Fukuoka-N@mail.dnp.co.jp
http://www.dnp.co.jp

福田綾子
Fukuda Ayako
Studio gatto.
157-0065 東京都世田谷区上祖師谷
7-18-14
tel.03-3300-7069／fax.03-3300-7081
ayagatto@eb.mbn.or.jp

藤 きみよ
Fuji Kimiyo
フジ キミヨ デザインオフィス
152-0002 東京都目黒区目黒本町5-4-10
tel.03-3710-4107／fax.03-3710-4107
fujidf@kt.rim.or.jp

藤田 隆
Fujita Takashi
サントリー株式会社 デザイン部
クリエイティブディレクター
135-8631 東京都港区台場2-3-3
tel.03-5579-1145／fax.03-5579-1718
Takashi_Fujita@suntory.co.jp
http://www.suntory.co.jp

藤田 實
Fujita Makoto
有限会社MACTEC 代表
201-0012 東京都狛江市中和泉5-8-9
tel.03-3488-1156／fax.03-5497-3836
qyk13131@nifty.ne.jp

藤平 剛
Fujihira Takeshi
株式会社プロポーション シーツー
代表取締役
141-0032 東京都品川区大崎1-17-17
tel.03-5436-1012／fax.03-5436-0039
http://www.p-c2.com

藤村 敬
Fujimura Kei
王子製紙株式会社 デザインセンター
104-0061 東京都中央区銀座5-12-8
tel.03-5550-3065／fax.03-5550-2945
http://www.ojipaper.co.jp

藤本勝之
Fujimoto Katsuyuki
サントリー株式会社 デザイン部
135-8631 東京都港区台場2-3-3
tel.03-5579-1145／fax.03-5579-1718
Katsuyuki_Fujimoto@suntory.co.jp
http://www.suntory.co.jp

藤本 泰
Fujimoto Yasushi
有限会社平本勝彦デザイン室
173-0004 東京都板橋区板橋1-53-15
メゾン新板橋1103
tel.03-3962-4438／fax.03-3962-4481

布施治也
Fuse Haruya
104-0044 東京都中央区明石町13-15-604
tel.03-5565-5568／fax.03-5565-5548

古城晴美
Furuki Harumi
152-0022 東京都目黒区柿の木坂1-5-12
レベント柿木坂104
tel.03-3724-7843／fax.03-3724-7843

古庄章子
Furusho Akiko
サントリー株式会社 デザイン部
135-8631 東京都港区台場2-3-3
tel.03-5579-1145／fax.03-5579-1718
Akiko_Furusho@suntory.co.jp
http://www.suntory.co.jp

古田和子
Furuta Kazuko
POLPO
153-0061 東京都目黒区中目黒1-1-17
マンション恵比寿苑708
tel.03-3714-0290／fax.03-3714-0288
polpo@hh.iij4u.or.jp

古味義隆
Furumi Yoshitaka
有限会社古味デザイン事務所 代表取締役
162-0803 東京都新宿区赤城下町41-203
tel.03-5261-8591／fax.03-5261-8592
furumi@aioros.ocn.ne.jp

細井 努
Hosoi Tsutomu
株式会社アド・クリエーター 制作室
150-0001 東京都渋谷区神宮前6-33-18
ハイツ原宿102
tel.03-3400-7366／fax.03-3400-7027
hosoi@adcreator.co.jp

堀井敏正
Horii Toshimasa
有限会社アドアンドハウリー
321-0904 栃木県宇都宮市陽東5-13-34
tel.028-660-7157／fax.028-660-7167
holly@ra2.so-net.ne.jp

堀井 誠
Horii Makoto
株式会社チクブ 営業課 係長
102-0072 東京都千代田区飯田橋1-12-15
tel.03-3265-4601／fax.03-3265-4608
horii@cps-pl.co.jp
http://www.cps-pl.co.jp

堀口一則
Horiguchi Kazunori
デザイン工房かずんず
135-0044 東京都江東区越中島2-14-11
GPビル401
tel.03-5621-5070／fax.03-5621-5071
kazns@mac.com

本田和男
Honda Kazuo
有限会社フェイスデザインワーク
151-0061 東京都渋谷区初台1-29-13
ベルエール加藤104
tel.03-3379-6923／fax.03-3379-6297
email@face-dw.co.jp

前田貞幸
Maeda Sadayuki
株式会社朝日奈紙商事 開発担当取締役
158-0091 東京都世田谷区中町3-34-15
tel.03-3704-2392／fax.03-3704-2398
sadayuki110@jcom.home.ne.jp

前田英樹
Maeda Tsuneki
サントリー株式会社 デザイン部
135-8631 東京都港区台場2-3-3
tel.03-5579-1145／fax.03-5579-1718
maeda@suntorydesign.com
http://www.suntory.co.jp

牧野正樹
Makino Masaki
株式会社GKグラフィックス
第2デザイン部 第4制作室 室長
161-0033 東京都新宿区下落合2-1-15
tel.03-5952-6831／fax.03-5952-6832
m-makino@gk-design.co.jp
http://www.gk-design.co.jp/gra

牧之瀬文隆
Makinose Fumitaka
王子製紙株式会社 デザインセンター
マネージャー
104-0061 東京都中央区銀座5-12-8
tel.03-5550-3065／fax.03-5550-2945
fumitaka-makinose@ojipaper.co.jp
http://www.ojipaper.co.jp

増山晋平
Masuyama Shimpei
株式会社ブラビス・インターナショナル
デザイン・ディレクター
108-0071 東京都港区白金台4-10-8
tel.03-5789-7601／fax.03-5789-7602
masuyama@bravis.com
http://www.bravis.com

町田 泰
Machida Yasushi
株式会社ハナオカデザインアソシエイツ
160-0004 東京都新宿区四谷1-20-2
佳作ビル6F
tel.03-3356-4770／fax.03-3356-4773
match@hanaokadesign.com
http://www.hanaokadesign.com

松井 孝
Matsui Takashi
ポーラ化成工業株式会社 デザイン研究所
141-8523 東京都品川区西五反田2-2-3
tel.03-3494-7129／fax.03-3494-1758
http://www.pola-rm.co.jp/

松浦真二
Matsuura Shinji
寿精版印刷株式会社 台場オフィス
包材事業部 デザインセンター
135-0091 東京都港区台場2-3-1
トレードピアお台場22F
tel.03-3529-3205／fax.03-3529-3213
shinji-matsuura@rex.co.jp
http://www.rex.co.jp

松尾高明
Matsuo Komei
Post Design
224-0007 神奈川県横浜市都筑区荏田南
1-20-3-401
tel.045-948-3782／fax.045-948-3782
postdesign@sky.plala.or.jp

松尾 太
Matsuo Futoshi
株式会社那波多目デザイン事務所
102-0084 東京都千代田区二番町8-7
二番町パークフォレスト1104
tel.03-5215-3381／fax.03-5215-3386
info@nabatame-d.co.jp

松木一太
Matsuki Ichita
雪印乳業株式会社 家庭用事業部
宣伝グループ
160-8575 東京都新宿区本塩町13
tel.03-3226-2336／fax.03-3226-2376
XMB03566@nifty.ne.jp
http://www.snowbrand.co.jp

松樹青太
Matsuki Seita
matsuki@kanoh.co.jp

松倉麗美
Matsukura Remi
マツクラ デザイン オフィス
181-0002 東京都三鷹市牟礼5-9-3
サンハイツ2F
tel.0422-70-5528／fax.0422-70-5528
cax63951@pop21.odn.ne.jp

松澤由紀子
Matsuzawa Yukiko
凸版印刷株式会社 パッケージ事業本部
企画本部 第1部1チーム
110-8560 東京都台東区台東1-5-1
tel.03-3835-6545／fax.03-3835-7628
yukiko.matsuzawa@toppan.co.jp
http://www.toppan.co.jp

松下勝美
Matsushita Katsumi
カツミアートスタジオ
221-0834 神奈川県横浜市神奈川区台町
11-26-206
tel.045-325-5859／fax.045-325-5859
katsumi-art@kmj.biglobe.ne.jp

松下洋一
Matsushita Yoichi
川島商事株式会社 企画デザイン室
企画部長
130-0022 東京都墨田区江東橋1-4-3
tel.03-3633-7641／fax.03-3633-7365
kikaku@kawashimashoji.co.jp
http://www.kawashimashoji.co.jp

松田澄子
Matsuda Sumiko
株式会社中塚大輔広告事務所
103-0013 東京都中央区日本橋人形町
2-33-8
tel.03-3663-5608／fax.03-3663-5622
info@nakatsuka-inc.com
http://www.nakatsuka-inc.com

松田徳巳
Matsuda Narumi
ライオン株式会社 デザイン室
130-8544 東京都墨田区横網1-2-22
tel.03-3621-6644／fax.03-3621-6659
narumi9@lion.co.jp
http://www.lion.co.jp

松林慎太郎
Matsubayashi Shintaro
株式会社スタジオ・マッス
107-0052 東京都港区赤坂8-4-7
カームビル6C
tel.03-3401-4928／fax.03-3470-3271
studio@mass-inc.co.jp
http://www.mass-inc.co.jp

杢山博之
Matsuyama Hiroyuki
有限会社マツヤマヒロユキ・デザイン・
オフィス
150-0001 東京都渋谷区神宮前4-19-8
アロープラザ原宿308
tel.03-5772-5570／fax.03-5772-5571
hiromats@gd5.so-net.ne.jp

丸橋加奈子
Maruhashi Kanako
ポーラ化成工業株式会社 デザイン研究所
141-8523 東京都品川区西五反田2-2-3
tel.03-3494-7129／fax.03-3494-1758
k-maruhashi@pola.co.jp
http://www.pola-rm.co.jp/

丸本彰一
Marumoto Shoichi
株式会社GKグラフィックス
第2デザイン部 部長
161-0033 東京都新宿区下落合2-1-15
tel.03-5952-6831／fax.03-5952-6832
marumoto@gk-design.co.jp
http://www.gk-design.co.jp/gra

丸山和子
Maruyama Kazuko
丸山デザイン事務所
104-0041 東京都中央区新富町1-11-10
アクシルコート銀座イースト604
tel.03-3555-0013
kazuko-m@mld.co.jp
http://www.mld.co.jp/m-design

三木 学
Miki Manabu
株式会社ミックデザインワークス
104-0031 東京都中央区京橋1-4-11
竹本ビル3F
tel.03-3273-2407／fax.03-3273-2408
mic-dw@yj8.so-net.ne.jp

三澤恵理子
Misawa Eriko
株式会社資生堂 宣伝制作部
デザイン制作室 アートディレクター
105-8310 東京都港区東新橋1-6-2
資生堂汐留オフィス11F
tel.03-6218-6279／fax.03-6218-6260
eriko.misawa@to.shiseido.co.jp
http://www.shiseido.co.jp

三谷 豊
Mitani Yutaka
有限会社グローブデザイン
104-0042 東京都中央区入船3-9-1
第2細矢ビル3F
tel.03-3555-7772／fax.03-3555-7776
grove@rb3.so-net.ne.jp
http://www001.upp.so-net.ne.jp/grove

三井卓夫
Mitsui Takuo
花王株式会社 パッケージ作成部
103-8210 東京都中央区日本橋茅場町1-14-10
tel.03-3660-7347／fax.03-3660-7272
http://www.kao.co.jp

水口洋二
Minakuchi Yoji
サントリー株式会社 デザイン部
135-8631 東京都港区台場2-3-3
tel.03-5579-1145／fax.03-5579-1718
http://www.suntory.co.jp

三根暁子
Mine Akiko
イズグラフ株式会社
アートディレクター／デザイナー
151-0053 東京都渋谷区代々木4-28-8
代々木村田マンション506
tel.03-3373-7641／fax.03-3373-7641
akiko@isgraph.com
http://www.isgraph.com

宮澤大誠
Miyazawa Taisei
花王株式会社 パッケージ作成部
103-8210 東京都中央区日本橋茅場町1-14-10
tel.03-3660-7392／fax.03-3660-7272
miyazawa.taisei@kao.co.jp
http://www.kao.co.jp

宮地睦明
Miyaji Nobuaki
株式会社サン・スタジオ 代表取締役
105-0012 東京都港区芝大門2-5-8
芝大門牧田ビル8F
tel.03-5425-2430／fax.03-5425-2439
miyaji-n@sunstudio.co.jp
http://www.SUNSTUDIO.co.jp

宮本泰志
Miyamoto Yasushi
有限会社川路ヨウセイデザインオフィス
107-0062 東京都港区南青山5-11-14
H&M EAST 202・206
tel.03-3400-4421／fax.03-3486-0856
miyamoto@k-do.com

三輪万寿夫
Miwa Masuo
有限会社ハンドファスト
150-0001 東京都渋谷区神宮前1-19-8
原宿ファミリー301
tel.03-3405-6369／fax.03-3405-6501
handfast@zb3.so-net.ne.jp

村 武史
Mura Takeshi
株式会社デザインマック
162-0052 東京都新宿区戸山1-8-5
tel.03-3204-0951／fax.03-3204-0965
muratakeshi@design-mac.co.jp
http://www.design-mac.co.jp

村 禎介
Mura Teisuke
株式会社デザインマック 代表取締役
162-0052 東京都新宿区戸山1-8-5
tel.03-3204-0951／fax.03-3204-0965
murateisuke@design-mac.co.jp
http://www.design-mac.co.jp

村上 芳
Murakami Kaori
グリーンハウスデザイン有限会社
代表取締役
104-0054 東京都中央区勝どき6-3-1-1310
tel.03-6751-7177／fax.03-6751-7033
design.good@mac.com
http://design-good.com

村上和彦
Murakami Kazuhiko
有限会社村上デザイン事務所
160-0022 東京都新宿区新宿1-3-7
唐木ビル501
tel.03-5369-2099／fax.03-5369-2098
murakami-design@h4.dion.ne.jp

村田英子
Murata Eiko
株式会社アルビオン デザイン室
104-0061 東京都中央区銀座1-16-7
友泉銀座ビル6F
tel.03-5159-1610／fax.03-5159-1615
emurata@albion-pd.co.jp
http://www.albion.co.jp

村田美佳
Murata Mika
141-0022 東京都品川区東五反田
2-16-2-607
tel.03-5420-1181／fax.03-5420-1181

村山琢生
Murayama Takuo
村山琢生デザイン事務所
153-0041 東京都目黒区駒場1-2-22
パークハイツ駒場202
tel.03-6809-1380／fax.03-6809-1380
murayama-tak@io.ocn.ne.jp

元田天治
Motoda Tenji
株式会社コーセー 商品デザイン部
管理開発室 室長
104-0032 東京都中央区八丁堀1-9-9
tel.03-3206-7671／fax.03-3555-1419
t-motoda@kose.co.jp
http://www.kose.co.jp

森 明子
Mori Akiko
株式会社セルロイド
107-0062 東京都港区南青山5-4-26
FJB南青山ビル9F
tel.03-3400-9918／fax.03-3400-9948
a-mori@selloid.com
http://www.selloid.com

森田きよの
Morita Kiyono
サントリー株式会社 デザイン部
135-8631 東京都港区台場2-3-3
tel.03-5579-1145／fax.03-5579-1718
Kiyono_Morita@suntory.co.jp
http://www.suntory.co.jp

森田充則
Morita Mitsunori
株式会社モリックス 代表取締役
105-0014 東京都港区芝2-18-3 KOビル3F
tel.03-3769-0345／fax.03-3769-0346
m-morita@morix-pd.com
http://www.morix-pd.com

森田利江子
Morita Rieko
株式会社コーセー 商品デザイン部 デザイン
室
104-0032 東京都中央区八丁堀1-9-9
tel.03-3555-9199／fax.03-3555-9184
r-morita@kose.co.jp
http://www.kose.co.jp

森山隆樹
Moriyama Takaki
森山デザイン事務所
950-0913 新潟県新潟市鐙1-16-13
コーポラスリム102
tel.025-290-4646／fax.025-290-4646
m.d.o@f7.dion.ne.jp

門出 希
Monde Nozomi
MONDESIGN
162-0855 東京都新宿区二十騎町1-39
Vague 511
tel.03-6240-3323／fax.03-6240-3323
mondesign@s9.dion.ne.jp

矢口 洋
Yaguchi Hiroshi
株式会社デザインメイト
110-0015 東京都台東区東上野2-13-8
アルカディア上野5F
tel.03-3834-7771／fax.03-3834-7779
product@designmate.co.jp
http://www.designmate.co.jp

矢沢孝嗣
Yazawa Takatsugu
有限会社矢沢デザインスタジオ
150-0001 東京都渋谷区神宮前6-35-3
コープオリンピア403
tel.03-5467-6883／fax.03-5467-6884
t_yazawa@yazawads.com
http://www.yazawads.com

安井溥昌
Yasui Hiromasa
株式会社ヒロ・プランニング 代表取締役
クリエイティブディレクター
106-0032 東京都港区六本木3-4-24
六本木足立ビルB1F
tel.03-3589-5311／fax.03-3589-5310
yasui@hiro-p.co.jp

安富律之
Yasutomi Noriyuki
有限会社あんてなスタジオ
107-0062 東京都港区南青山4-15-4
パークヒルズ南青山101
tel.03-5772-2342／fax.03-5772-2343
yasutomi@antenna-studio.com
http://www.antenna-studio.com

安村嘉治
Yasumura Yoshiharu
安村デザイン事務所
154-0003 東京都世田谷区野沢3-22-8-706
tel.03-3422-0719／fax.03-3422-0719

谷田部久美子
Yatabe Kumiko
株式会社スタジオ・マッス
107-0052 東京都港区赤坂8-4-7
カームビル6C
tel.03-3401-4928／fax.03-3470-3271
studio@mass-inc.co..jp
http://www.mass-inc.co.jp

谷津松枝
Yatsu Matsue
株式会社イメージ・イン・スタジオ
060-0042 北海道札幌市中央区大通西
17丁目 Dogs17
tel.011-611-1230／fax.011-611-1442
plannoahheart@p-s-l.net

柳田岩男
Yanagida Iwao
145-0076 東京都大田区田園調布南10-11
tel.03-5482-7764／fax.03-5482-7764
waoaw@po.jah.ne.jp

矢野英夫
Yano Hideo
株式会社ブラビス・インターナショナル
デザイン・ディレクター
108-0071 東京都港区白金台4-10-8
tel.03-5789-7601／fax.03-5789-7602
yano@bravis.com
http://www.bravis.com

山口哲雄
Yamaguchi Tetsuo
株式会社デザインスタジオニック
代表取締役 アートディレクター
106-0044 東京都港区東麻布3-5-12
麻布CCビル2F
tel.03-3568-2229／fax.03-5561-0029
t-yamaguchi@nicks.co.jp
http://www.nicks.co.jp

山口泰民
Yamaguchi Yasutami
有限会社TRY 代表取締役
156-0044 東京都世田谷区赤堤4-7-7
tel.03-3321-1146／fax.03-3321-1146
tryhope@sepia.ocn.ne.jp

山﨑 茂
Yamasaki Shigeru
株式会社コーセー 宣伝部 宣伝制作グルー
プ クリエイティブディレクター
103-8251 東京都中央区日本橋1-3-13
tel.03-3273-1518／fax.03-3281-5902
s-yamazaki@kose.co.jp
http://www.kose.co.jp

山下正和
Yamashita Masakazu
244-0003 神奈川県横浜市戸塚区戸塚町
2833-98
tel.045-881-5532／fax.045-881-5532
yama123@d6.dion.ne.jp

山中伸生
Yamanaka Nobuo

山本千絵子
Yamamoto Chieko
株式会社資生堂
宣伝制作部 デザイン制作室
105-8310 東京都港区東新橋1-6-2
資生堂汐留オフィス11F
tel.03-6218-6284／fax.03-6218-6260
chieko.yamamoto@to.shiseido.co.jp
http://www.shiseido.co.jp

山本良一
Yamamoto Ryoichi
山本良一事務所
235-0011 神奈川県横浜市磯子区丸山1-31-7
tel.045-751-3634／fax.045-751-3634

湯本逸郎
Yumoto Itsuro
花王株式会社 パッケージ作成部
103-8210 東京都中央区日本橋茅場町1-14-10
tel.03-3660-7320／fax.03-3660-7272
yumoto.itsuro@kao.co.jp
http://www.kao.co.jp

吉田晃永
Yoshida Terunaga
デザインオフィス アルテサーノ
316-0015 茨城県日立市金沢町2-32-6-A202
tel.0294-38-7253／fax.0294-38-7254
artesanojp@nifty.com
http://www.artesano-design.com

吉田正己
Yoshida Masami
M'3 DESIGN
206-0014 東京都多摩市乞田1318-2
tel.080-5034-4674／fax.042-372-6427
macha-3@kmd.biglobe.ne.jp

吉田光利
Yoshida Mitsutoshi
花王株式会社 パッケージ作成部
103-8210 東京都中央区日本橋茅場町1-14-10
tel.03-3660-7394／fax.03-3660-7272
http://www.kao.co.jp

吉村景知
Yoshimura Kagehiro
吉村デザイン事務所
225-0023 神奈川県横浜市青葉区大場町
174-167
tel.045-974-1726／fax.045-974-1726
yoshimura@e08.itscom.net

吉村雅紀
Yoshimura Masanori
吉村雅紀デザイン事務所
112-0002 東京都文京区小石川1-17-1
エルアージュ小石川A-305
tel.03-5689-5638／fax.03-5689-5638
masa-y@ta3.so-net.ne.jp

米田貴美子
Yoneta Kimiko
デザインオフィスライス
167-0031 東京都杉並区本天沼1-27-5
tel.03-3336-4681／fax.03-3336-4681
d-o-rice@cf6.so-net.ne.jp

米田美枝子
Yoneta Mieko
デザインオフィスライス
167-0031 東京都杉並区本天沼1-27-5
tel.03-3336-4681／fax.03-3336-4681
d-o-rice@cf6.so-net.ne.jp

米林有美子
Yonebayashi Yumiko
153-0042 東京都目黒区青葉台3-12-2
tel.03-5458-8216／fax.03-5458-8217
yumi@abby.co.jp

和久井義男
Wakui Yoshio
168-0063 東京都杉並区和泉3-11-5
tel.03-3328-0254／fax.03-3328-0254

和久津康弘
Wakutsu Yasuhiro
有限会社ワークファブリック 代表取締役
アートディレクター
151-0051 東京都渋谷区千駄ヶ谷2-34-8
テラス外苑203
tel.03-5772-8895／fax.03-5772-8896
wakutsu@work-fabric.com

和田純子
Wada Junko
株式会社アド・ハウス
151-0053 東京都渋谷区代々木1-15-7
キャッスル代々木202
tel.03-3370-8245／fax.03-3320-1057
wada@adhouseinc.co.jp
http://www.adhouseinc.co.jp

和田 亨
Wada Toru
株式会社アド・クリエーター 代表取締役社長
150-0001 東京都渋谷区神宮前6-33-18
ハイツ原宿102
wada@adcreator.co.jp

渡辺勢津子
Watanabe Setsuko
株式会社ヒロ・プランニング 取締役
ディレクター
106-0032 東京都港区六本木3-4-24
tel.03-3589-5311／fax.03-3589-5310
watanabe@hiro-p.co.jp

渡邊 大
Watanabe Dai
有限会社西村デザインオフィス
162-0824 東京都新宿区揚場町2-12
セントラルコーポラス501
tel.03-5228-3935／fax.03-3269-5351
watanabe@ndo.co.jp
http://www.ndo.co.jp

渡辺隆史
Watanabe Takashi
花王株式会社 パッケージ作成部
クリエイティブディレクター
103-8210 東京都中央区日本橋茅場町1-14-10
tel.03-3660-7339／fax.03-3660-7272
watanabe.takashi1@kao.co.jp
http://www.kao.co.jp

渡辺真佐子
Watanabe Masako
株式会社資生堂
宣伝制作部 デザイン制作室
105-8310 東京都港区東新橋1-6-2
資生堂汐留オフィス10F
tel.03-6218-6295／fax.03-6218-6260
masako.watanabe@to.shiseido.co.jp
http://www.shiseido.co.jp

渡辺政憲
Watanabe Masanori
凸版印刷株式会社 企画販促本部 企画1部
110-8560 東京都台東区台東1-5-1
tel.03-3835-6548／fax.03-3835-7628
masanori.watanabe@toppan.co.jp
http://www.toppan.co.jp

渡辺有史
Watanabe Yushi
ポーラ化成工業株式会社 デザイン研究所
141-8523 東京都品川区西五反田2-2-3
tel.03-3494-7129／fax.03-3494-1758
y-watanabe@pola.co.jp
http://www.pola-rm.co.jp/

個人会員（中日本）

石川千雄
Ishikawa Kazuo
有限会社デザインワークス・サウザンド
代表取締役
458-0845 愛知県名古屋市緑区
鳴海町赤塚157
tel.052-892-3999／fax.052-892-1385

今井敏之
Imai Toshiyuki
株式会社NIRE 代表取締役
939-2721 富山県富山市婦中町板倉777-1
tel.076-466-5011／fax.076-466-5035
imai104@quartz.ocn.ne.jp

岩本禎雄
Iwamoto Sadao
デザインオフィス アイボックス 代表
452-0803 愛知県名古屋市西区大野木
4-94
tel.052-502-3023／fax.052-502-3040
i-box03@dol.hi-ho.ne.jp
http://www.bea.hi-ho.ne.jp/rump

江田裕子
Eda Yuko
株式会社タイヨーパッケージ
企画デザイン室
939-3548 富山県富山市三郷10
tel.076-478-5123／fax.076-478-5127
design@taiyopackage.co.jp
http://www.taiyopackage.co.jp

大塚道夫
Otsuka Michio
ネットワーク・プラン 代表
501-3914 岐阜県関市鋳物師屋7-4-23
tel.0575-24-3376／fax.0575-24-6998

柿谷拓磨
Kakitani Takuma
柿谷デザイン事務所
939-8045 富山県富山市本郷町1-26
tel.076-425-7496／fax.076-425-7496
kakidesi@yahoo.co.jp

川合三夫
Kawai Mitsuo
有限会社デザインルームカワイ
481-0041 愛知県西春日井郡西春町
九之坪東ノ川148
tel.0568-23-6064／fax.0568-23-6064

川島嘉洋
Kawashima Yoshihiro
株式会社タイヨーパッケージ 企画室
939-3548 富山県富山市三郷10
tel.076-478-5123／fax.076-478-5127
http://www.taiyopackage.co.jp

桜井 淳
Sakurai Atsushi
有限会社デザイン・ファーム・サプライ
486-0957 愛知県春日井市中野町2-18-3
tel.0568-36-1814／fax.0568-36-1824
supplyas@quartz.ocn.ne.jp

沢田奈美枝
Sawada Namie
沢田デザインルーム
939-0234 富山県射水市二口805-1
tel.0766-52-1242
namie@po7.canet.ne.jp

清水幸生
Shimizu Yukio
シーズアソシエイツ
461-0022 愛知県名古屋市東区東大曽根
町48-3-505
tel.052-934-3055／fax.052-934-3066
yukios@sheez.jp

杉井清二
Sugii Seiji

髙木仁美
Takagi Hitomi
ウプスデザインズ
461-0011 愛知県名古屋市東区白壁3-8-6
ファーニス白壁1B
tel.052-937-9719／fax.052-937-6469
oops@wondernet.ne.jp

坪田良一
Tsubota Ryoichi
DESIGN Q・P
466-0033 愛知県名古屋市昭和区台町
1-14 テラス台町203
tel.052-851-6368／fax.052-851-6378
tsubota@nyc.odn.ne.jp

寺西雅俊
Teranishi Masatoshi
寺西デザイン事務所
937-0842 富山県魚津市吉野783
tel.0765-24-4350／fax.0765-24-4326
west@nice-tv.jp

仲村享子
Nakamura Kyoko
ウプスデザインズ
461-0011 愛知県名古屋市東区白壁3-8-6
ファーニス白壁1B
tel.052-937-9719／fax.052-937-6469
oops@wondernet.ne.jp

丹羽哲男
Niwa Tetsuo
株式会社丹羽デザイン事務所
461-0005 愛知県名古屋市東区東桜
1-4-32
ダイアパレス栄公園205
tel.052-961-0136／fax.052-961-0430
niwa-design@violin.ocn.ne.jp

林 たかし
Hayashi Takashi
株式会社パブリックデザインワークス
451-0045 愛知県名古屋市西区名駅2-23-
14 VIA 141
tel.052-561-5577／fax.052-561-6677
design@pdw.co.jp

原井 繁
Harai Shigeru
朝日印刷株式会社 製品企画グループ
939-2756 富山県富山市婦中町蔵島37-3
tel.076-466-1201／fax.076-466-1203
app-dsn@titan.ocn.ne.jp
http://www.asahi-pp.co.jp

二口幸宏
Futakuchi Yukihiro
朝日印刷株式会社 製品企画グループ 課長
939-2756 富山県富山市婦中町蔵島37-3
tel.076-466-1201／fax.076-466-1203
app-dsn@titan.ocn.ne.jp
http://www.asahi-pp.co.jp

前田一樹
Maeda Kazuki
国立大学法人富山大学 芸術文化学部
学部長
933-8588 富山県高岡市二上町180
tel.0766-25-9100／fax.0766-25-9104
maeda@tad.u-toyama.ac.jp
http://www.geibun.jp

丸山和巳
Maruyama Kazumi
有限会社丸山デザイン事務所
451-0064 愛知県名古屋市西区名西1-1-2
グランコート名西403
tel.052-531-3812／fax.052-531-3814
kazumaru@d3.dion.ne.jp

三浦正紀
Miura Masanori
株式会社パブリックデザインワークス 代
表取締役
451-0045 愛知県名古屋市西区名駅
2-23-14 VIA 141
tel.052-561-5577／fax.052-561-6677
design@pdw.co.jp

三上久桂
Mikami Hisaka

宮田 昇
Miyata Noboru
宮田デザイン事務所
939-2616 富山県富山市婦中町小倉777
tel.076-469-6505／fax.076-469-6505

宮本和憲
Miyamoto Kazunori
有限会社ミヤモトデザイン
930-0144 富山県富山市住吉765
tel.076-434-6267／fax.076-434-6301
m-design@p1.coralnet.or.jp

四居俊輔
Yotsui Shunsuke
有限会社クリエイト ワイ
464-0074 愛知県名古屋市千種区仲田
2-15-12 ワークビル3F
tel.052-733-7559／fax.052-733-7717

若島尚美
Wakashima Naomi
株式会社タイヨーパッケージ 企画室
939-3548 富山県富山市三郷10
tel.076-478-5123／fax.076-478-5127
http://www.taiyopackage.co.jp

渡邉賢次
Watanabe Kenji
ボウス・ファミリー 代表
505-0041 岐阜県美濃加茂市太田町
3489-19
tel.0574-26-3578／fax.0574-26-3578
bouth1117@coda.ocn.ne.jp

個人会員（西日本）

綾田祥子
Ayada Sachiko
株式会社綾田印刷 企画室
542-0012 大阪府大阪市中央区谷町7-1-53
tel.06-6762-9212／fax.06-6762-9214

新井 好
Arai Konomi
有限会社桃衣堂 代表取締役
600-8481 京都府京都市下京区
四条堀川町264-5 ハイネス堀川701
tel.075-352-9142／fax.075-352-9143
araico@mac.com

荒木志華乃
Araki Shigeno
株式会社荒木志華乃デザイン室
代表取締役社長
550-0014 大阪府大阪市西区北堀江
1-5-14-5F
tel.06-6535-8663／fax.06-6535-8676
shigeno.ad@able.ocn.ne.jp
http://www.d-shigeno.com

有吉みよ子
Ariyoshi Miyoko
有限会社シアンデザインマネジメント 代表
810-0033 福岡県福岡市中央区小笹
4-13-21
tel.092-534-5540／fax.092-534-5541
miyoko@genkinet.com
http://www.genkinet.com

安東譲治
Ando Joji
株式会社ブラウ
542-0081 大阪府大阪市中央区南船場
2-6-21 グラン・ビルド心斎橋404
tel.06-6268-0144／fax.06-6268-0007
j.ando@the-plow.com
http://www.the-plow.com

五十嵐政行
Igarashi Masayuki
株式会社アーティス 代表取締役
530-0041 大阪府大阪市北区天神橋
2-2-25 谷口ビル3F
tel.06-6356-0380／fax.06-6356-0302
artis@juno.ocn.ne.jp

池田 毅
Ikeda Takeshi
株式会社アイ工房 代表取締役
550-0025 大阪府大阪市西区九条南1-7-5
Build・S-41 2F
tel.06-6581-6192／fax.06-6581-6193
ikeda@ai-kobo.co.jp

伊郷武治
Igo Takeharu
伊郷デザイン事務所
572-0841 大阪府寝屋川市太秦東が丘9-15
tel.072-823-5271／fax.072-823-5271
t-igo.design@road.ocn.ne.jp

石川ひろみ
Ishikawa Hiromi
デザインルーム・アプリ
531-0072 大阪府大阪市北区豊崎3-8-5
朝日プラザ梅田(藍) 204
tel.06-6375-9088／fax.06-6375-9095
apri@lapis.plala.or.jp

石原正直
Ishihara Masanao
ディレクションミグ株式会社 代表取締役
541-0042 大阪府大阪市中央区今橋1-7-2
山富ビル2F
tel.06-6229-1540／fax.06-6229-1006
ishihara@dirmig.co.jp

板倉閲次
Itakura Etsuji
イタクラデザイン事務所
542-0081 大阪府大阪市中央区南船場
1-9-28 カナオリビル204
tel.06-6267-8283／fax.06-6267-8284
eitakura@d6.dion.ne.jp

伊藤 勝
Ito Masaru
有限会社スタジオ カツ
573-1121 大阪府枚方市楠葉花園町
5-5-504
tel.072-850-6728／fax.072-850-6728

伊藤義則
Ito Yoshinori
PAKEX
530-0041 大阪府大阪市北区天神橋1-6-8
tel.06-6353-4655／fax.06-6353-4655

犬塚 保
Inuzuka Tamotsu
マックスプランニング株式会社 代表
550-0014 大阪府大阪市西区北堀江1-1-3
四つ橋日生ビル別館8F
tel.06-6543-0412／fax.06-6543-0438

井上 勲
Inoue Isao
株式会社アイディーエイ 代表取締役社長
700-0973 岡山県岡山市下中野510-6
tel.086-244-1901／fax.086-244-1955
head@ida-web.com
http://www.ida-web.com

井上邦子
Inoue Kuniko
株式会社イングアソシエイツ 取締役
564-0053 大阪府吹田市江の木町27-3
tel.06-6385-0955／fax.06-6384-1757
mail@ing-associates.co.jp
http://www.ing-associates.co.jp

今北紘一
Imakita Koichi
有限会社今北デザイン研究所 代表取締役
所長／アートディレクター
520-0077 滋賀県大津市鶴の里23-25
tel.077-525-4116／fax.077-525-4117
imakita@d7.dion.ne.jp

岩切真由美
Iwakiri Mayumi
株式会社フロムコミュニケーションズ
マネージャー
541-0057 大阪府大阪市中央区
北久宝寺町1-7-9 TSKビル201
tel.06-6271-5174／fax.06-6271-5106
iwakiri@fromcom.co.jp
http://www.fromcom.co.jp

上本一寿
Uemoto Kazutoshi
うえもと・グラフィックチーム
790-0821 愛媛県松山市木屋町3-9-8
tel.089-922-2575／fax.089-925-2575

梅川修司
Umekawa Shuji
株式会社PBSアソシエーション 代表取締役
532-0002 大阪府大阪市淀川区東三国
3-9-11 ユニライフ北大阪 1-301
tel.06-6392-5684／fax.06-6392-5685
umekawa@p-b-s.jp
http://www.p-b-s.jp

梅原 真
Umebara Makoto
有限会社梅原デザイン事務所 代表
782-0051 高知県香美市土佐山田町楠目53-
1
tel.0887-52-2223／fax.0887-57-0317
umegumi@bronze.ocn.ne.jp

江本吉雄
Emoto Yosio
有限会社デザインオフィスエム
530-0043 大阪府大阪市北区天満4-5-9
オクノビル3F
tel.06-6354-2160／fax.06-6354-2646
designem@d1.dion.ne.jp

大内 朔
Ouchi Hajime
株式会社A・Pトータルデザイン 取締役会長
540-0026 大阪府大阪市中央区内本町
1-2-5 YSKビル2F
tel.06-6942-1501／fax.06-6942-7080
apinc@skyblue.ocn.ne.jp
http://www.ap-coltd.jp

大久保 隆
Okubo Takashi
有限会社大久保隆デザイン事務所
代表取締役
569-0071 大阪府高槻市城北町2-7-16
モジュール405
tel.072-662-7011／fax.072-662-7012
todo@art.zaq.jp
http://www.tcn.zaq.ne.jp/todo

大住順一
Osumi Junichi
有限会社サン・クリエイト
530-0012 大阪府大阪市北区芝田1-12-7
大栄ビル6F
tel.06-6371-3800／fax.06-6371-6106
sun-create@nifty.com
http://www.sun-create.biz

太田久美子
Ota Kumiko
有限会社ビューポイント
550-0003 大阪府大阪市西区京町堀
1-4-16 センチュリービル6F
tel.06-4803-0301／fax.06-4803-0302
k.ohta@vp-graphics.com
http://www.vp-graphics.com

大平敏昭
Ohira Toshiaki
フォルムオーヒラ
564-0062 大阪府吹田市垂水町3-25-11
アルバート江坂ビル102
tel.06-6385-7423／fax.06-6385-7423

大森重志
Omori Shigeshi
658-0063 兵庫県神戸市東灘区住吉山手4-6-6
tel.078-842-3991／fax.078-842-3991
shigeshi@kcc.zaq.ne.jp

岡 信吾
Oka Shingo
631-0015 奈良県奈良市学園朝日元町
2-529-3 A-211
tel.0742-47-9965

奥田一明
Okuda Kazuaki
K note
550-0012 大阪府大阪市西区立売堀1-9-4
ニューアスターハウス守先502
tel.06-6543-7600／fax.06-6543-7601
k.note-okuda@titan.ocn.ne.jp

小江基三郎
Ogo Motosaburo
ノード・コーポレーション 代表
530-0041 大阪府大阪市北区天神橋
1-12-15 ノースタワービル602
tel.06-6356-2880／fax.06-6356-2881
info@node-corp.com
http://www.node-corp.com

小田 俊
Oda Toshi
HUEZデザイン事務所 代表
742-1513 山口県熊毛郡田布施町麻郷1714
tel.0820-52-2173／fax.0820-52-2258
oda-huez@alpha.ocn.ne.jp

小野寺 健
Onodera Ken
スパイス
542-0064 大阪府大阪市中央区上汐
2-6-13 喜多ビル503
tel.06-6766-3863／fax.06-6766-3863
spice@ya2.so-net.ne.jp
http://www.w-spice.com

角谷昭三
Kakutani Shozo
自然の風・デザイン角谷
760-0017 香川県高松市番町3-9-6
tel.087-831-9886

鹿児島蓉子
Kagoshima Yoko
有限会社アゴスト アーキスタジオ
658-0004 兵庫県神戸市東灘区
本山町田辺251-8
tel.078-453-0860／fax.078-453-0863
agosto@kcc.zaq.ne.jp

籠谷 隆
Kagotani Takashi
大日本印刷株式会社 包装総合開発センター 商品企画本部 商品企画第4部 係長
550-8508 大阪府大阪市西区南堀江
1-17-28 なんばSSビル5F
tel.06-6110-4928／fax.06-6110-4924
Kagotani-T@mail.dnp.co.jp
http://www.dnp.co.jp

勝部一之
Katsube Kazuyuki
有限会社勝部デザイン事務所 代表取締役
531-0072 大阪府大阪市北区豊崎3-20-9
三栄ビル
tel.06-6376-0876／fax.06-6376-0838
katsube.d@nifty.com
http://homepage3.nifty.com/katsube

金田東鉉
Kaneda Togen
tougen design
550-0021 大阪府大阪市西区川口3-2-1
TK川口ビル502
tel.06-4303-3135／fax.06-4303-3135
kaneda@10gen-d.com

加納守康
Kano Moriyasu
株式会社加納デザイン事務所
530-0045 大阪府大阪市北区天神西町
5-17 アクティ南森町10F
tel.06-6361-9321／fax.06-6361-9329
http://www.kanoh.co.jp

神谷利男
Kamitani Toshio
神谷利男デザイン株式会社 代表
556-0021 大阪府大阪市浪速区幸町1-1-1
夕張家ビル8F
tel.06-4392-8715／fax.06-4392-8716
kammy@apricot.ocn.ne.jp

亀田三郎
Kameda Saburo
デザイン研究事務所マークス
604-0077 京都府京都市中京区丸太町通
小川西入 ITP京都クリエイターズビル4F
tel.075-254-0855／fax.075-254-0856

川﨑哲生
Kawasaki Tetsuo
興南設計株式会社 ビジュアルコミュニケーション部
710-0034 岡山県倉敷市粒江20-36
tel.086-420-1555／fax.086-420-1444
kawasaki@konan-sekkei.co.jp
http://www.konan-sekkei.co.jp

川島真子
Kawashima Shimako
株式会社加納デザイン事務所
530-0045 大阪府大阪市北区天神西町
5-17 アクティ南森町10F
tel.06-6361-9321／fax.06-6361-9329
nemoto@kanoh.co.jp

キクチミツル
Kikuchi Mitsuru
株式会社タッククリエイト
530-0043 大阪府大阪市北区天満4-4-11
丸善天満ビル2F
tel.06-6136-1740／fax.06-6136-1741
kichiku@tac-create.co.jp

喜多 明
Kita Akira
ルイデザイン 代表
612-8495 京都府京都市伏見区
久我森の宮町2-220
tel.075-922-7467／fax.075-922-7467

北浦 浩
Kitaura Hiroshi
大塚包装工業株式会社 企画部
772-0031 徳島県鳴門市大津町木津野字
東辰己1
tel.088-685-2175／fax.088-685-2477

北山きょう子
Kitayama Kyoko
株式会社加納デザイン事務所
530-0045 大阪府大阪市北区天神西町
5-17 アクティ南森町10F
tel.06-6361-9321／fax.06-6361-9329
kitayama@kanoh.co.jp

木下智樹
Kinoshita Tomoki
有限会社スウィッチ
531-0072 大阪府大阪市北区豊崎5-1-15
ローツェ㈱-401
tel.06-4802-1643／fax.06-4802-1644
switch@po.aianet.ne.jp
http://www.aianet.ne.jp/~switch

木村良高
Kimura Yoshitaka
凸版印刷株式会社 パッケージ事業本部 関西事業部 企画部 第2企画チーム
553-8580 大阪府大阪市福島区海老江3-22-61
tel.06-6454-3115／fax.06-6454-3458
yoshitaka.kimura@toppan.co.jp
http://www.toppan.co.jp

キリマハルミ
Kirima Harumi
spring design company
534-0026 大阪府大阪市都島区網島町
4-12 東文ビル4F
tel.06-6351-7045／fax.06-6351-7046
kirima@spring-d.com

倉橋 潤
Kurahashi Jun
有限会社blossam
650-0002 兵庫県神戸市中央区北野町
2-1-10 サンビルダー黄能ハウス101
tel.078-262-6106／fax.078-262-6107
postmaster@blossam.co.jp
http://www.blossam.co.jp

栗本雅弘
Kurimoto Masahiro
株式会社アイ工房
550-0025 大阪府大阪市西区九条南1-7-5
Build・S-41 2F
tel.06-6581-6192／fax.06-6581-6193
kurimoto@ai-kobo.co.jp

桑原寛行
Kuwahara Hiroyuki
有限会社シェルパデザイン 代表
631-0036 奈良県奈良市学園北2-5-1
アネックスミタカ305
tel.0742-47-3335／fax.0742-47-3335
sherpa@m3.kcn.ne.jp
http://www3.kcn.ne.jp/~sherpa

小池順司
Koike Junji
大日本印刷株式会社 包装事業部 エリアソリューション本部 西日本企画本部
790-0811 愛媛県松山市本町2-1-7
松山東京海上日動ビル4F
tel.089-933-3325／fax.089-946-1318
Koike-J@mail.dnp.co.jp
http://www.dnp.co.jp

越田英喜
Koshida Hideki
株式会社コシダアート
556-0005 大阪府大阪市浪速区日本橋5-21-22
tel.06-6643-5070／fax.06-6643-5272
hideki@koshida-art.co.jp

小松眞一郎
Komatsu Shinichiro
モロゾフ株式会社 マーケティングセンター 商品企画担当 課長
658-0033 兵庫県神戸市東灘区向洋町西5-3
tel.078-822-9005／fax.078-822-9012
shinichiro_komatsu@morozoff.co.jp
http://www.morozoff.co.jp

佐伯 淳
Saeki Jun
株式会社J.ワークス
655-0893 兵庫県神戸市垂水区日向1-5-1-804
tel.078-707-5582／fax.078-707-5992

坂口雅彦
Sakaguchi Masahiko
クリップ坂口
551-0003 大阪府大阪市大正区千島2-2-14
tel.090-1910-6986／fax.06-6551-8713
hiko_mobile@fellow-ship.com
http://www.jimoto-navi.com/c

酒瀬川武一
Sakasegawa Takekazu
有限会社パドック
550-0013 大阪府大阪市西区新町1-2-13
新町ビル10F
tel.06-6531-9444／fax.06-6531-9445
p1@padock.co.jp
http://www.padock.co.jp

坂田哲夫
Sakata Tetsuo
凸版印刷株式会社 パッケージ事業本部 関西事業部 企画部 第2企画チーム
553-8580 大阪府大阪市福島区海老江3-22-61
tel.06-6454-3116／fax.06-6454-3458
tetsuo.sakata@toppan.co.jp
http://www.toppan.co.jp

坂本真吾
Sakamoto Shingo
相互印刷紙器株式会社 製品開発部 副部長
531-0073 大阪府大阪市北区本庄西3-8-26
tel.06-6372-6143／fax.06-6372-1254
sakamoto@sogo-pp.co.jp
http://www.sogo-pp.co.jp

嵯峨山貴冨實
Sagayama Takafumi
PLUS-ONE
541-0052 大阪府大阪市中央区安土町
1-6-22 GM船場606
tel.06-6266-4183／fax.06-6266-0244
plus-one@helen.ocn.ne.jp

重政法子
Shigemasa Noriko
有限会社blossam
733-0822 広島県広島市西区庚午中3-3-29-1
tel.082-507-1238／fax.082-507-1239
g-shige@go2.enjoy.ne.jp

菅野大漸
Sugano Taizen
有限会社クリエイト ゼン
583-0842 大阪府羽曳野市飛鳥1050-9
tel.072-957-1066／fax.072-957-1066
sugano@suzuya-de.net
http://www.suzuya-de.net/web.zen

杉島厚仁
Sugishima Atsuhito
クリエイティブオフィスウイル
659-0052 兵庫県芦屋市伊勢町6-7
tel.0797-31-1722／fax.0797-31-1725

鈴木英則
Suzuki Hidenori
凸版印刷株式会社 パッケージ事業本部 関西事業部 企画部
553-8580 大阪府大阪市福島区海老江3-22-61
tel.06-6454-3115／fax.06-6454-3458
hidenori.suzuki@toppan.co.jp
http://www.toppan.co.jp

鈴木幹彦
Suzuki Mikihiko
株式会社鈴木デザイン室 代表取締役
541-0045 大阪府大阪市中央区道修町
2-6-7 錦江ビル5F
tel.06-6232-3868／fax.06-6232-3878
whitefox2@spa.nifty.com

大力千津子
Dairiki Chizuko
株式会社イングアソシエイツ
564-0053 大阪府吹田市江の木町27-3
tel.06-6385-0955／fax.06-6384-1757
mail@ing-associates.co.jp
http://www.ing-associates.co.jp

髙尾 進
Takao Susumu
タカオデザイン事務所
564-0053 大阪府吹田市江の木町8-3-1201
tel.06-6378-7200／fax.06-6378-7205
takao-design@ee.em-net.jp

髙尾保須子
Takao Yasuko
タカオデザイン事務所
564-0053 大阪府吹田市江の木町8-3-1201
tel.06-6378-7200／fax.06-6378-7205
takao-design@ee.em-net.jp

髙木直也
Takagi Naoya
有限会社サン・クリエイト
530-0012 大阪府大阪市北区芝田1-12-7
大栄ビル6F
tel.06-6371-3800／fax.06-6371-6106
sun-create@nifty.ne.jp
http://www.sun-create.biz

高木理恵
Takagi Rie
株式会社アイ工房
550-0025 大阪府大阪市西区九条南1-7-5
Build・S-41 2F
tel.06-6581-6192／fax.06-6581-6193
takagi@ai-kobo.co.jp

高崎誠二
Takasaki Seiji
高崎デザイン事務所
761-8033 香川県高松市飯田町824-3
tel.087-882-1434／fax.087-882-1415
s-takasaki@mx8.tiki.ne.jp

髙橋 篤
Takahashi Atsushi
モロゾフ株式会社 マーケティングセンター 商品企画
658-0033 兵庫県神戸市東灘区向洋町西5-3
tel.078-822-9005／fax.078-822-9012
atushi_takahashi@morozoff.co.jp
http://www.morozoff.co.jp

高橋智之
Takahashi Tomoyuki
有限会社T.M.デザインワークス 代表
555-0001 大阪府大阪市西淀川区佃
2-15-6-1408
tel.06-6475-5873／fax.06-6475-5873
info@tmdworks.com
http://www.tmdworks.com

田口 圭
Taguchi Kei
タグチデザイン事務所
654-0034 兵庫県神戸市須磨区戸政町3-4-2
tel.078-739-2469／fax.078-739-2469
guchi61@yd5.so-net.ne.jp

竹澤さつき
Takezawa Satsuki
株式会社サンデザインアソシエーツ
542-0081 大阪府大阪市中央区南船場
2-4-8 長堀プラザビル6F
tel.06-6261-2961／fax.06-6261-2960
takezawa@sundesign.co.jp

多田 浩
Tada Hiroshi
株式会社バンナイズ 代表取締役
771-0214 徳島県板野郡松茂町満穂145-2
tel.088-699-5477／fax.088-699-5499
teddyteddy@vannuys.co.jp
http://www.vannuys.co.jp

立花かつこ
Tachibana Katsuko
デザインオフィス・アーツ
770-0861 徳島県徳島市住吉1-10-1
tel.088-653-0339
seiren@smile.ocn.ne.jp

田積司朗
Tazumi Shiro
パルアート株式会社 代表取締役
602-8031 京都府京都市上京区西洞院通
丸太町一筋上る
tel.075-231-5479／fax.075-221-7896
tazumi@par-art.co.jp
http://www.par-art.co.jp

田中康夫
Tanaka Yasuo
株式会社パッケージランド
558-0053 大阪府大阪市住吉区帝塚山中1-3-2 帝塚山タワープラザ201
tel.06-6675-0138／fax.06-6675-6466
yasuo@package-land.com
http://www.package-land.com

谷口みさき
Taniguchi Misaki
有限会社KAPE
550-0014 大阪府大阪市西区北堀江
1-8-12 丸五ビル7F
tel.06-6533-6933／fax.06-6533-6932
info@kape-inc.com

田上泰昭
Tanoue Yasuaki
PAOデザイン
781-3104 高知県高知市鏡今井276-1
tel.088-896-2023／fax.088-896-2023
pao@i-kochi.or.jp

田端伸行
Tabata Nobuyuki
株式会社ユニホップ
530-0005 大阪府大阪市北区中之島
6-2-40 中之島インテス17F
tel.06-6447-8145／fax.06-6447-8146
n-tbt@unihop.co.jp
http://www.unihop.co.jp

田淵拓美
Tabuchi Takumi
株式会社リョウエイ 商品企画部 取締役部長
567-0057 大阪府茨木市豊川3-2-43
tel.072-641-7979／fax.072-641-8005
ryoei-cad@fuga.ocn.ne.jp

樽美和彦
Tarumi Kazuhiko
夢・工・房
651-1301 兵庫県神戸市北区藤原台北町
5-3-9 セレノ藤原台弐棟-202
tel.078-987-3682／fax.078-987-3682

辻 幸雄
Tsuji Yukio
株式会社シグナル ヒル 代表取締役
530-0044 大阪府大阪市北区東天満
1-7-23 TYAビル4F
tel.06-6357-5481／fax.06-6357-5031
signal@kk.email.ne.jp

辻中カツヨシ
Tsujinaka Katsuyoshi
SUZUYA DESIGN
550-0021 大阪府大阪市西区川口3-2-1
TK川口ビル502
tel.06-6582-2890／fax.06-4303-3135
tuzinaka@suzuya-de.net
http://www.suzuya-de.net

辻本良雄
Tsujimoto Yoshio
株式会社サンボックス 代表取締役
542-0082 大阪府大阪市中央区島之内
1-22-23 MUCビル6F
tel.06-6251-8288／fax.06-6251-8287
tsujimoto@e-sunbox.jp

椿原ヨシハル
Tsubakihara Yoshiharu
spring design company
534-0026 大阪府大阪市都島区網島町
4-12 東文ビル4F
tel.06-6351-7045／fax.06-6351-7046
tsubakihara@spring-d.com

寺尾千恵子
Terao Chieko
有限会社スタジオ・ジップ
550-0013 大阪府大阪市西区新町3-5-8
エーベック西長堀801
tel.06-6543-4197／fax.06-6543-4198
zip@jade.dti.ne.jp

時岡和雄
Tokioka Kazuo
株式会社ベーシックプロダクト 代表取締役
700-0837 岡山県岡山市南中央町4-5
tel.086-232-5002／fax.086-231-2851
info@basic-product.co.jp
http://www.basic-product.co.jp

戸倉正則
Tokura Masanori
株式会社ワークショップ
550-0014 大阪府大阪市西区北堀江4-1-4
東和ハイツ902
tel.06-6539-5391／fax.06-6539-5392
workshop@ca3.so-net.ne.jp

冨田忠次
Tomita Tadatsugu
株式会社スタジオ ノイエ
クリエイティブディレクター
530-0043 大阪府大阪市北区天満2-12-13
tel.06-6356-6121／fax.06-6356-5541
tomita@neue.co.jp
http://www.neue.co.jp

冨山美紀
Tomiyama Miki
株式会社サンライズ
マーケティング部 デザイン課
540-0026 大阪府大阪市中央区内本町
1-2-8 TSKビル5F
tel.06-6942-7181／fax.06-6942-7199
miki-tomiyama@gonta.jp

富吉晃嗣
Tomiyoshi Koji
Tis design office
665-0045 兵庫県宝塚市光明町21-5
tel.0797-77-7713／fax.020-4624-4374
tis_d@ybb.ne.jp

永島 学
Nagashima Manabu
有限会社永島学デザイン室
543-0011 大阪府大阪市天王寺区
清水谷町19-1 リ・ソール清水谷303
tel.06-6768-0520／fax.06-6768-0523
ngsmd@sa3.so-net.ne.jp

中谷さおり
Nakatani Saori
光印刷株式会社 アイデアセンター
651-2271 兵庫県神戸市西区高塚台2-10
tel.078-991-1116／fax.078-991-5025
ic_w@hikaripg.co.jp
http://www.hikaripg.co.jp

中村明弘
Nakamura Akihiro
株式会社サンデザインアソシエーツ
542-0081 大阪府大阪市中央区南船場
2-4-8 長堀プラザビル6F
tel.06-6261-2961／fax.06-6261-2960
nakamura@sundesign.co.jp

中屋英之
Nakaya Hideyuki

並川一郎
Namikawa Ichiro
think i.n.
520-3035 滋賀県栗東市霊仙寺553
tel.077-553-8728／fax.077-553-8738

西岡礼子
Nishioka Reiko
株式会社アイディーエイ
700-0973 岡山県岡山市下中野510-6
tel.086-244-1661／fax.086-244-1955
ray@ida-web.com
http://www.ida-web.com

西野 修
Nishino Osamu
有限会社オンクデザインスタジオ 代表取締役
530-0015 大阪府大阪市北区中崎西
3-2-17-214
tel.06-6375-1301／fax.06-6375-1301
onc_nishino@extra.ocn.ne.jp
http://www9.ocn.ne.jp/~onc/

西村雅信
Nishimura Masanobu
国立大学法人京都工芸繊維大学 大学院
工芸科学研究科 造形工学部門 准教授
606-8585 京都府京都市左京区松ヶ崎橋上町
tel.075-724-7614／fax.075-724-7250
west-v@kit.ac.jp
http://www.kit.ac.jp

納田高昭
Noda Takaaki
株式会社ダンブレイン 代表取締役社長
540-0021 大阪府大阪市中央区大手通
2-2-2 トーンアップビル
tel.06-6920-9162／fax.06-6920-9163
t.nouda@danbrain.com
http://www.danbrain.com

野上周一
Nogami Shuichi
有限会社野上デザイン事務所
532-0011 大阪府大阪市淀川区西中島
5-7-14 大京ビル103
tel.06-6300-1009／fax.06-6300-1041
ndo@kf6.so-net.ne.jp
http://www013.upp.so-net.ne.jp/
Nogami-Design

野田 徹
Noda Toru
株式会社クリエイティブ トー・スター
543-0031 大阪府大阪市天王寺区
石ヶ辻町16-18-1301
tel.06-6776-5060／fax.06-6776-5061
noda@to-star.com

延安敬子
Nobuyasu Takako
ノブヤスデザイン室
663-8113 兵庫県西宮市甲子園口4-2-4
tel.0798-67-7344／fax.0798-67-7291
taka@nov.email.ne.jp

野村るり子
Nomura Ruriko
株式会社フォルムデザインオフィス
540-0003 大阪府大阪市中央区
森ノ宮中央1-14-17 ICB森ノ宮ビル901
tel.06-6945-0580／fax.06-6941-3965
NOMURA@forme-design-office.co.jp

橋村篤治
Hashimura Tokuji
Gデザインスタジオ
550-0013 大阪府大阪市西区新町1-10-7
新町興伸ビル701
tel.06-6535-1139／fax.06-6535-1139
gdesign@dream.com

長谷川幸司
Hasegawa Koshi
Design Studio DREAMWORKS 代表
811-3217 福岡県福津市中央1-16-6
パークハウス福間1310
tel.0940-43-2459／fax.0940-43-2459
dreamworks1310@ybb.ne.jp
http://www.doriwa.com

長谷川晶一
Hasegawa Showichi
長谷川晶一デザイン事務所
541-0046 大阪府大阪市中央区平野町4-6-12
tel.06-6231-6372／fax.06-6231-6372

秦 智子
Hada Tomoko
ビエント フォトグラフィア
542-0012 大阪府大阪市中央区谷町
8-1-60 ニチエイビル101
tel.06-6764-9533／fax.06-6764-9534
hada@viento.net
http://www.viento.net

畑川正之
Hatakawa Masayuki
畑川デザイン企画
573-0084 大阪府枚方市香里ヶ丘12-27-20
tel.072-854-1871／fax.072-854-1871

はちうまみほこ
Hachiuma Mihoko
Office,m
780-0822 高知県高知市はりまや町
3-5-16 2F-201
tel.088-803-8107／fax.088-803-8107
creer@mocha.ocn.ne.jp

八田隆幸
Hachida Takayuki
有限会社八田隆幸デザイン事務所
562-0033 大阪府箕面市今宮4-2-2
tel.072-743-7683／fax.072-728-4090
hattchi@mac.com

馬場良人
Baba Yoshito
ばばデザイン
543-0012 大阪府大阪市天王寺区空堀町6-3-401
tel.06-6761-3640／fax.06-6761-7207
office@baba-design.com
http://www.baba-design.com

阪東 勲
Bando Isao
Bandox Box
542-0081 大阪府大阪市中央区南船場
4-10-20 グランドメゾン心斎橋710
tel.06-6251-0518／fax.06-6251-0518
bandox@abox4.so-net.ne.jp

坂東由章
Bando Yoshiaki
株式会社トモエデザイン 代表取締役
531-0071 大阪府大阪市北区中津3-7-3
ビルコ6F
tel.06-6372-9888／fax.06-6372-2768
bangdo@tomoe-d.co.jp

東原孝三
Higashibara Kozo
東原デザインルーム
791-8034 愛媛県松山市富久町431-11
tel.089-973-9327／fax.089-973-9327

平井宥子
Hirai Yuko
株式会社フォルムデザインオフィス
代表取締役
540-0003 大阪府大阪市中央区
森ノ宮中央1-14-17 ICB森ノ宮ビル901
tel.06-6945-0580／fax.06-6941-3965
HIRAI@forme-design-office.co.jp
http://www.forme-design-office.co.jp

柊谷典生
Hiragidani Norio
大日本印刷株式会社 包装事業部
企画本部 企画第3部
550-8508 大阪府大阪市西区
南堀江1-17-28 なんばSSビル5F
tel.06-6110-4934／fax.06-6110-4924
Hiragidani-N@mail.dnp.co.jp
http://www.dnp.co.jp

廣田 徹
Hirota Toru
G.Aグラフィスアート
603-8003 京都府京都市北区
上賀茂柊谷町13-1 シャトー岩松201
tel.075-702-7383／fax.075-702-7383

広谷龍児
Hirotani Ryuji
アァ デザイン事務所
550-0014 大阪府大阪市西区
北堀江1-1-7-402 四ツ橋日生ビル4F
tel.06-6538-8911／fax.06-6538-8933
aad@gaea.ocn.ne.jp

福島康弘
Fukushima Yasuhiro
株式会社コウベデザインセンター
650-0011 兵庫県神戸市中央区下山手通5-
5-16 兵庫県印刷会館3F
tel.078-351-2666／fax.078-351-2667
fvgg9400@nifty.com

福本晃一
Fukumoto Koichi
福本デザイン事務所
530-0041 大阪府大阪市北区天神橋1-9-6
リリーフ502
tel.06-6358-3945／fax.06-6358-3945
fukumoto-de@k4.dion.ne.jp

藤井本道
Fujii Motomichi
有限会社サン・クリエイト
530-0012 大阪府大阪市北区芝田1-12-7
大栄ビル6F
tel.06-6371-3800／fax.06-6371-6106
sun-create.fujii@nifty.ne.jp
http://www.sun-create.biz

藤川昭二
Fujikawa Shoji
株式会社サンボックス ディレクター
542-0082 大阪府大阪市中央区島之内
1-22-23 MUCビル6F
tel.06-6251-8288／fax.06-6251-8287
fujikawa@e-sunbox.co.jp

藤田 昇
Fujita Noboru
593-8327 大阪府堺市鳳中町10-13-15-106
tel.072-264-7018

藤原数基
Fujiwara Kazuki
株式会社フォルムデザインオフィス
540-0003 大阪府大阪市中央区
森ノ宮中央1-14-17 ICB森ノ宮ビル901
tel.06-6945-0580／fax.06-6941-3965
fujiwara@forme-design-office.co.jp
http://www.forme-design-office.co.jp

藤原義明
Fujiwara Yoshihiro
株式会社メディアホワイト 烏丸オフィス
600-8492 京都府京都市下京区 四条通
新町東入月鉾町47-3 JK四条ビル4F
tel.075-251-6464／fax.075-251-6474
y-fujiwara@kyo-media.net
http://www.sho.ne.jp/artists/ha/html/FU
JIWARAyoshihiro.html

本多英二
Honda Eiji
株式会社御本屋デザイン事務所 代表取締役
700-0071 岡山県岡山市谷万成2-7-7
tel.086-251-6311／fax.086-251-6312
e-honda@mikuriya-design.co.jp
http://www.mikuriya-design.co.jp

前田昭夫
Maeda Akio
象印マホービン株式会社 商品開発本部 印
刷物グループ
574-0013 大阪府大東市中垣内1-2-1
tel.072-870-6694／fax.072-875-3430
a.maeda@zojirushi.co.jp
http://www.zojirushi.co.jp

前田隆男
Maeda Takao
株式会社マエダデザイン・プロダクション
553-0003 大阪府大阪市福島区福島
5-15-2-501
tel.06-6455-7004／fax.06-6455-7104
mail@maeda-design.jp

増田ユカリ
Masuda Yukari
スタジオ オクウ
540-0014 大阪府大阪市中央区谷町2-3-7
クローバハイツ大手前502
tel.06-6946-7836
cou@giga.ocn.ne.jp

増田幸子
Masuda Yukiko
537-0025 大阪府大阪市東成区中道1-4-2
森ノ宮スカイガーデンハウス503
tel.06-6974-6654／fax.06-6974-6654

舛元和夫
Masumoto Kazuo
合名会社ニューデザインセンター
530-0037 大阪府大阪市北区松ヶ枝町
6-22 NKGビル
tel.06-6353-1305／fax.06-6353-1700

松井桂三
Matsui Keizo
KEIZO matsui 代表取締役
540-0034 大阪府大阪市中央区島町2-1-8-6F
tel.06-6941-7698／fax.06-6941-6815
studio@keizomatsui.com
http://www.keizomatsui.com

松尾政明
Matsuo Masaaki
株式会社サンデザインアソシエーツ
542-0081 大阪府大阪市中央区南船場
2-4-8 長堀プラザビル6F
tel.06-6261-2961／fax.06-6261-2960
matsuo@sundesign.co.jp
http://www.sundesign.co.jp

松岡史郎
Matsuoka Shiro
大日本印刷株式会社 包装総合開発センター
商品企画本部 商品企画第4部
550-8508 大阪府大阪市西区南堀江
1-17-28 なんばSSビル
tel.06-6110-4935／fax.06-6110-4924
Matsuoka-S2@mail.dnp.co.jp
http://www.dnp.co.jp

松岡正巳
Matsuoka Masami
デザインオフィスユピ 代表
636-0804 奈良県生駒郡三郷町
美松ケ丘西1-8-7
tel.0745-73-8538／fax.0745-73-8538
ypmn3014@maia.eonet.ne.jp

松原 出
Matsubara Izuru
アルファボックス 代表
520-0112 滋賀県大津市日吉台4-2-2
tel.077-579-6280／fax.077-579-6290

松本茂美
Matsumoto Shigemi
スペックプランニング
550-0015 大阪府大阪市西区
南堀江1-11-9 SONO四ツ橋ビル706
tel.06-6539-7861／fax.06-6578-0340
speck@aioros.ocn.ne.jp

三河内英樹
Mikouchi Hideki
株式会社イングアソシエイツ
564-0053 大阪府吹田市江の木町27-3
tel.06-6385-0955／fax.06-6384-1757
mikouchi@ing-associates.co.jp
http://www.ing-associates.co.jp

水谷光明
Mizutani Mitsuaki
Planning & Design 有限会社風人舎 代表
607-8084 京都府京都市山科区
竹鼻立原町3 磨瑠弥マンション304
tel.075-501-4965／fax.075-502-3923
kanokaze@h5.dion.ne.jp

水野義彦
Mizuno Yoshihiko
有限会社デザインオフィスM2 代表
542-0072 大阪府大阪市中央区高津
3-2-30 ヴァンデュール日本橋㈱-505
tel.06-6645-1587／fax.06-6645-1587
m-two@u01.gate01.com

溝渕浩治
Mizobuchi Koji
M-ZO
531-0072 大阪府大阪市北区豊崎3-8-5
朝日プラザ梅田㈲708
tel.06-6377-1800／fax.06-6377-1817
m-zo7@mx2.canvas.ne.jp

湊 潤子
Minato Junko
株式会社プロダクション ドゥ
クリエイティブグループ
542-0081 大阪府大阪市中央区南船場
1-11-9-4F
tel.06-6260-4651／fax.06-6260-4656
minato@pro-do.co.jp

三原美奈子
Mihara Minako
有限会社オンクデザインスタジオ
530-0015 大阪府大阪市北区中崎西
3-2-17-214
tel.06-6375-1301／fax.06-6375-1301
onc_mihara@extra.ocn.ne.jp
http://www9.ocn.ne.jp/~ocn/

村上正師
Murakami Seiji
SOHO-1 デザインオフィス
631-0806 奈良県奈良市朱雀5-1-1 49-201
tel.0742-71-8061／fax.0742-71-8061
soho1@ymail.plala.or.jp

安田信行
Yasuda Nobuyuki
アトリエナウ 代表取締役
674-0064 兵庫県明石市大久保町江井島
359 NOBSUN江井島海岸3F
tel.078-946-8314／fax.078-946-8315
nowsystm@abelia.ocn.ne.jp

山内敏功
Yamauchi Binko
BINデザインオフィス有限会社
791-8025 愛媛県松山市衣山3-1-13
Bフォレスト2F
tel.089-924-8218／fax.089-924-8442
binkou@b-forest.co.jp
http://www.b-forest.co.jp

山内理恵
Yamauchi Rie
株式会社アロインス化粧品 商品開発本部
558-0011 大阪府大阪市住吉区苅田3-6-8
tel.06-6690-3131／fax.06-6696-2092
yamauchi@aloins.co.jp
http://www.aloins.co.jp

山川弘子
Yamakawa Hiroko
寿珠版印刷株式会社 デザインセンター
543-0002 大阪府大阪市天王寺区上汐6-4-26
tel.06-6770-2807／fax.06-6770-2817
yamakawa@rex.co.jp
http://www.rex.co.jp

山崎慶次
Yamazaki Keiji
株式会社アドリブ
542-0086 大阪府大阪市中央区西心斎橋1-
10-28 M305
tel.06-6251-4707／fax.06-6251-4718
adlib@cronos.ocn.ne.jp

山地良子
Yamaji Yoshiko
山地デザインオフィス
530-0047 大阪府大阪市北区西天満3-5-
18 第三新興ビル3F
tel.06-6362-3175／fax.06-6362-3176
yoshiko@yamaji-design.com

山下真理子
Yamashita Mariko
モロゾフ株式会社 マーケティングセンター
商品企画
658-0033 兵庫県神戸市東灘区向洋町西5-
3
tel.078-822-9005／fax.078-822-9012
mariko_yamashita@morozoff.co.jp
http://www.morozoff.co.jp

山田伸治
Yamada Nobuharu
株式会社サンボックス
542-0082 大阪府大阪市中央区島之内
1-22-23 MUCビル6F
tel.06-6251-8288／fax.06-6251-8287
yamada@e-sunbox.co.jp

山田真裕美
Yamada Mayumi
アトリエナウ
674-0064 兵庫県明石市大久保町江井島
359 NOBSUN江井島海岸3F
tel.078-946-8314／fax.078-946-8315
nowsystm@abelia.ocn.ne.jp

山本浩子
Yamamoto Hiroko
graf depot.
569-0071 大阪府高槻市城北2-7-6
モジュール305
tel.072-672-2333／fax.072-672-2424
h.yamamoto@grafdepot.com

横尾 浩
Yokoo Hiroshi
610-1112 京都府京都市西京区
大枝北福西4-1-4-18
tel.075-331-5514／fax.075-331-5514
h-yokoo@mbox.kyoto-inet.or.jp

横山和之
Yokoyama Kazuyuki
株式会社アートデザインセンター
代表取締役
650-0044 兵庫県神戸市中央区東川崎町1-
3-3 神戸ハーバーランドセンタービル14F
tel.078-360-1721／fax.078-360-1750
k_yokoyama@adc-kobe.co.jp
http://www.adc-kobe.co.jp

葭谷利治
Yoshitani Toshiharu
はるコーポレーション
546-0033 大阪府大阪市東住吉区南田辺2-
14-7
tel.06-6692-0700／fax.06-6692-0700
yoshitani-haruco@oct.zaq.ne.jp

饒平名克郎
Yohena Katsuro
Y工房 代表
658-0061 兵庫県神戸市東灘区本山北町5-
7-23
tel.078-451-7515／fax.078-451-7514
y-kobo@mbn.nifty.com

寄本尚子
Yorimoto Naoko
607-8141 京都府京都市山科区東野北井
ノ上町4-11
tel.075-583-5753／fax.075-583-5753
yoriyori@jc4.so-net.ne.jp

若野淳巳
Wakano Atsumi
有限会社スウィッチ 代表取締役
531-0072 大阪府大阪市北区豊崎5-1-15
ローツェ㈱-401
tel.06-4802-1643／fax.06-4802-1644
switch@po.aianet.ne.jp
http://www.aianet.ne.jp/~switch

渡邊義一
Watanabe Yoshiichi
ワムズ・クリエイト株式会社 代表取締役
616-8255 京都府京都市右京区
鳴滝音戸山町4-47
tel.075-467-8360／fax.075-467-8370
woms@topaz.plala.or.jp

個人会員 (国外)

平田みか子
Hirata Mikako
Bryan, Williams & Associates
333 Park Avenue South, #4C
New York, NY 10010
tel.1-212-674-1277／fax.1-212-505-9589
mikakoxox@hotmail.com

廣 哲夫
Hiro Tetsuo
株式会社資生堂 中国投資有限公司 宣伝部
tetsuo.hiro@to.shiseido.co.jp
http://www.shiseido.co.jp